Boarding School Juliet

2

Yousuke KANEDA

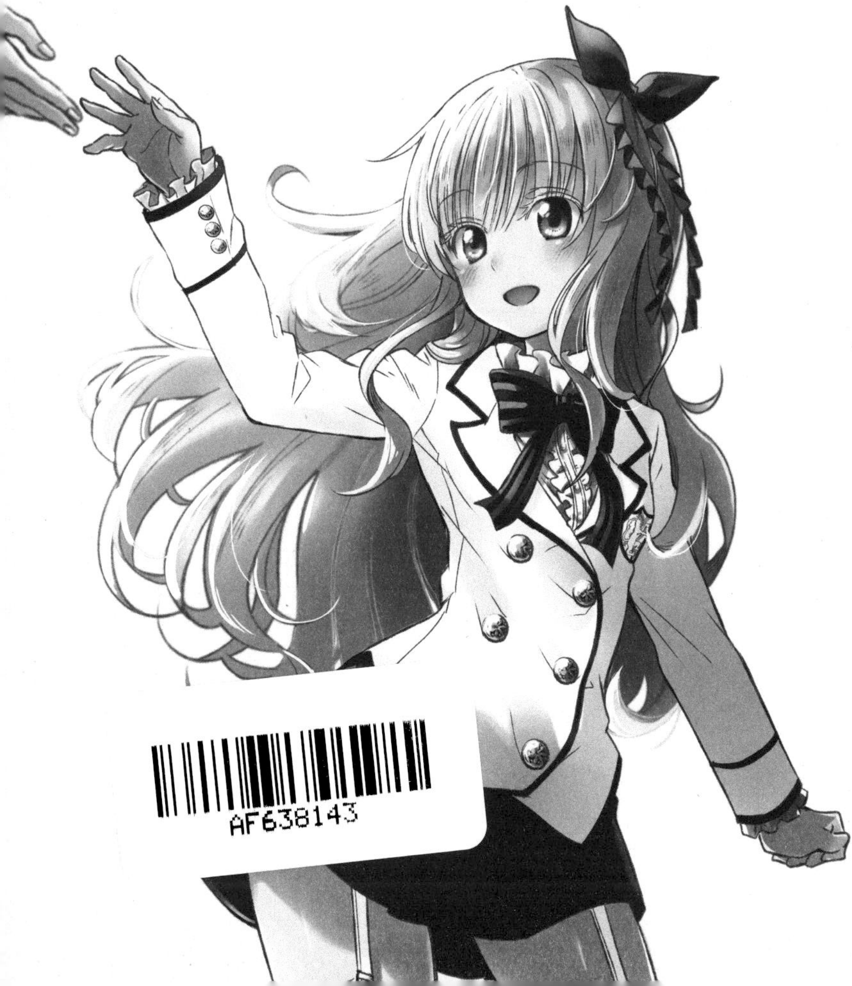

Boarding School Juliet

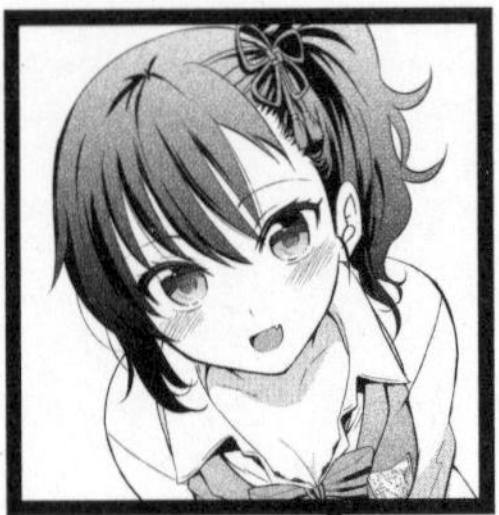

Hasuki

Ist seit der Grundschule mit Inuzuka befreundet und hofft, dass er mehr für sie empfindet.

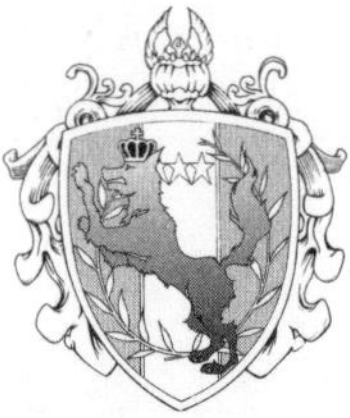

Wohnheim der Black Doggies (Touwa)

Beste Freunde

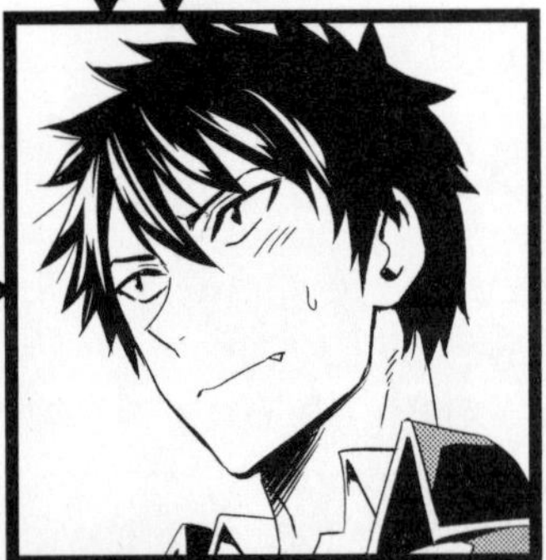

Heimlich ein Liebespaar

Romio Inuzuka

Anführer der Zehntklässler der Black Doggies. Stark, aber einfach gestrickt. War ewig einseitig in Persia verliebt.

Todfeinde

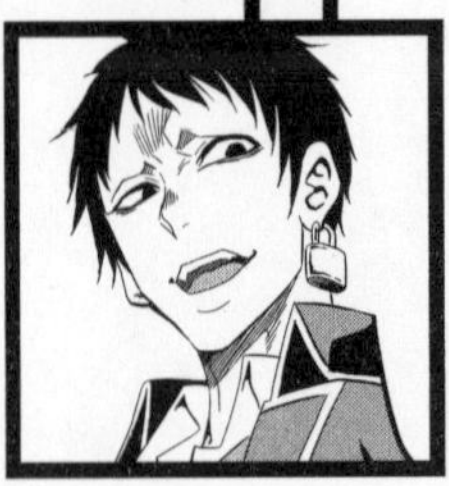

Maru

Ein Outlaw unter den Black Doggies. Seit Inuzuka ihm einmal in die Quere kam, betrachtet er ihn als seinen Feind.

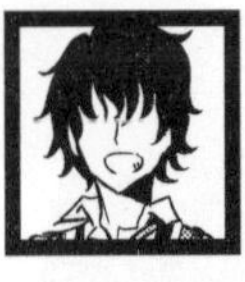

Kohitsuji

Idiot.

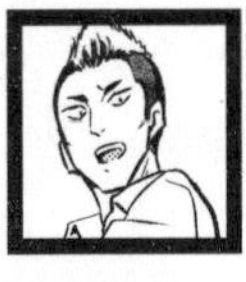

Tosa

Idiot.

Die Charaktere in

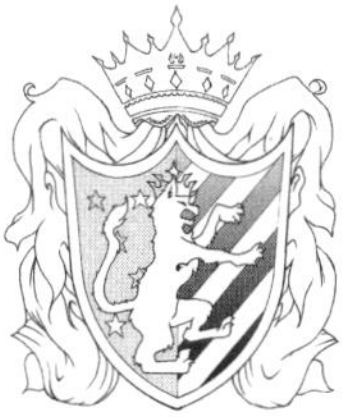

Wohnheim der White Cats (Königreich West)

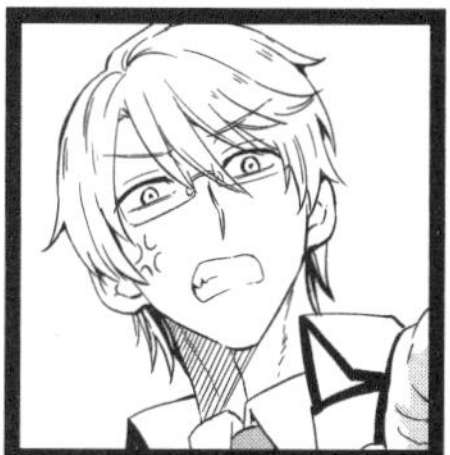

Scott

Er verehrt Persia so, dass es an Stalking grenzt.

Verehrung

Todfeinde

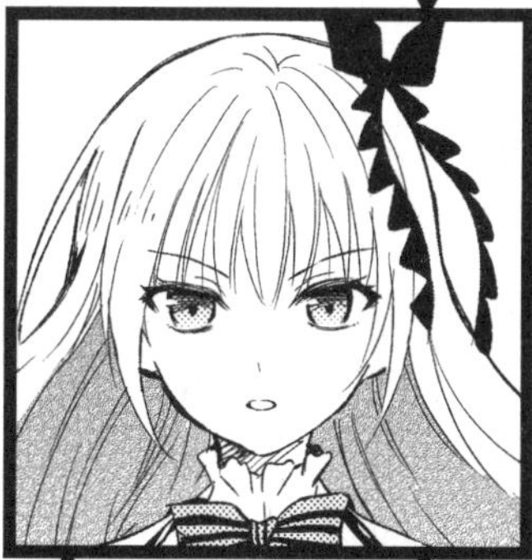

Juliet Persia

Anführerin der Zehntklässler der White Cats. Tochter eines Adligen. Will die Welt verändern, um das Familienerbe fortführen zu können.

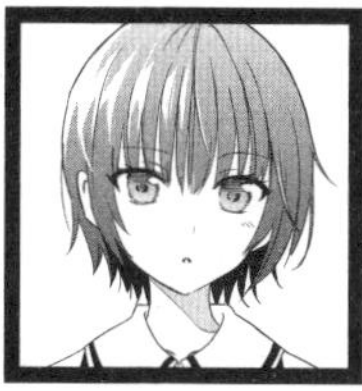

Selbe Person

Interessiert?

Beste Freundinnen

Todfeinde

Julio

Persia, verkleidet als Mittelschüler der Black Doggies

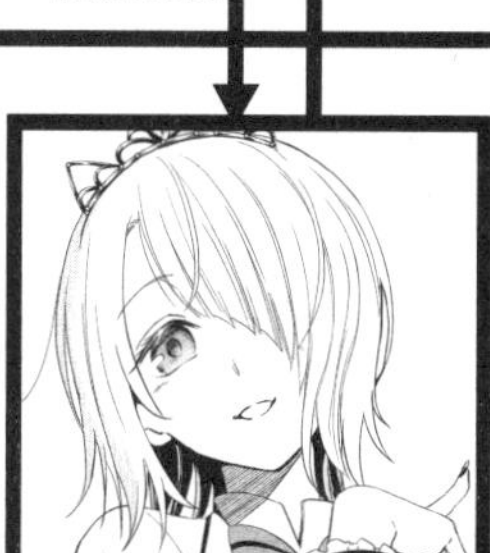

Chartreux Westia

Prinzessin des Königreichs West. Ist heimlich in Persia verliebt. Weiß von der Beziehung zwischen Persia und Inuzuka.

Inhalt

Story

Die Schüler zweier rivalisierender Länder, der Königreiche Touwa und West, besuchen gemeinsam das Dahlia-Internat. Unter jenen befindet sich ein Schüler, der unter seiner verbotenen Liebe leidet: Romio Inuzuka, Anführer der Zehntklässler der Black Doggies ist in Juliet Persia, Anführerin der Zehntklässler der White Cats, verliebt. Schließlich gesteht Romio ihr seine Gefühle, woraufhin die beiden ein Paar werden. Um ihre Leben nicht zu ruinieren, müssen sie ihre Beziehung geheim halten.

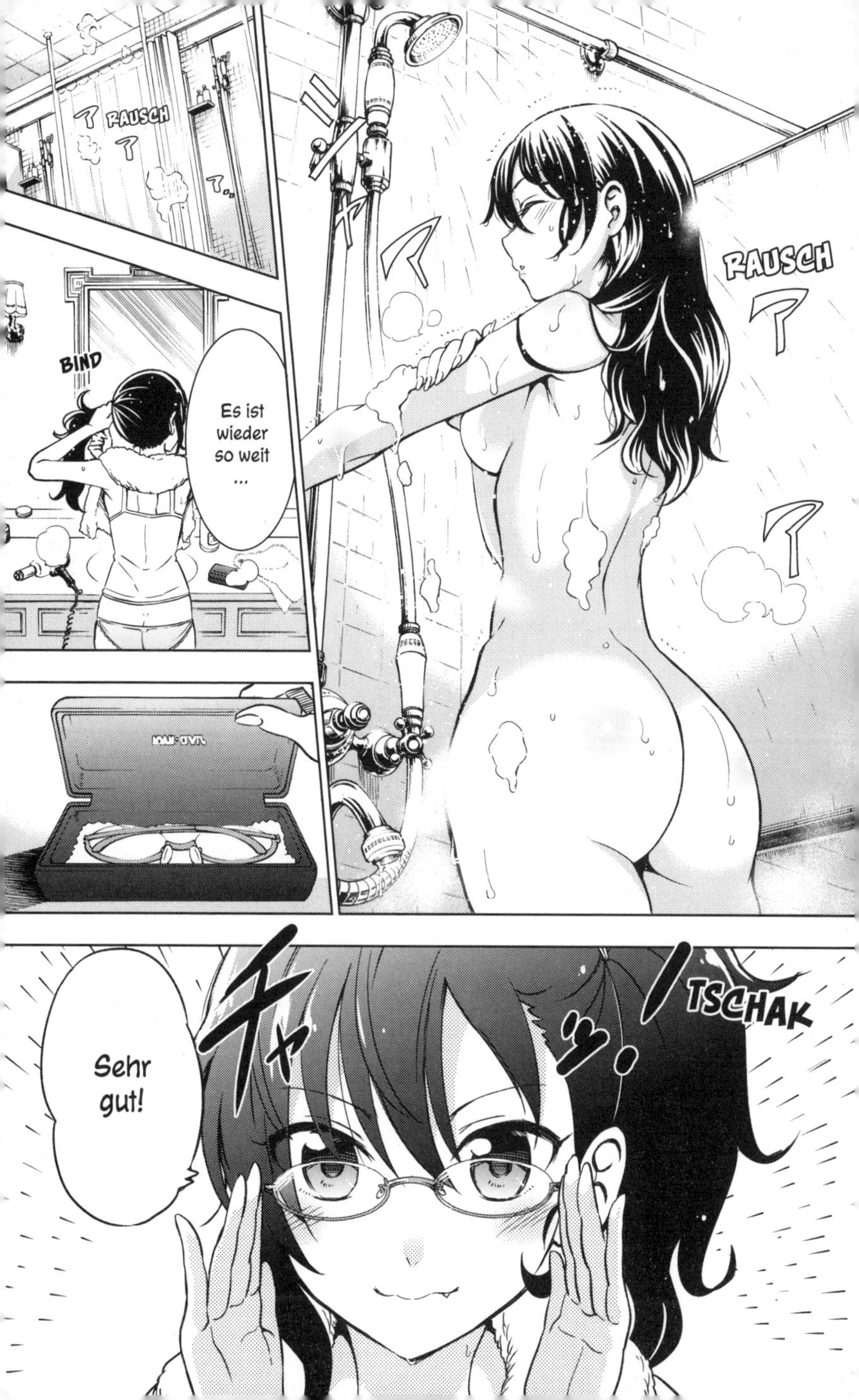
RAUSCH
RAUSCH
BIND
Es ist wieder so weit ...
TSCHAK
Sehr gut!

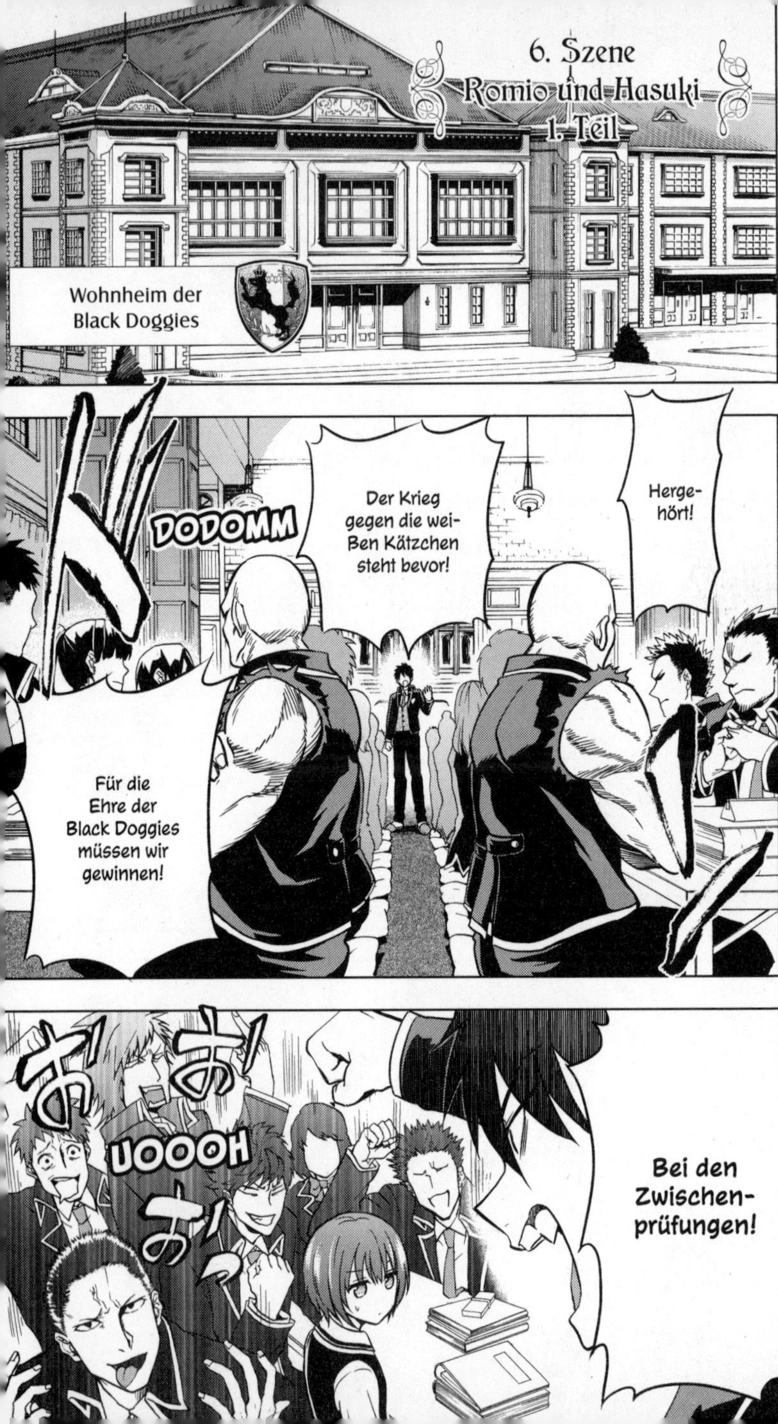
6. Szene
Romio und Hasuki
1. Teil
Wohnheim der Black Doggies
Herge-hört!
Der Krieg gegen die wei-ßen Kätzchen steht bevor!
DODOMM
Für die Ehre der Black Doggies müssen wir gewinnen!
Bei den Zwischen-prüfungen!
UOOOH

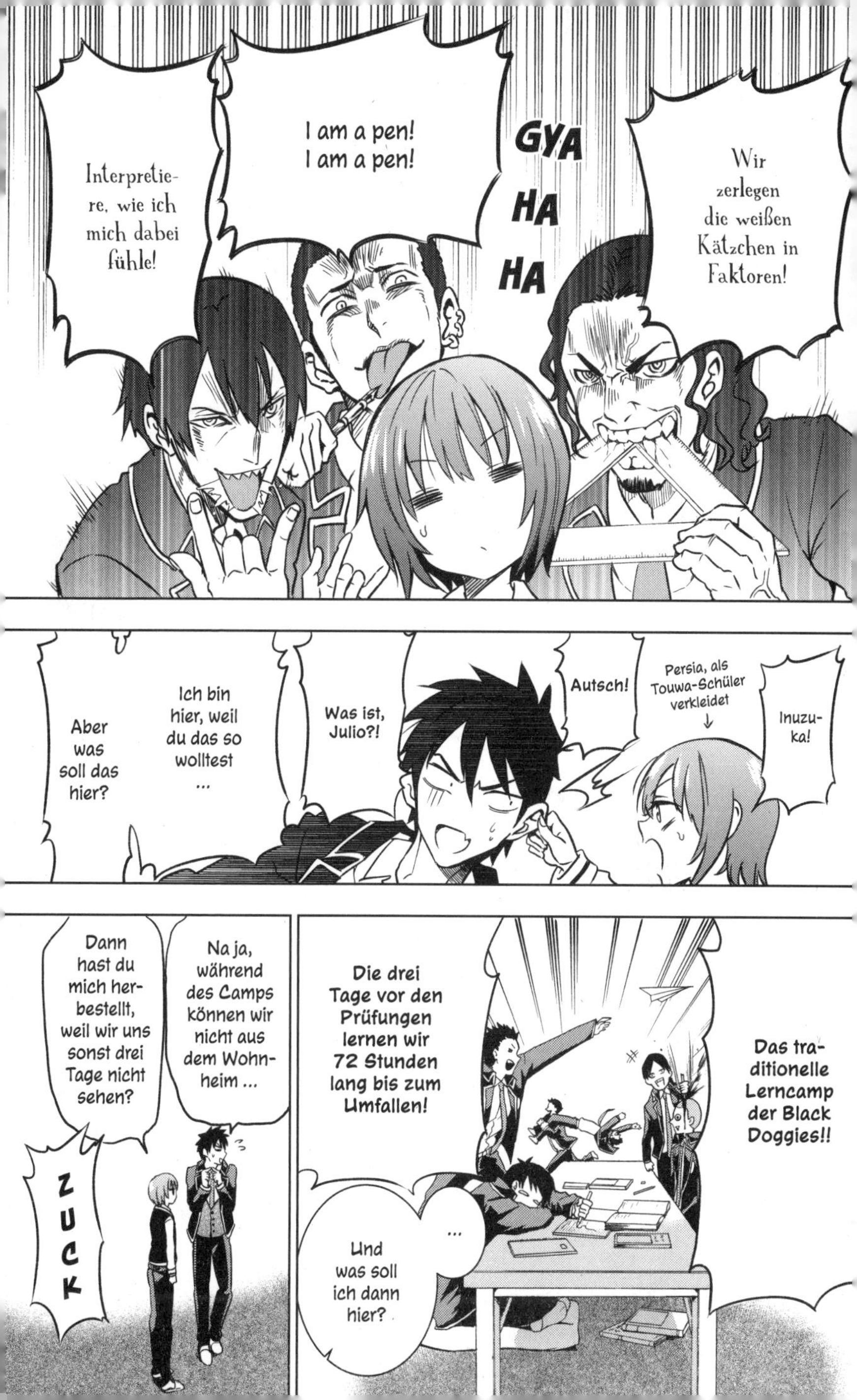
Wir zerlegen die weißen Kätzchen in Faktoren!
GYA HA HA
I am a pen! I am a pen!
Interpretiere, wie ich mich dabei fühle!
Inuzuka!
Persia, als Touwa-Schüler verkleidet ↓
Autsch!
Was ist, Julio?!
Ich bin hier, weil du das so wolltest ...
Aber was soll das hier?
Das traditionelle Lerncamp der Black Doggies!!
Die drei Tage vor den Prüfungen lernen wir 72 Stunden lang bis zum Umfallen!
...
Und was soll ich dann hier?
Na ja, während des Camps können wir nicht aus dem Wohnheim ...
Dann hast du mich herbestellt, weil wir uns sonst drei Tage nicht sehen?
ZUCK

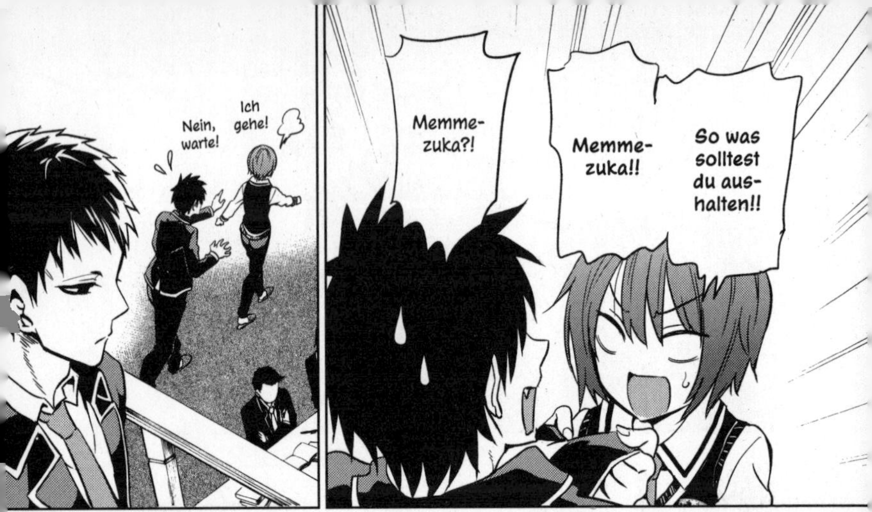

* Anrede für Jungen und jüngere Männer.

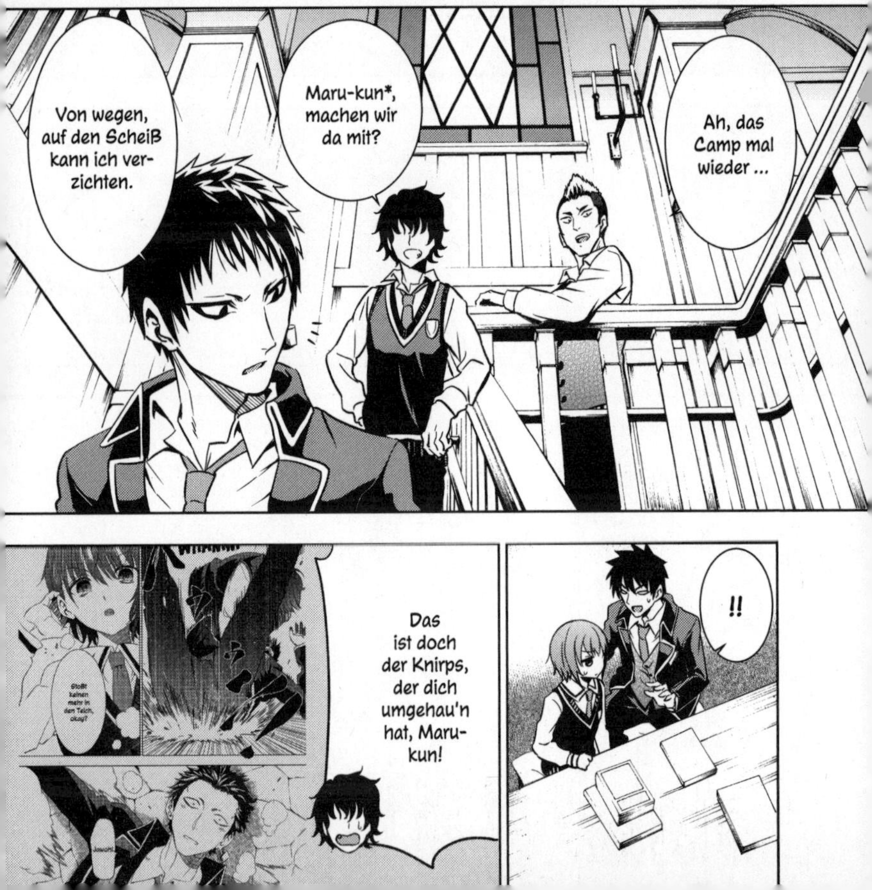

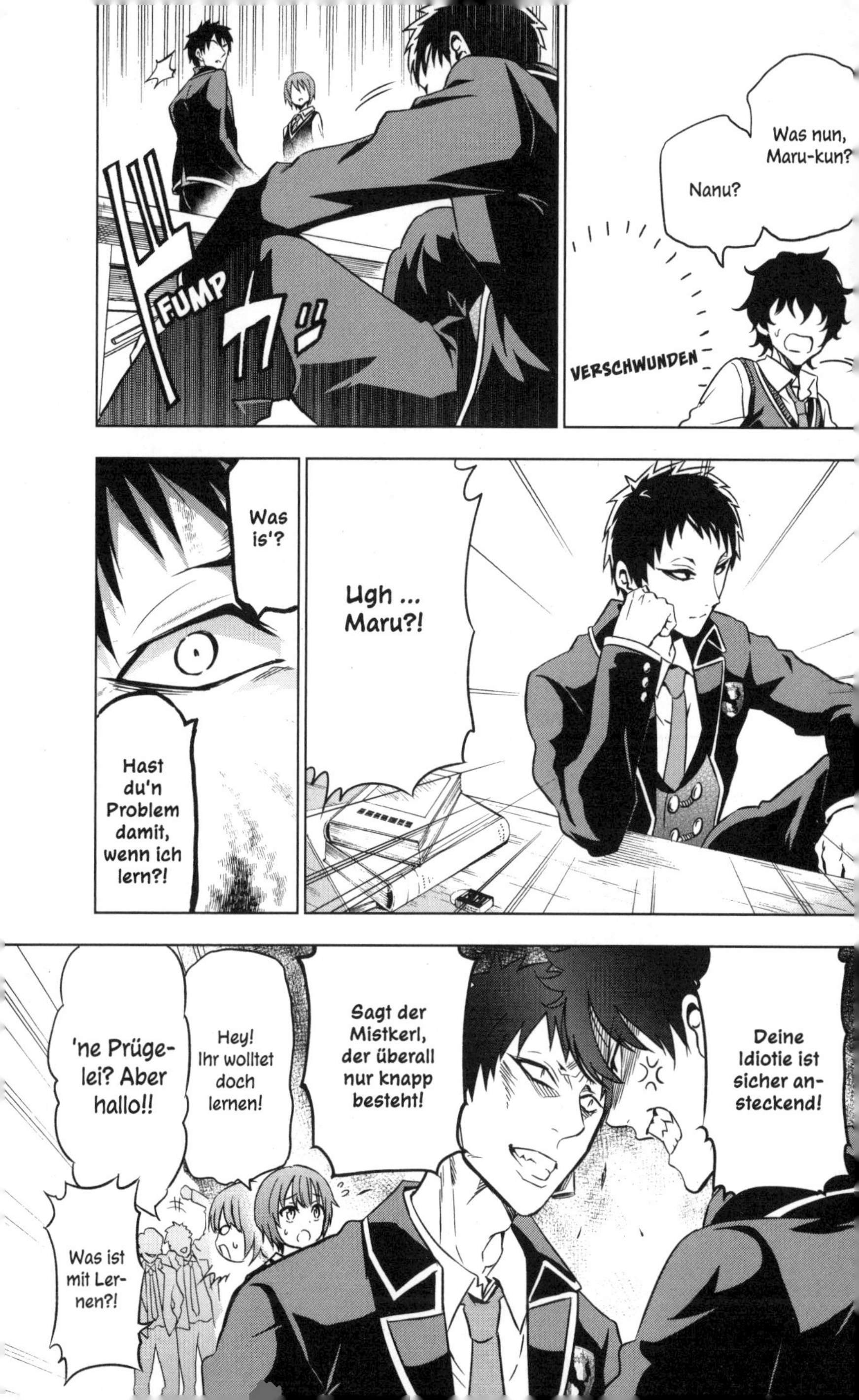
Was nun, Maru-kun?
Nanu?
VERSCHWUNDEN
FUMP
Ugh ... Maru?!
Was is'?
Hast du'n Problem damit, wenn ich lern?!
Deine Idiotie ist sicher an-steckend!
Sagt der Mistkerl, der überall nur knapp besteht!
Hey! Ihr wolltet doch lernen!
'ne Prüge-lei? Aber hallo!!
Was ist mit Ler-nen?!

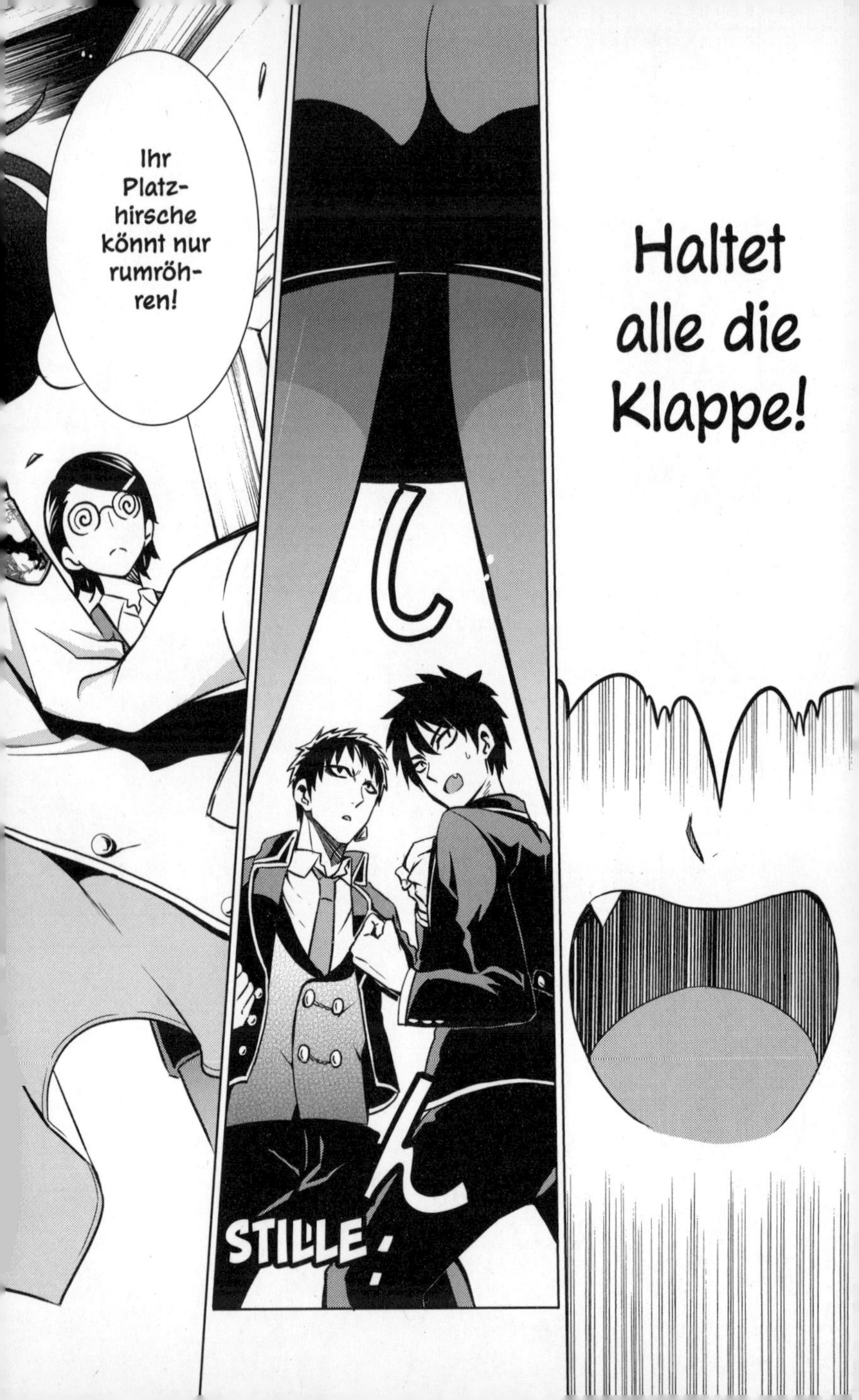
Haltet alle die Klappe!
STILLE
Ihr Platz-hirsche könnt nur rumröh-ren!

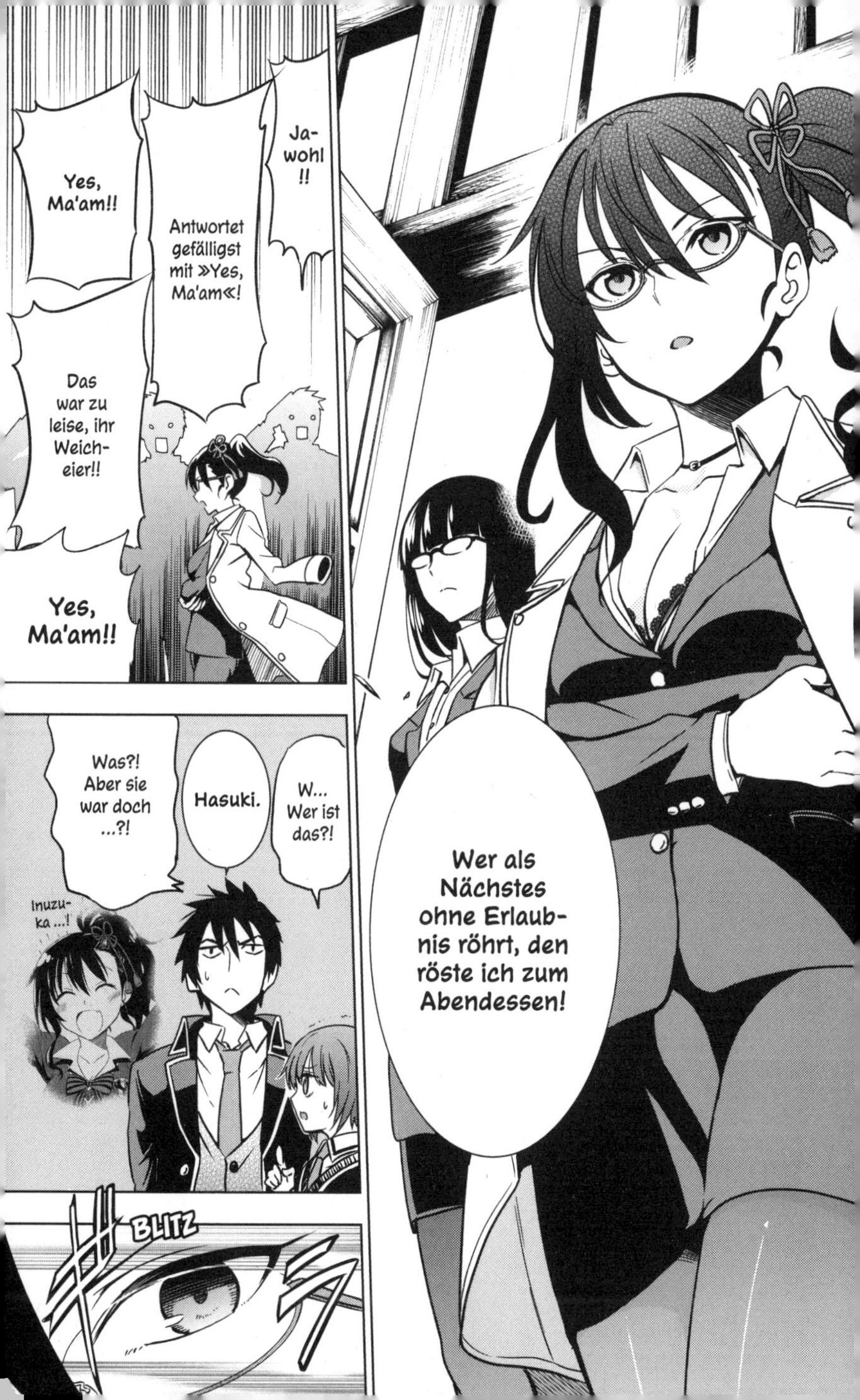
Wer als Nächstes ohne Erlaubnis röhrt, den röste ich zum Abendessen!
Ja-wohl!!
Antwortet gefälligst mit »Yes, Ma'am«!
Yes, Ma'am!!
Das war zu leise, ihr Weich-eier!!
Yes, Ma'am!!
W... Wer ist das?!
Hasuki.
Was?! Aber sie war doch ...?!
Inuzu-ka ...!
BLITZ

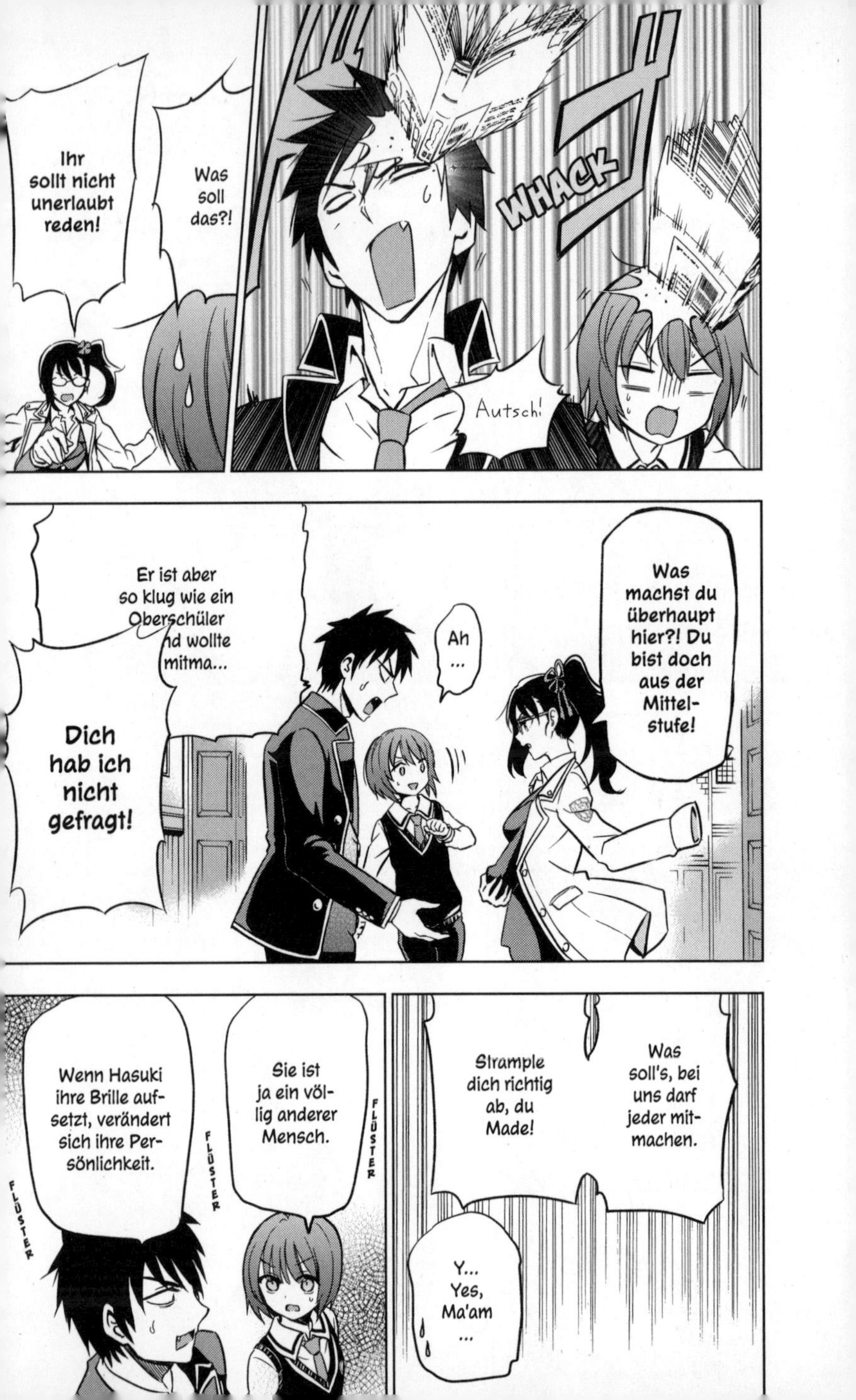
WHACK
Autsch!
Was soll das?!
Ihr sollt nicht unerlaubt reden!
Was machst du überhaupt hier?! Du bist doch aus der Mittelstufe!
Ah ...
Er ist aber so klug wie ein Oberschüler nd wollte mitma...
Dich hab ich nicht gefragt!
Was soll's, bei uns darf jeder mitmachen.
Strample dich richtig ab, du Made!
Y... Yes, Ma'am ...
FLÜSTER
Sie ist ja ein völlig anderer Mensch.
FLÜSTER
Wenn Hasuki ihre Brille aufsetzt, verändert sich ihre Persönlichkeit.
FLÜSTER

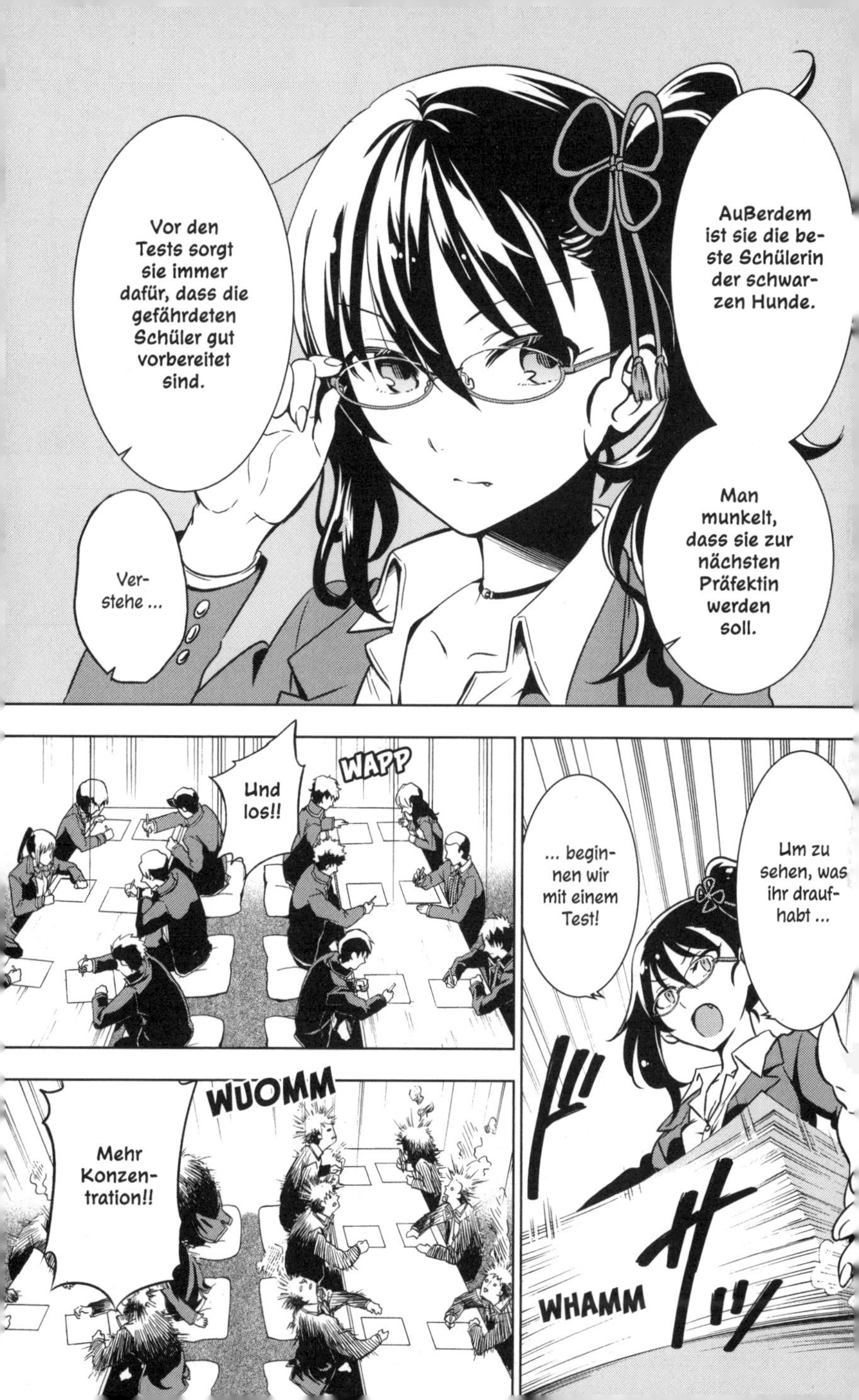
Außerdem ist sie die beste Schülerin der schwarzen Hunde.
Vor den Tests sorgt sie immer dafür, dass die gefährdeten Schüler gut vorbereitet sind.
Man munkelt, dass sie zur nächsten Präfektin werden soll.
Verstehe ...
Um zu sehen, was ihr draufhabt ...
... beginnen wir mit einem Test!
WHAMM
WAPP
Und los!!
WUOMM
Mehr Konzentration!!

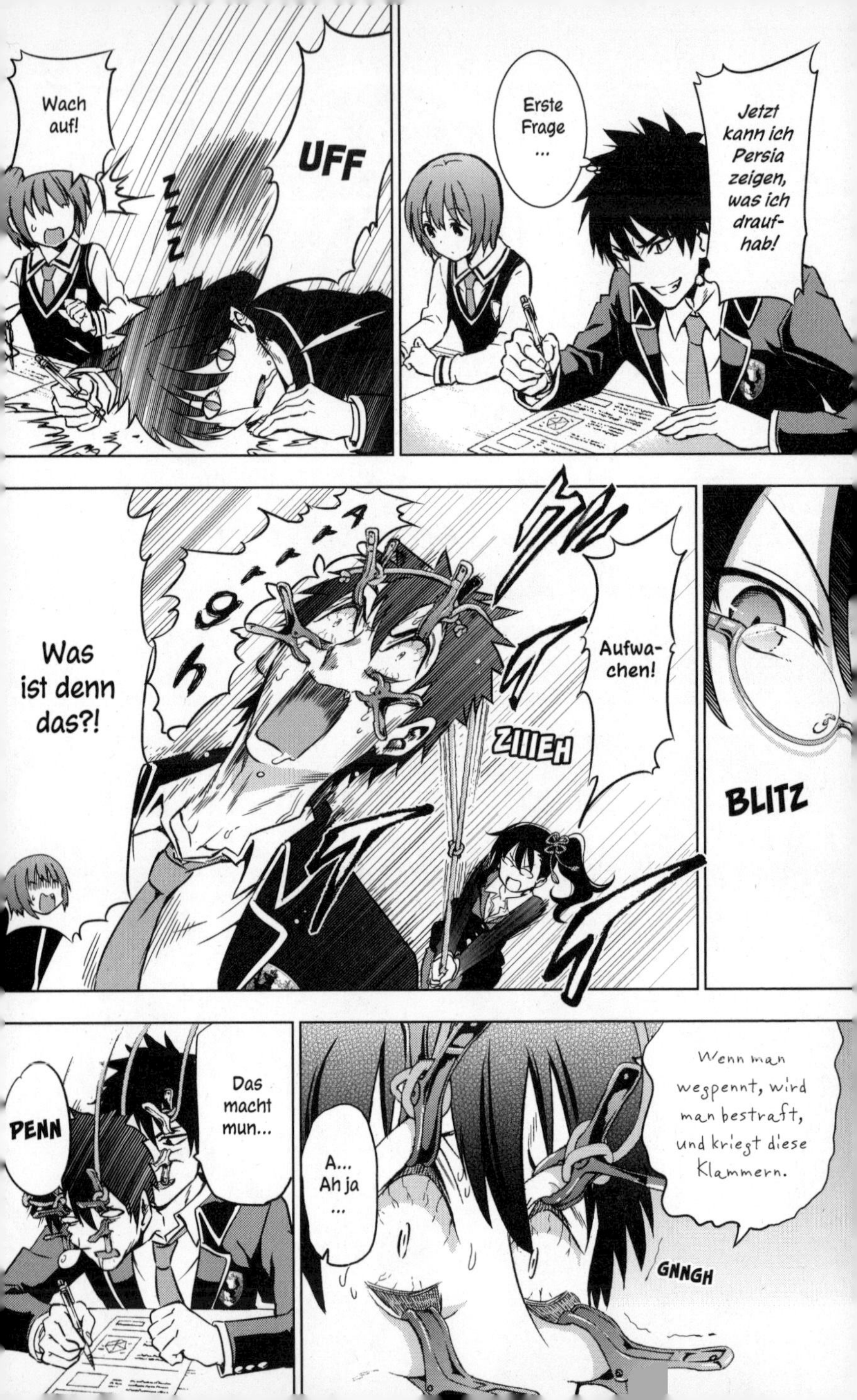
Jetzt kann ich Persia zeigen, was ich drauf-hab!
Erste Frage ...
UFF
Wach auf!
BLITZ
Aufwa-chen!
ZIIIEH
Was ist denn das?!
Wenn man wegpennt, wird man bestraft, und kriegt diese Klammern.
GNNGH
A... Ah ja ...
Das macht mun...
PENN

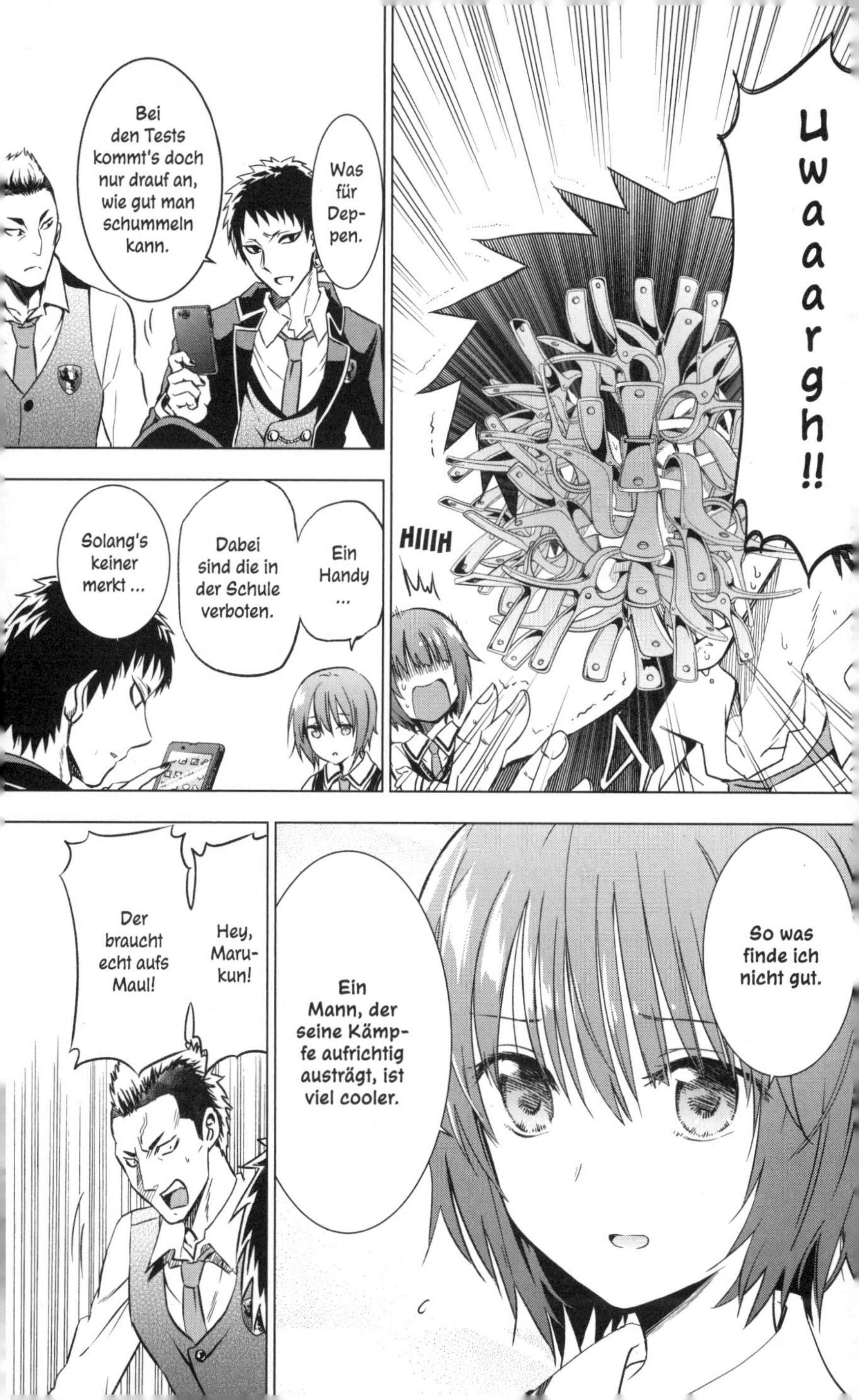
Uwaaaargh!!
HIIIH
Was für Dep-pen.
Bei den Tests kommt's doch nur drauf an, wie gut man schummeln kann.
Ein Handy ...
Dabei sind die in der Schule verboten.
Solang's keiner merkt ...
So was finde ich nicht gut.
Ein Mann, der seine Kämp-fe aufrichtig austrägt, ist viel cooler.
Hey, Maru-kun!
Der braucht echt aufs Maul!

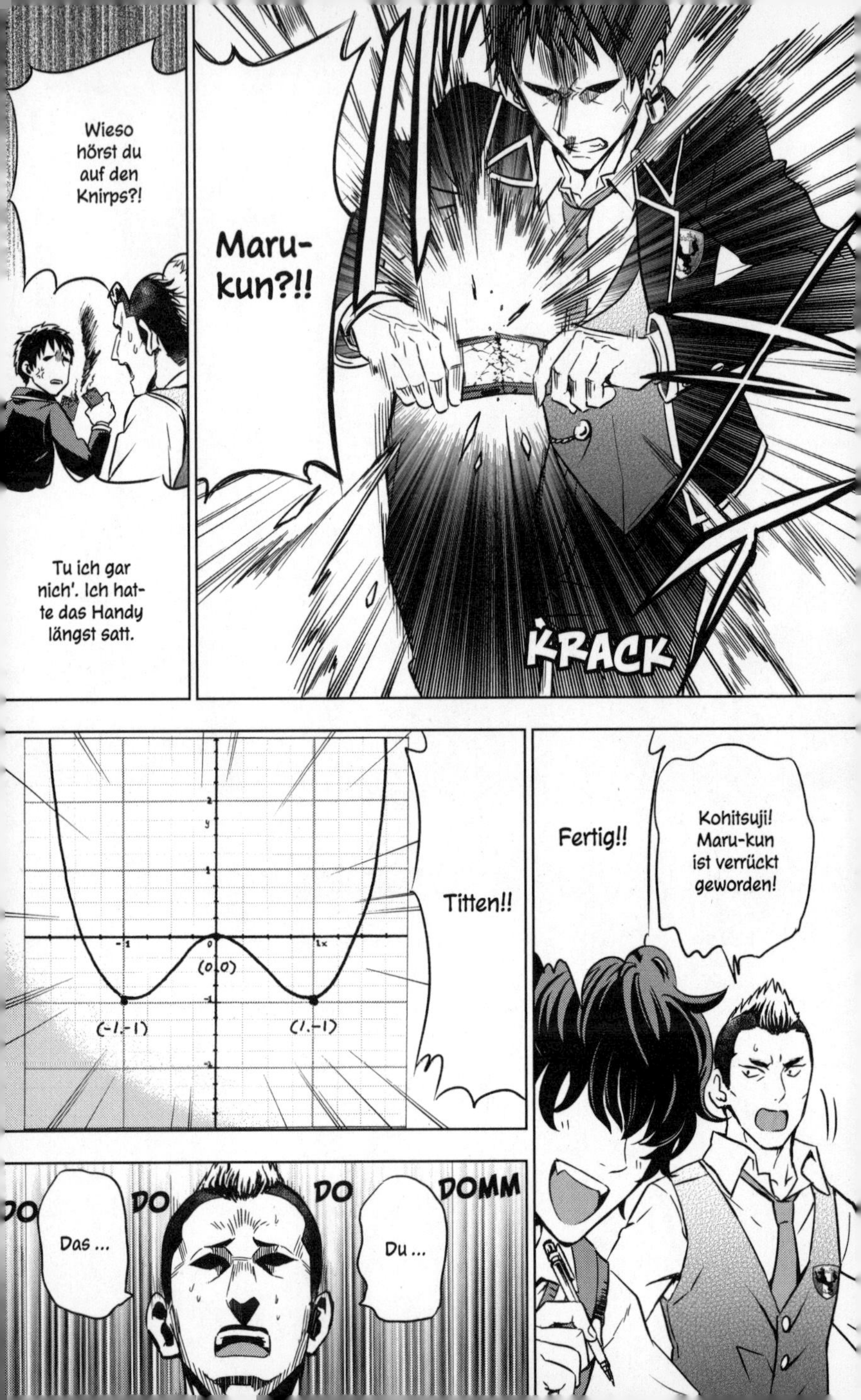
Maru-
kun?!!
Wieso
hörst du
auf den
Knirps?!
KRACK
Tu ich gar
nich'. Ich hat-
te das Handy
längst satt.
Kohitsuji!
Maru-kun
ist verrückt
geworden!
Fertig!!
Titten!!
(0,0)
(-1,-1)
(1,-1)
DOMM
DO
Du ...
DO
DO
Das ...

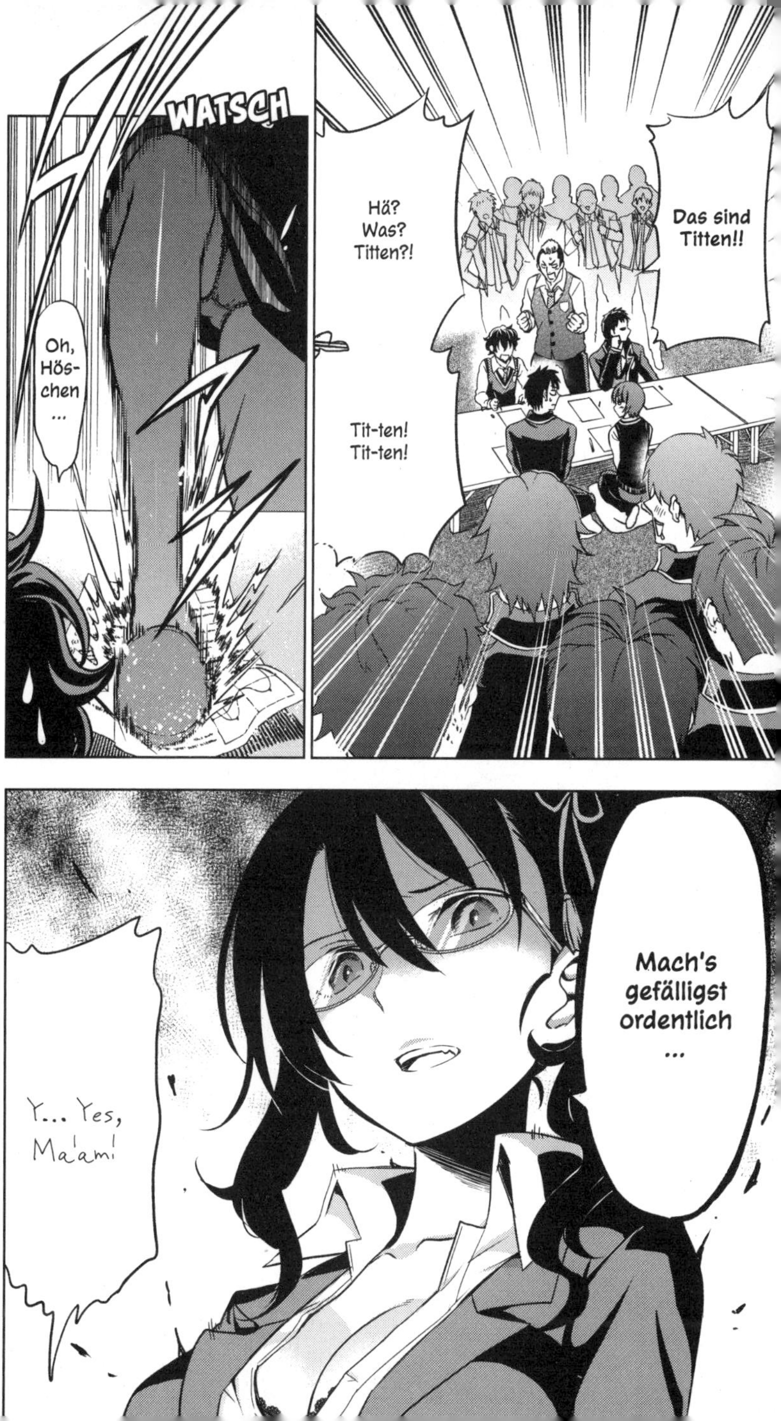
Das sind Titten!!
Hä? Was? Titten?!
Tit-ten! Tit-ten!
WATSCH
Oh, Höschen ...
Mach's gefälligst ordentlich ...
Y... Yes, Ma'am!

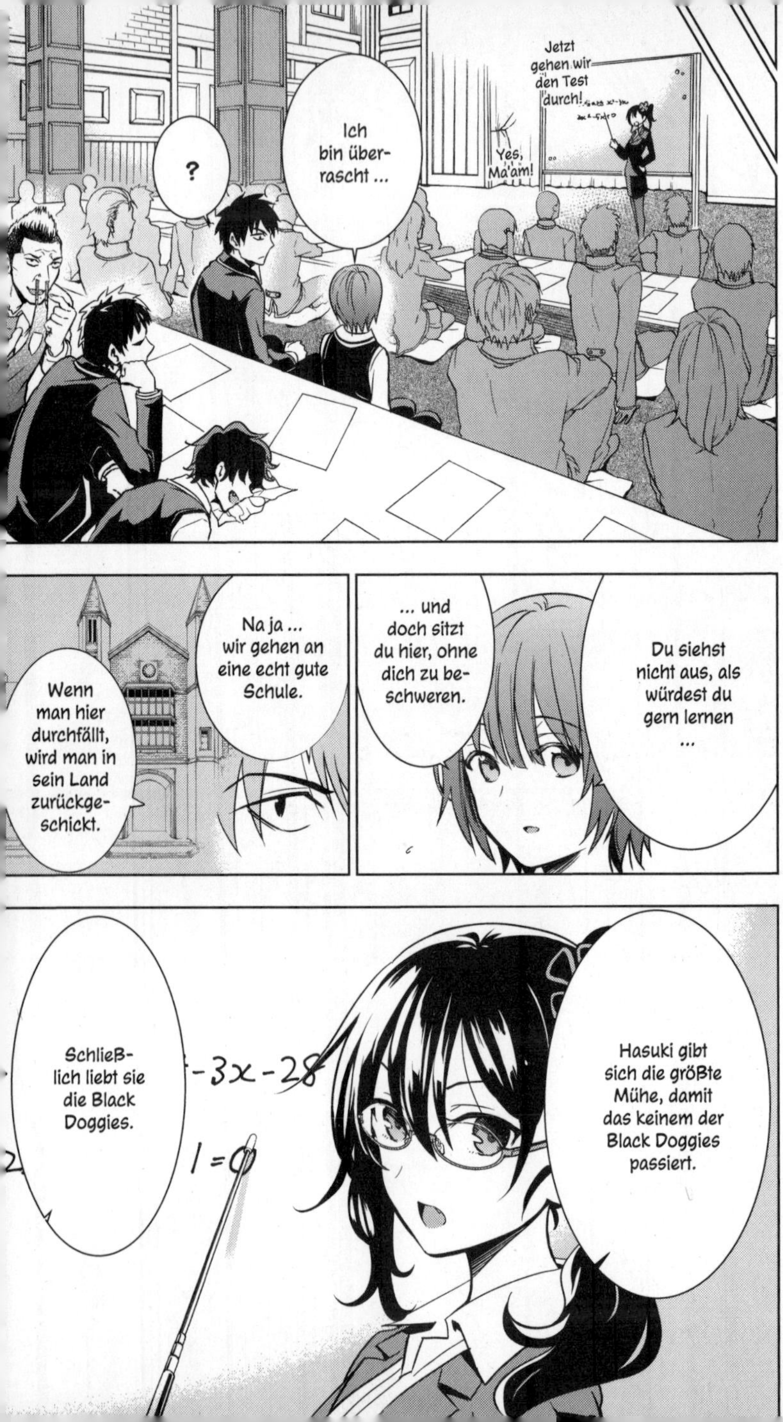
Jetzt gehen wir den Test durch!
Yes, Ma'am!
Ich bin überrascht ...
?
Du siehst nicht aus, als würdest du gern lernen ...
... und doch sitzt du hier, ohne dich zu beschweren.
Na ja ... wir gehen an eine echt gute Schule.
Wenn man hier durchfällt, wird man in sein Land zurückgeschickt.
Hasuki gibt sich die größte Mühe, damit das keinem der Black Doggies passiert.
Schließlich liebt sie die Black Doggies.

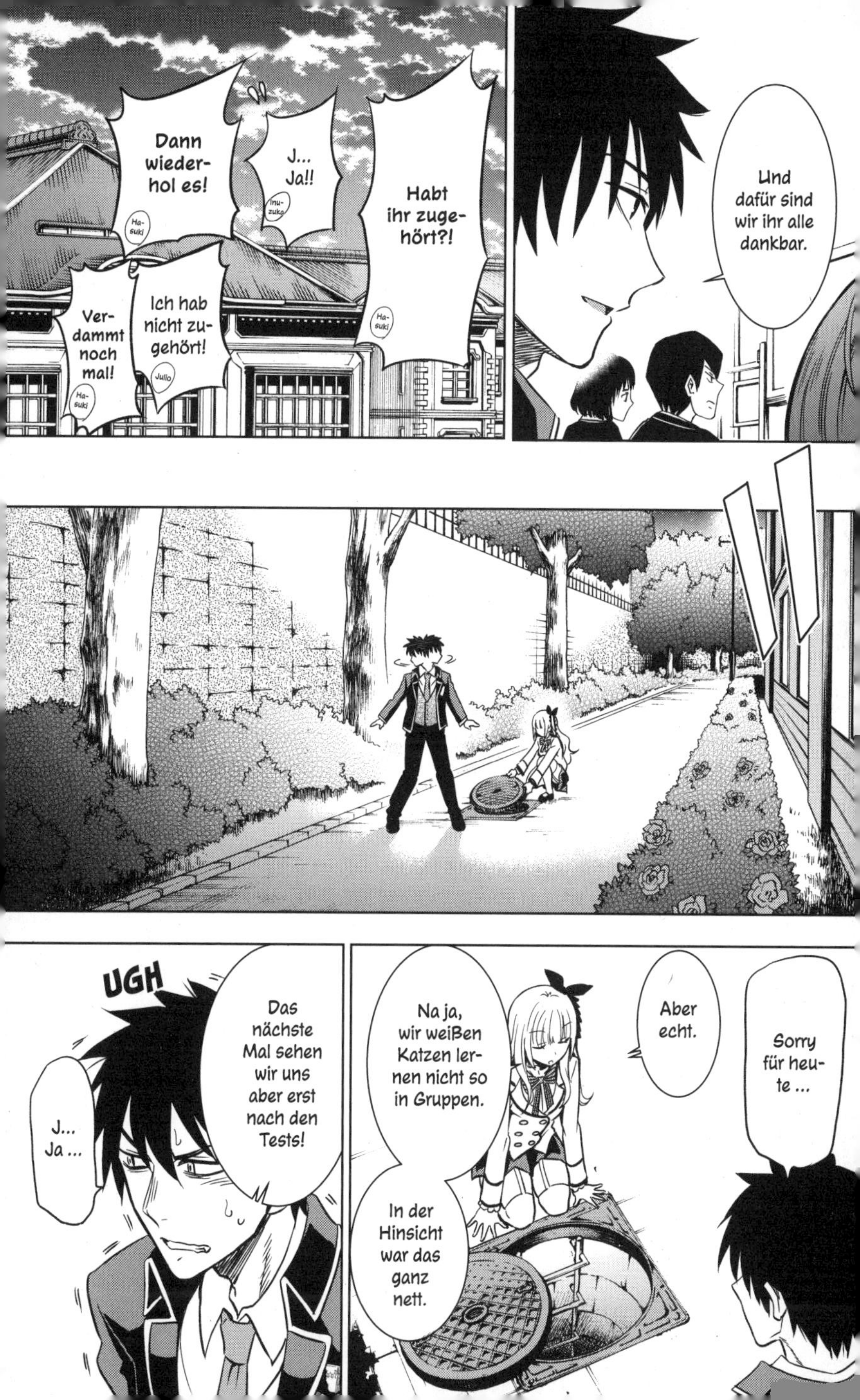
Und dafür sind wir ihr alle dankbar.
Habt ihr zugehört?!
Hasuki
J... Ja!!
Inuzuka
Dann wiederhol es!
Hasuki
Ich hab nicht zugehört!
Julio
Verdammt noch mal!
Hasuki
Sorry für heute ...
Aber echt.
Na ja, wir weißen Katzen lernen nicht so in Gruppen.
In der Hinsicht war das ganz nett.
UGH
Das nächste Mal sehen wir uns aber erst nach den Tests!
J... Ja ...

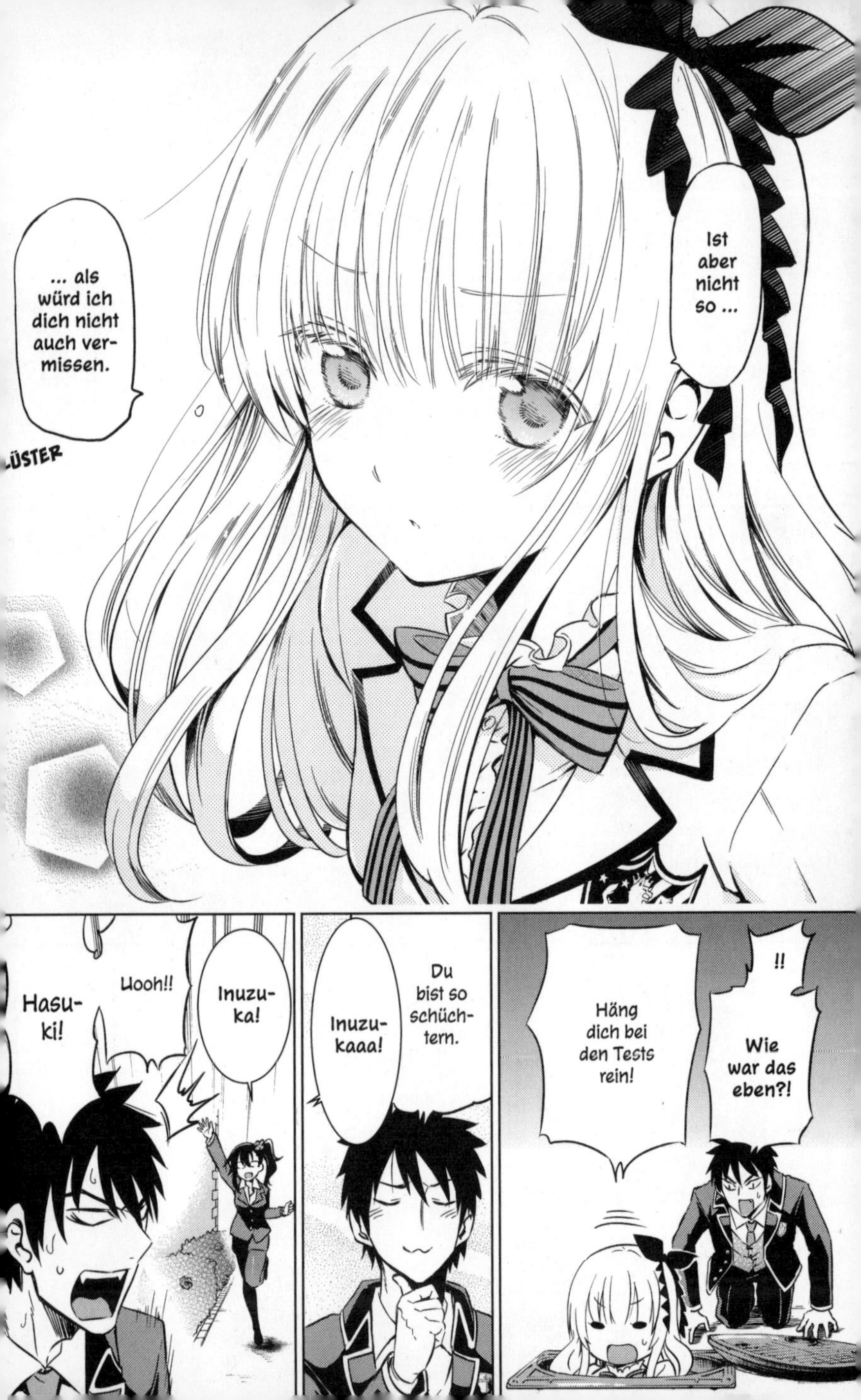
Ist aber nicht so ...
... als würd ich dich nicht auch vermissen.
LÜSTER
!!
Wie war das eben?!
Häng dich bei den Tests rein!
Du bist so schüchtern.
Inuzukaaa!
Inuzuka!
Uooh!!
Hasuki!

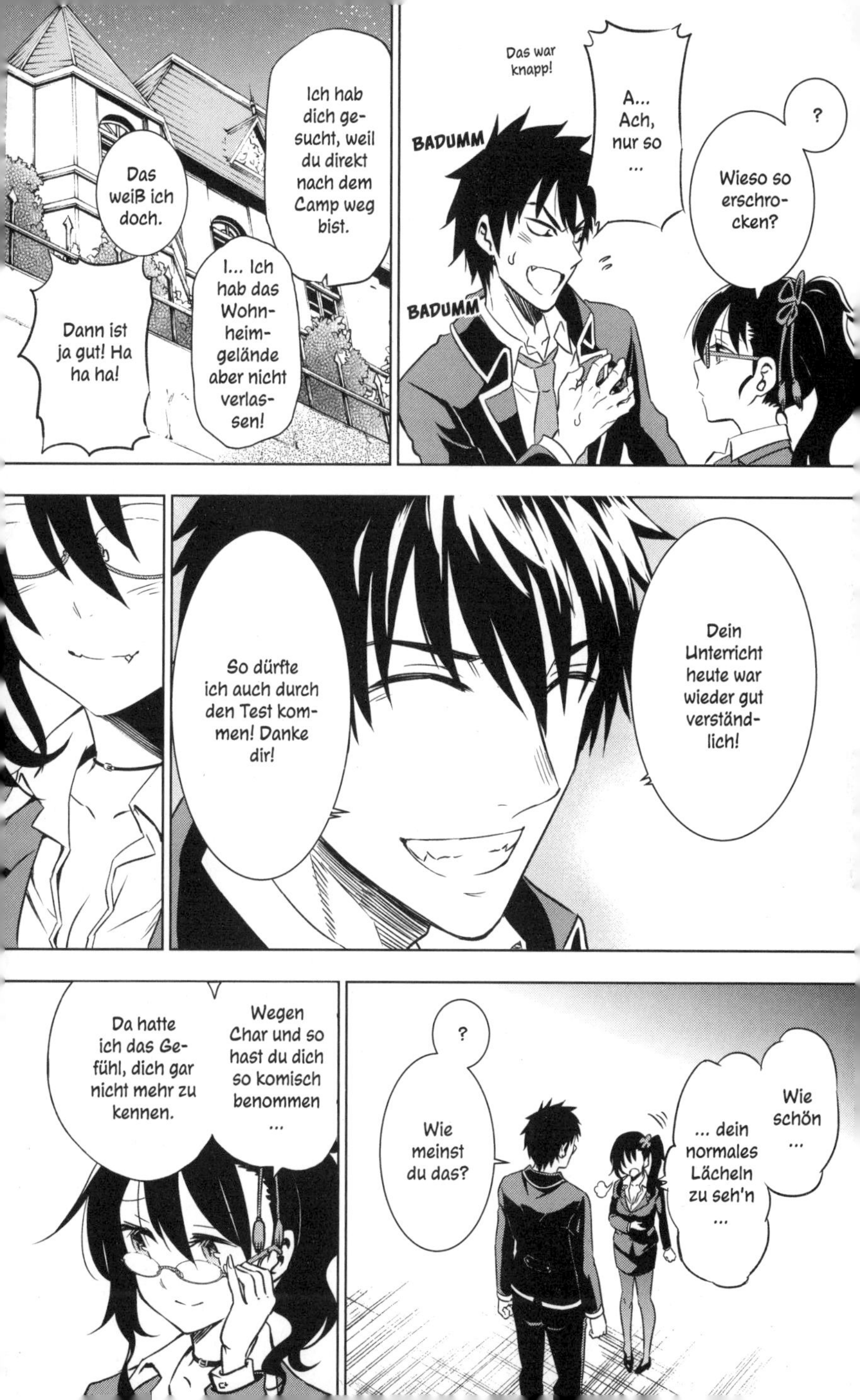
?
Wieso so erschrocken?
A... Ach, nur so ...
Das war knapp!
BADUMM
BADUMM
Ich hab dich gesucht, weil du direkt nach dem Camp weg bist.
I... Ich hab das Wohnheimgelände aber nicht verlassen!
Das weiß ich doch.
Dann ist ja gut! Ha ha ha!
Dein Unterricht heute war wieder gut verständlich!
So dürfte ich auch durch den Test kommen! Danke dir!
Wie schön ...
... dein normales Lächeln zu seh'n ...
?
Wie meinst du das?
Wegen Char und so hast du dich so komisch benommen ...
Da hatte ich das Gefühl, dich gar nicht mehr zu kennen.

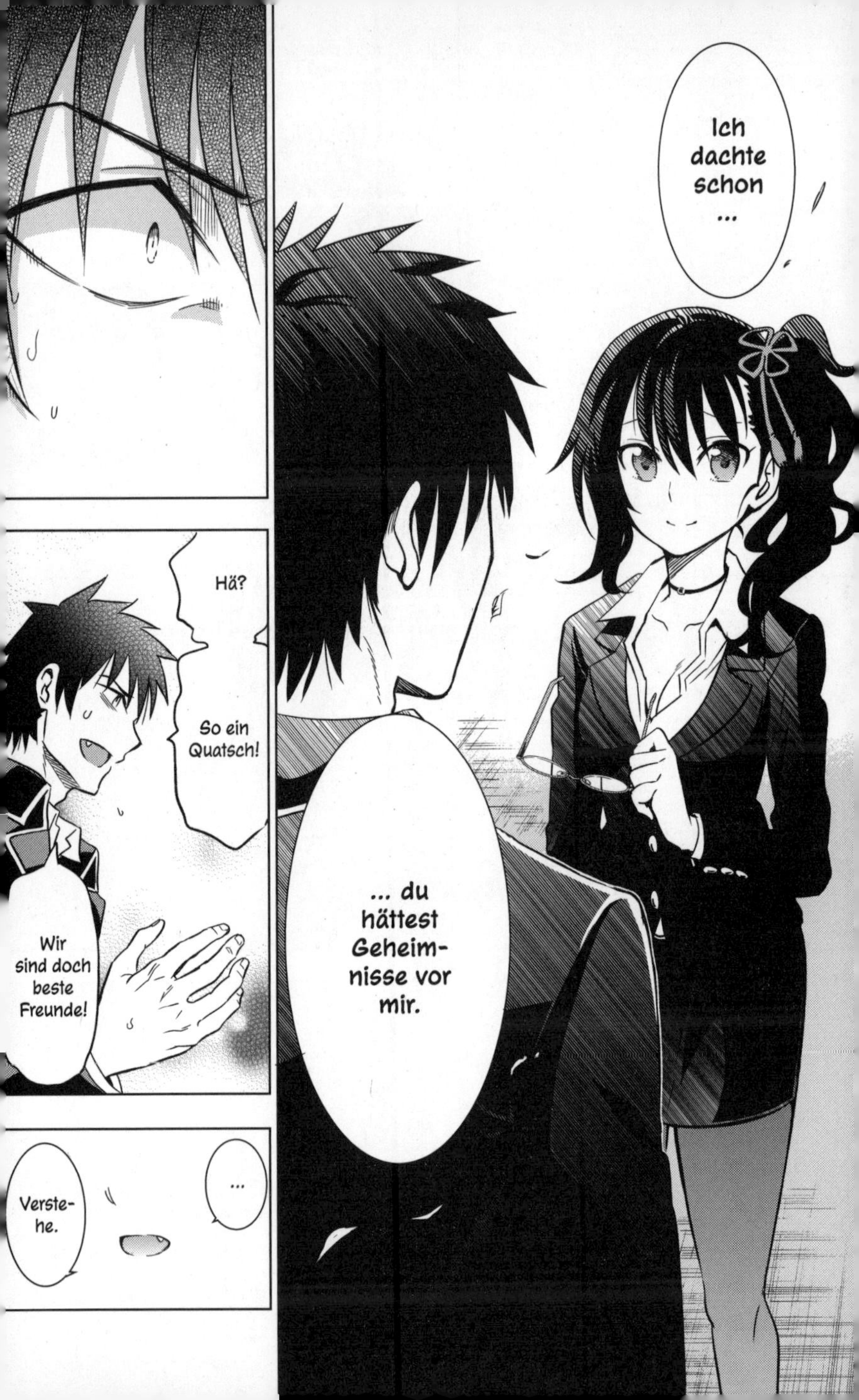
Ich dachte schon ...
... du hättest Geheimnisse vor mir.
Hä?
So ein Quatsch!
Wir sind doch beste Freunde!
...
Verste-he.

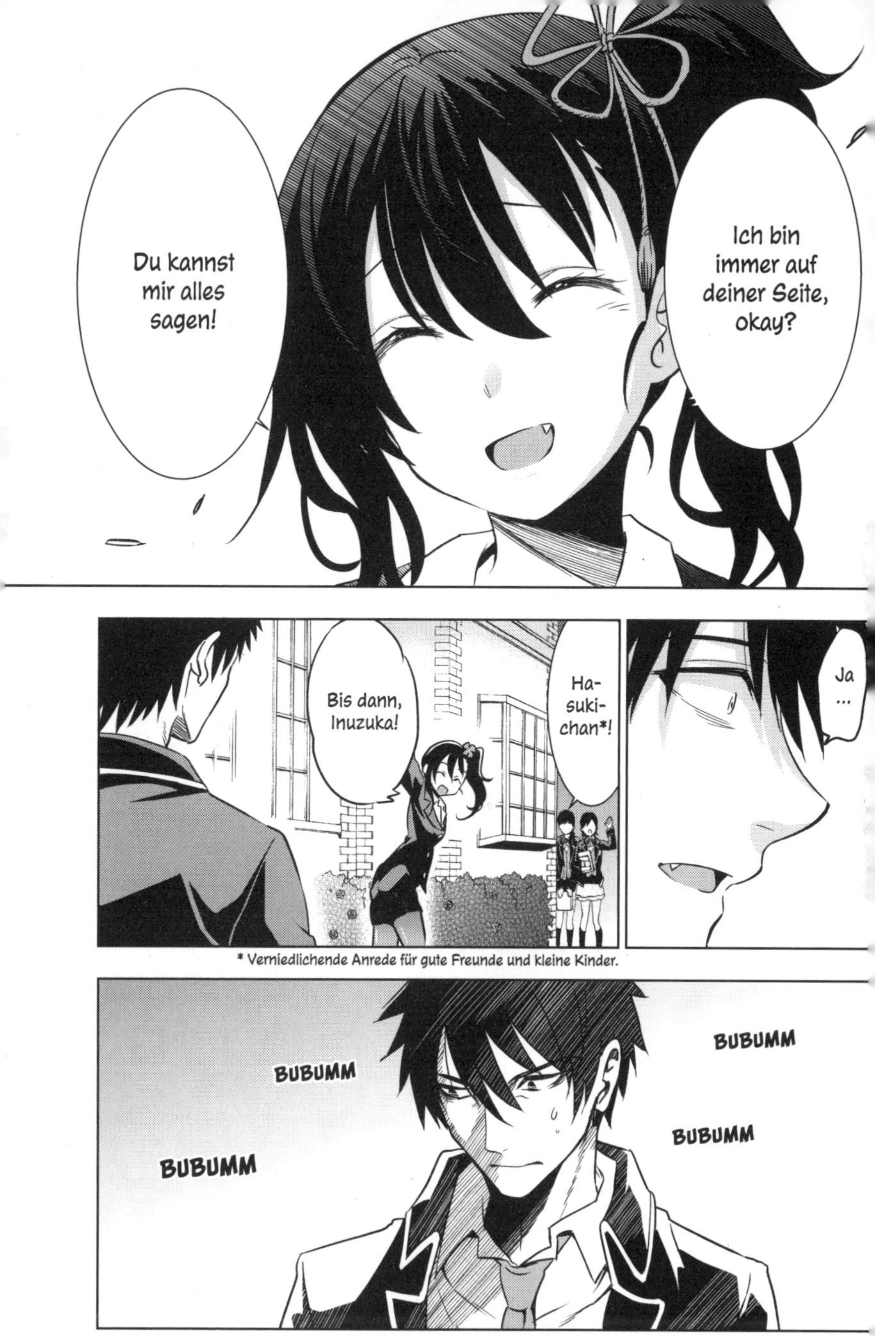

* Verniedlichende Anrede für gute Freunde und kleine Kinder.

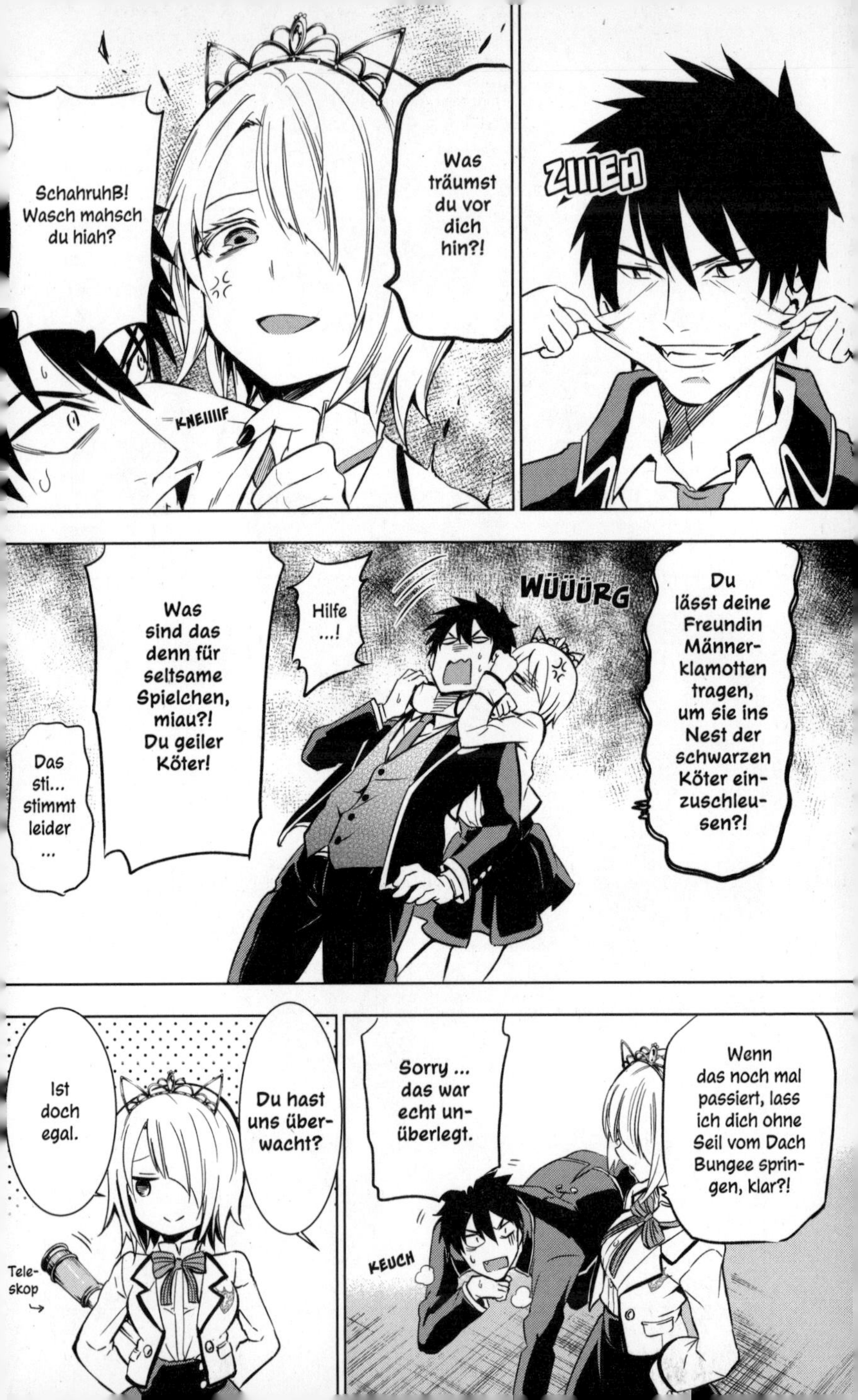

ZIIIEH
Was träumst du vor dich hin?!
SchahruhB! Wasch mahsch du hiah?
KNEIIIIF
Du lässt deine Freundin Männer-klamotten tragen, um sie ins Nest der schwarzen Köter ein-zuschleu-sen?!
WÜÜÜRG
Hilfe ...!
Was sind das denn für seltsame Spielchen, miau?! Du geiler Köter!
Das sti... stimmt leider ...
Wenn das noch mal passiert, lass ich dich ohne Seil vom Dach Bungee sprin-gen, klar?!
Sorry ... das war echt un-überlegt.
KEUCH
Du hast uns über-wacht?
Ist doch egal.
Tele-skop

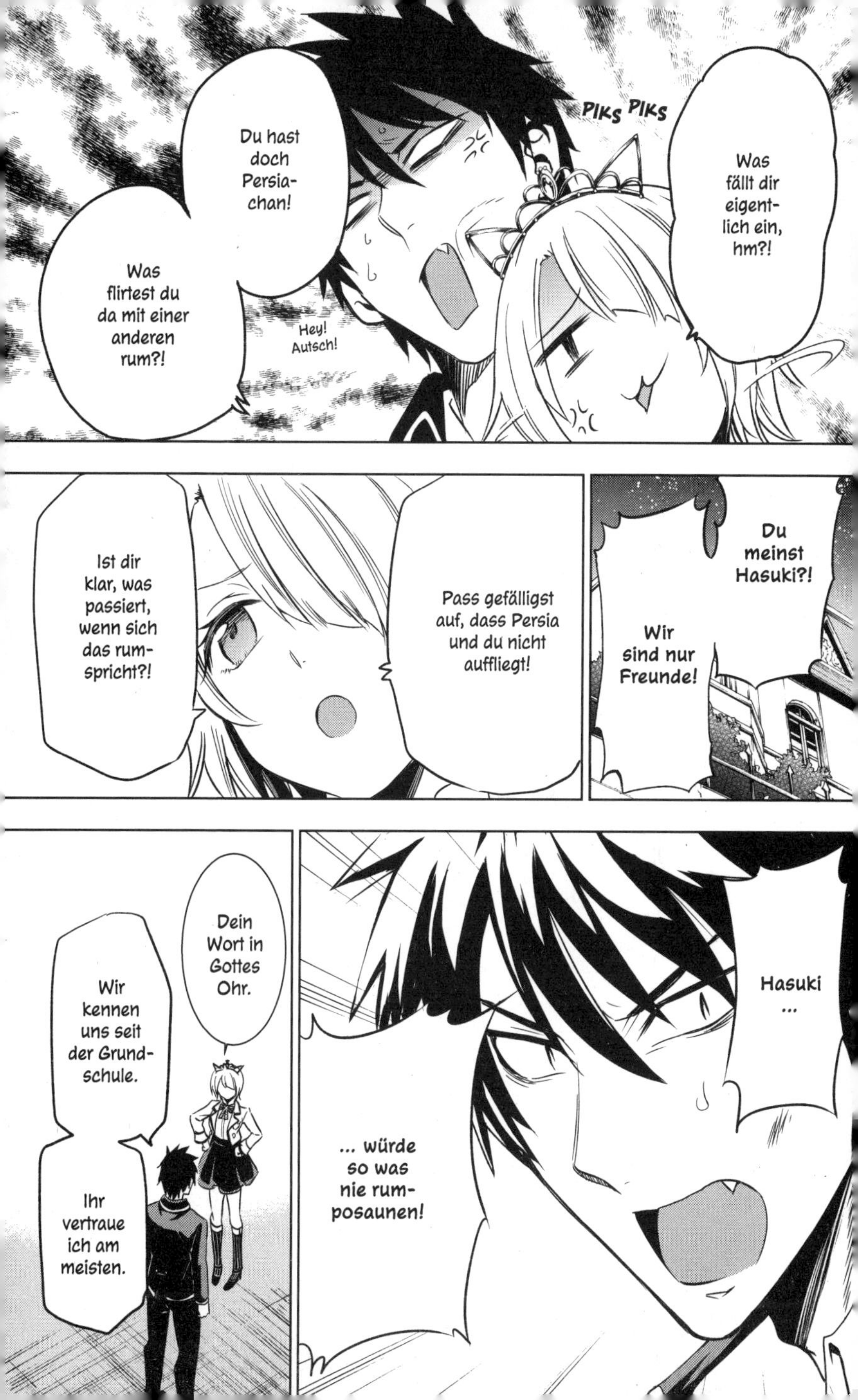

Was fällt dir eigentlich ein, hm?!
PIKS PIKS
Du hast doch Persia-chan!
Was flirtest du da mit einer anderen rum?!
Hey! Autsch!
Du meinst Hasuki?!
Wir sind nur Freunde!
Pass gefälligst auf, dass Persia und du nicht auffliegt!
Ist dir klar, was passiert, wenn sich das rumspricht?!
Hasuki ...
... würde so was nie rumposaunen!
Wir kennen uns seit der Grundschule.
Ihr vertraue ich am meisten.
Dein Wort in Gottes Ohr.

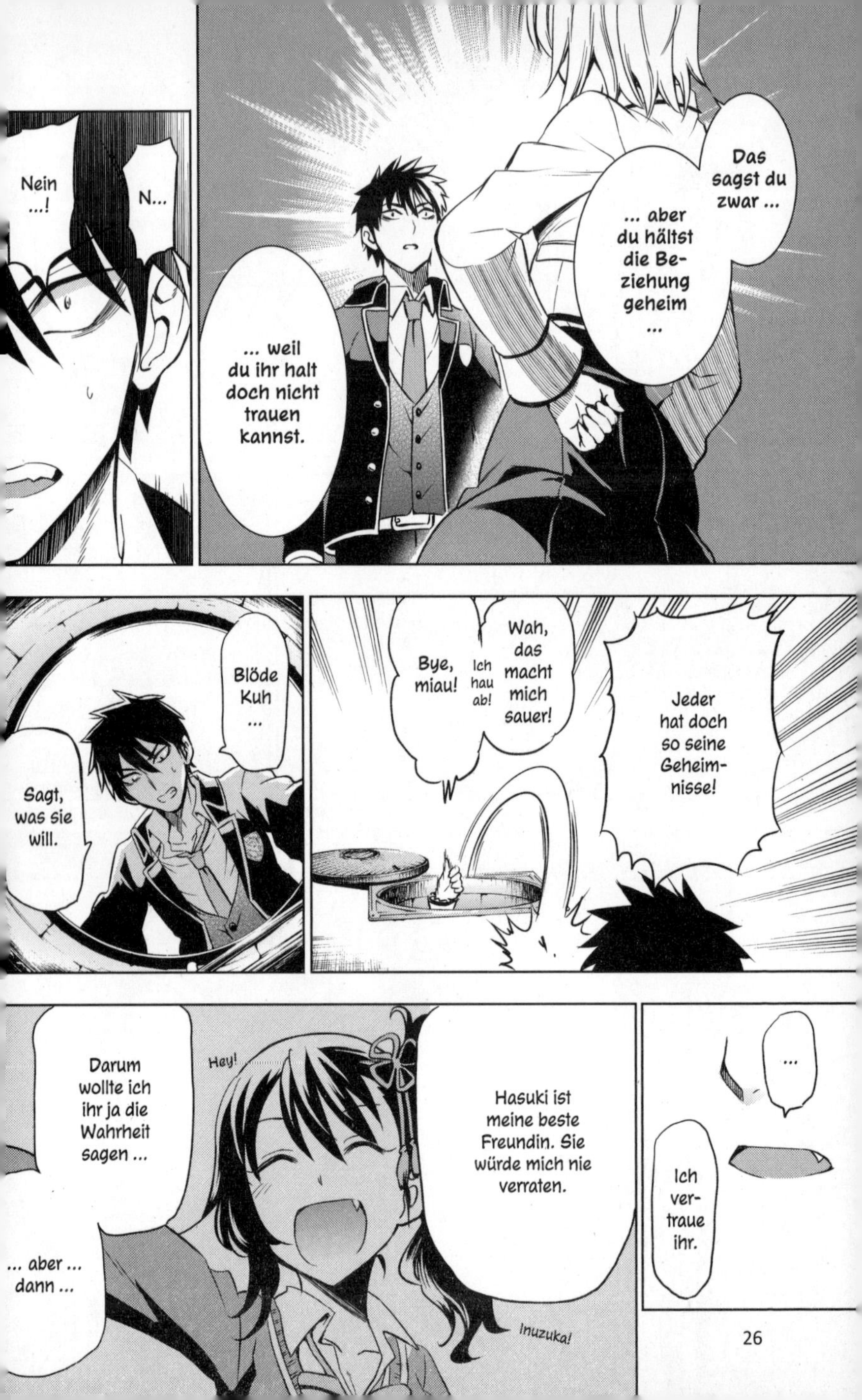

Das sagst du zwar ...
... aber du hältst die Beziehung geheim ...
... weil du ihr halt doch nicht trauen kannst.
N...
Nein ...!
Jeder hat doch so seine Geheimnisse!
Wah, das macht mich sauer!
Ich hau ab!
Bye, miau!
Blöde Kuh ...
Sagt, was sie will.
...
Ich vertraue ihr.
Hasuki ist meine beste Freundin. Sie würde mich nie verraten.
Hey!
Inuzuka!
Darum wollte ich ihr ja die Wahrheit sagen ...
... aber ... dann ...

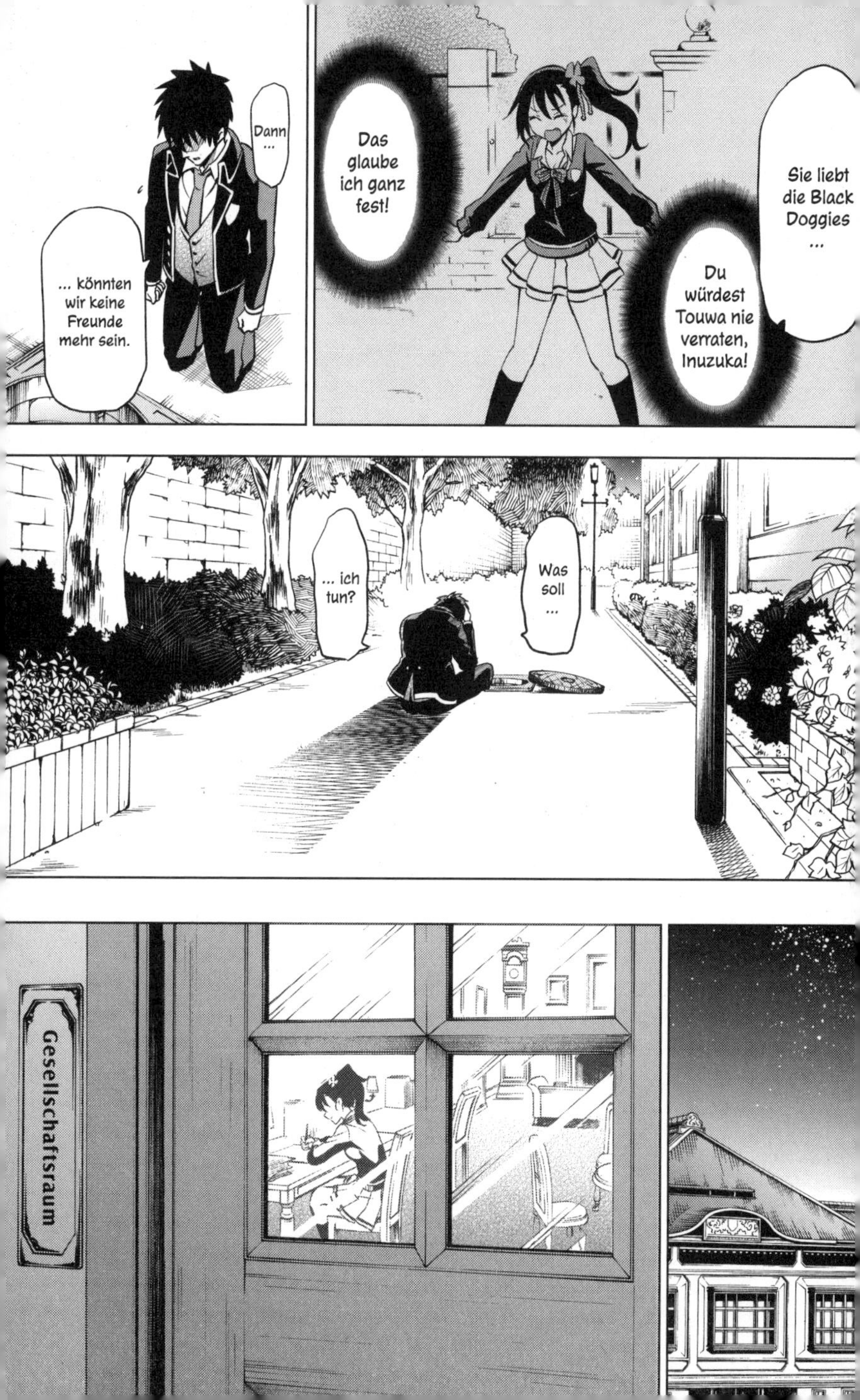

Sie liebt die Black Doggies ...
Du würdest Touwa nie verraten, Inuzuka!
Das glaube ich ganz fest!
Dann ...
... könnten wir keine Freunde mehr sein.
Was soll ...
... ich tun?
Gesellschaftsraum

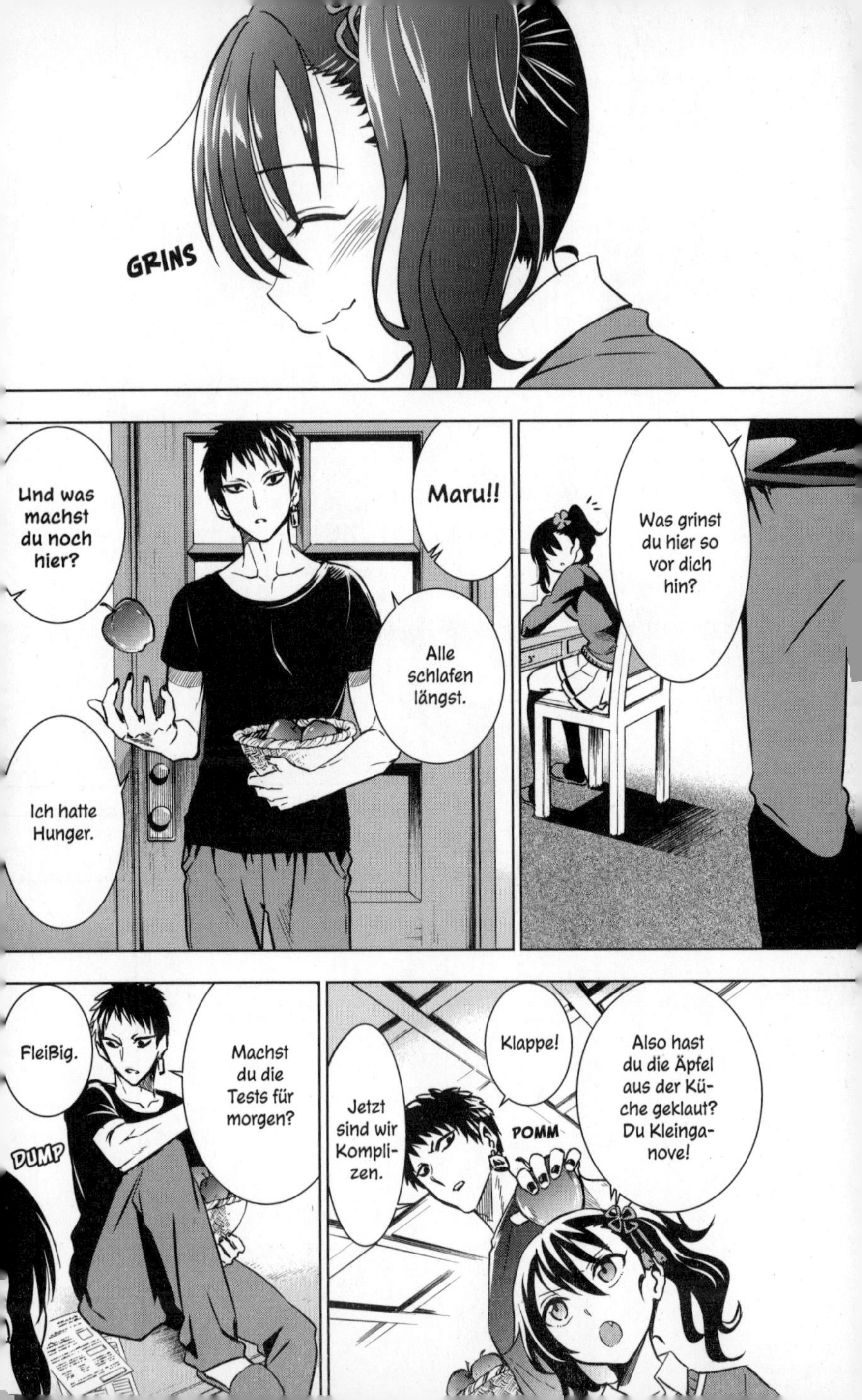
GRINS
Was grinst du hier so vor dich hin?
Maru!!
Alle schlafen längst.
Und was machst du noch hier?
Ich hatte Hunger.
Also hast du die Äpfel aus der Küche geklaut? Du Kleinganove!
POMM
Klappe!
Jetzt sind wir Komplizen.
Machst du die Tests für morgen?
Fleißig.
DUMP

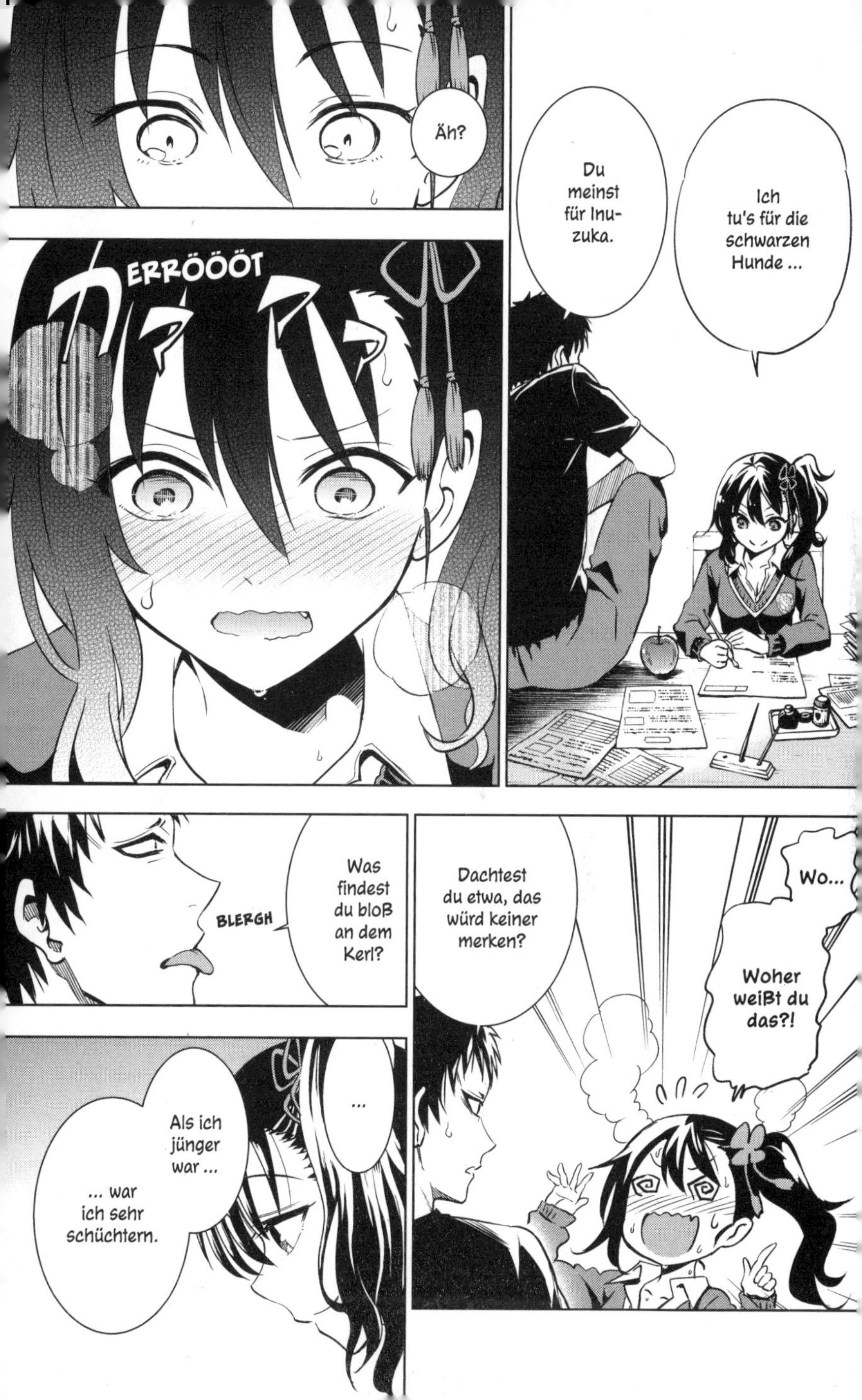

Äh?
Ich tu's für die schwarzen Hunde ...
Du meinst für Inuzuka.
ERRÖÖÖT
Wo...
Woher weißt du das?!
Dachtest du etwa, das würd keiner merken?
Was findest du bloß an dem Kerl?
BLERGH
...
Als ich jünger war ...
... war ich sehr schüchtern.

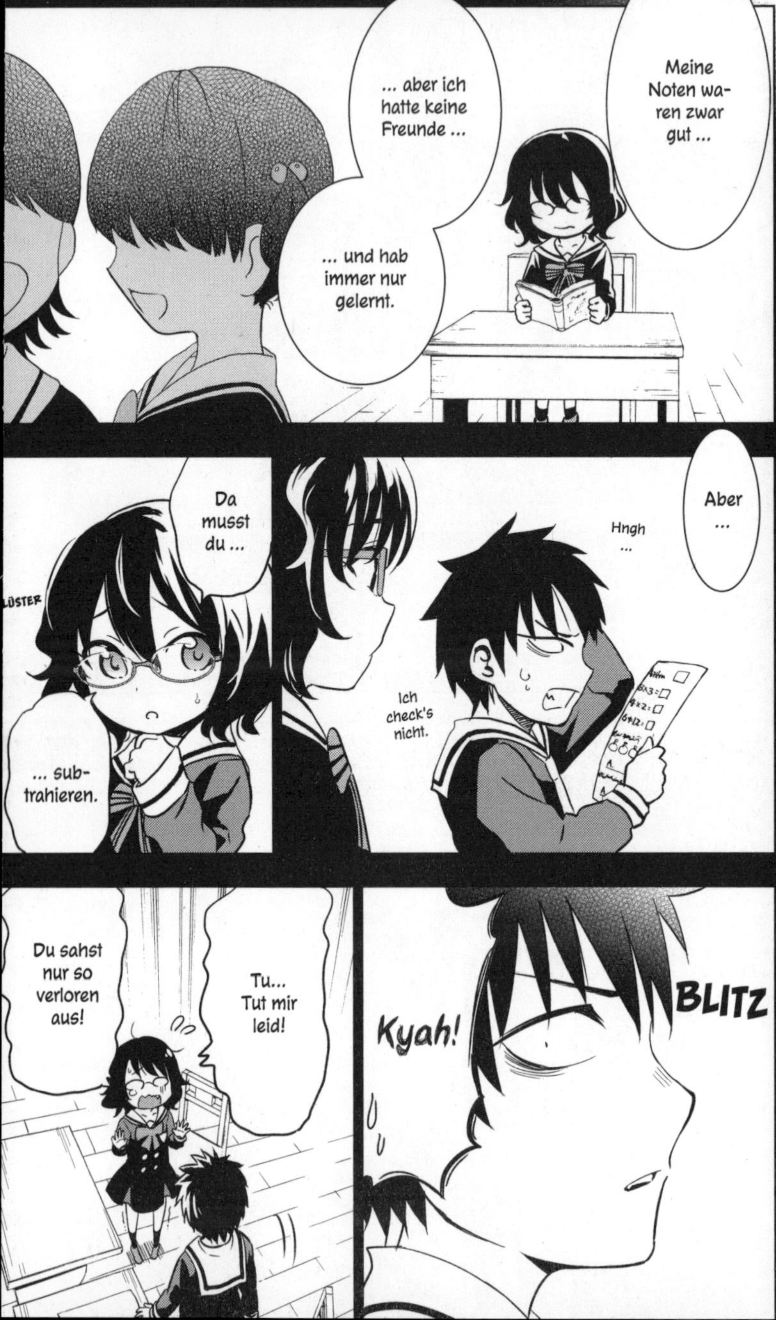
Meine Noten waren zwar gut ...
... aber ich hatte keine Freunde ...
... und hab immer nur gelernt.
Aber ...
Hngh ...
Ich check's nicht.
Da musst du ...
... subtrahieren.
BLITZ
Kyah!
Tu... Tut mir leid!
Du sahst nur so verloren aus!

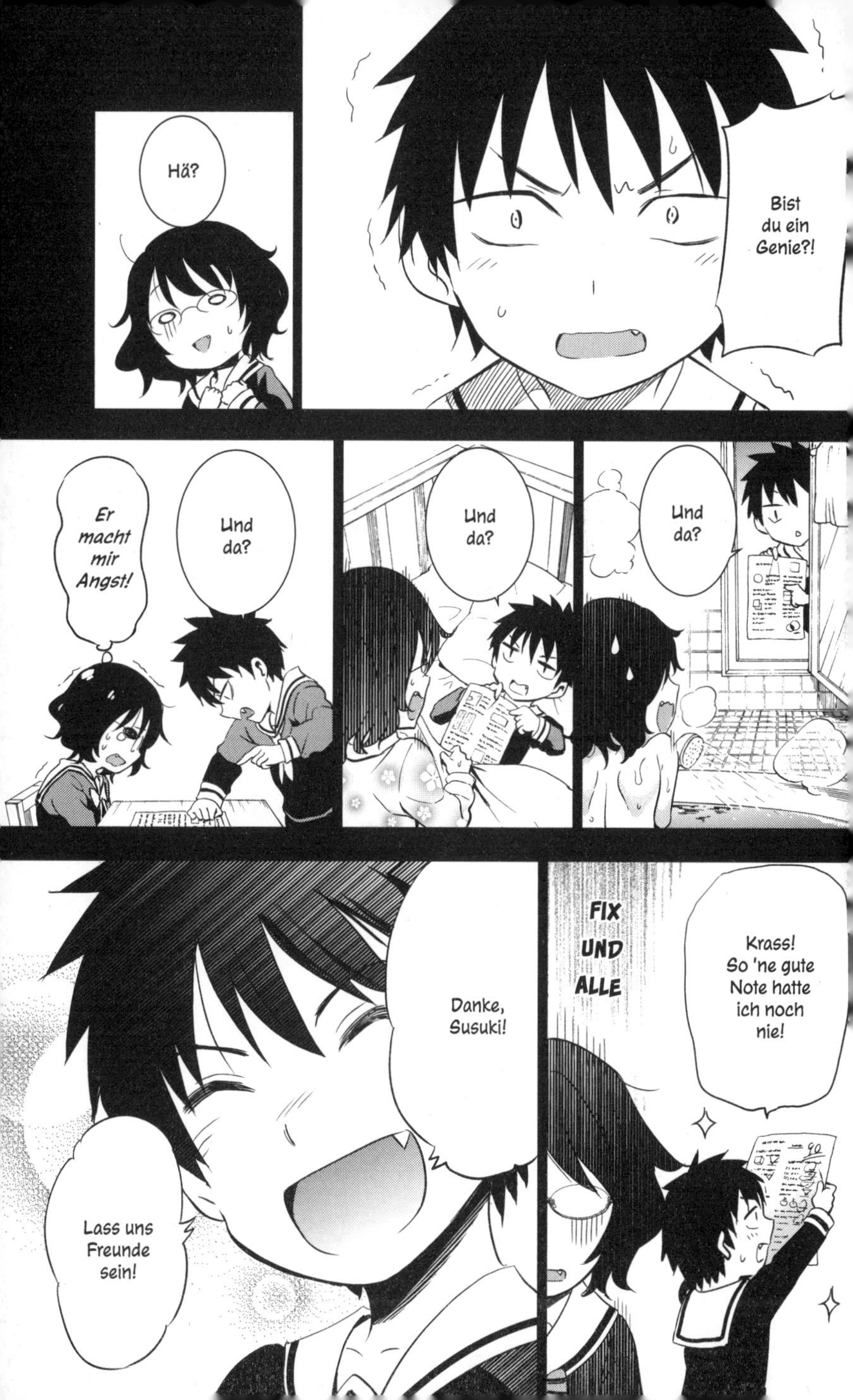
Bist du ein Genie?!
Hä?
Und da?
Und da?
Und da?
Er macht mir Angst!
FIX UND ALLE
Krass! So 'ne gute Note hatte ich noch nie!
Danke, Susuki!
Lass uns Freunde sein!

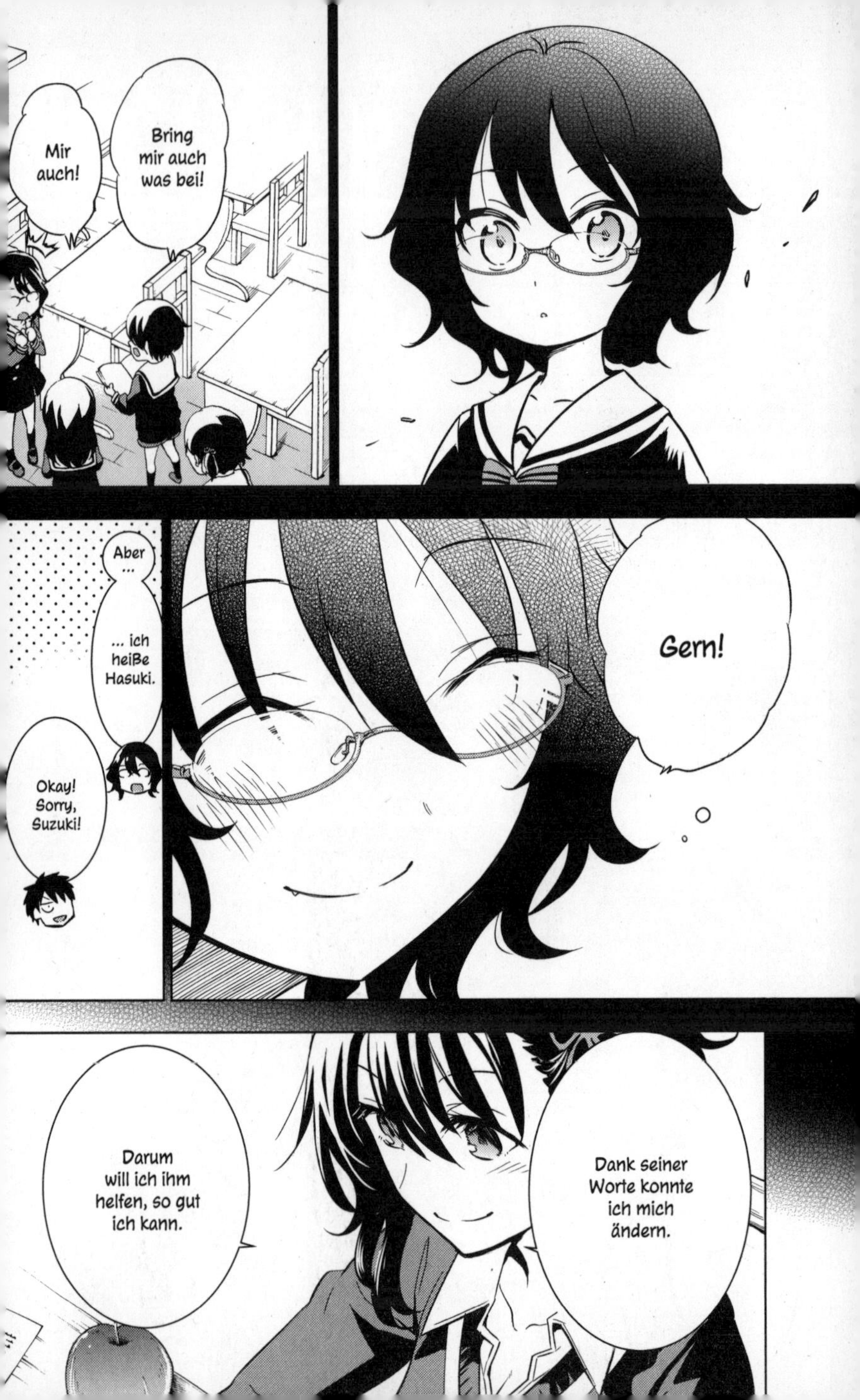
Bring mir auch was bei!
Mir auch!
Gern!
Aber ...
... ich heiße Hasuki.
Okay! Sorry, Suzuki!
Dank seiner Worte konnte ich mich ändern.
Darum will ich ihm helfen, so gut ich kann.

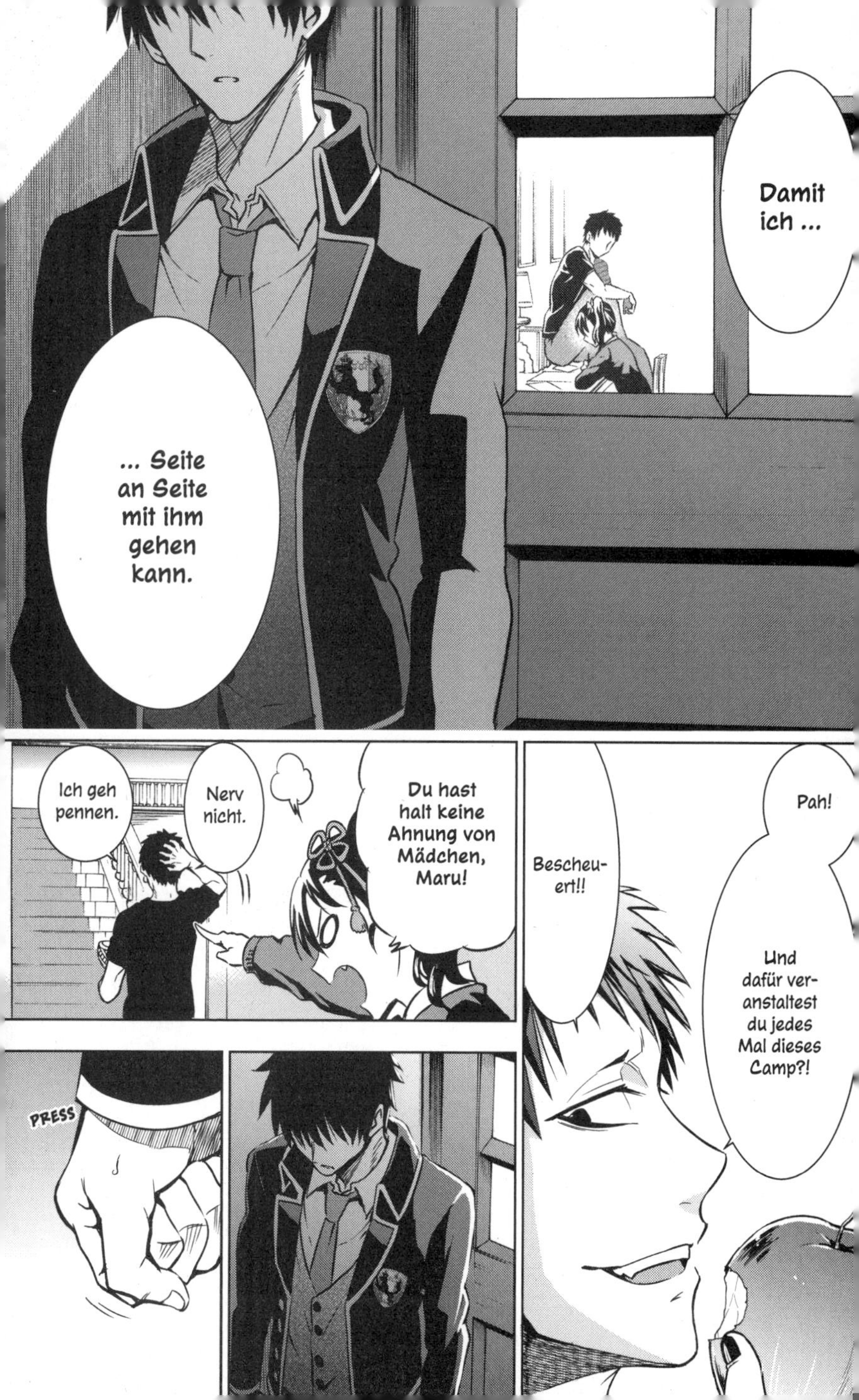
Damit ich ...
... Seite an Seite mit ihm gehen kann.
Du hast halt keine Ahnung von Mädchen, Maru!
Nerv nicht.
Ich geh pennen.
Pah!
Bescheu-ert!!
Und dafür ver-anstaltest du jedes Mal dieses Camp?!
PRESS

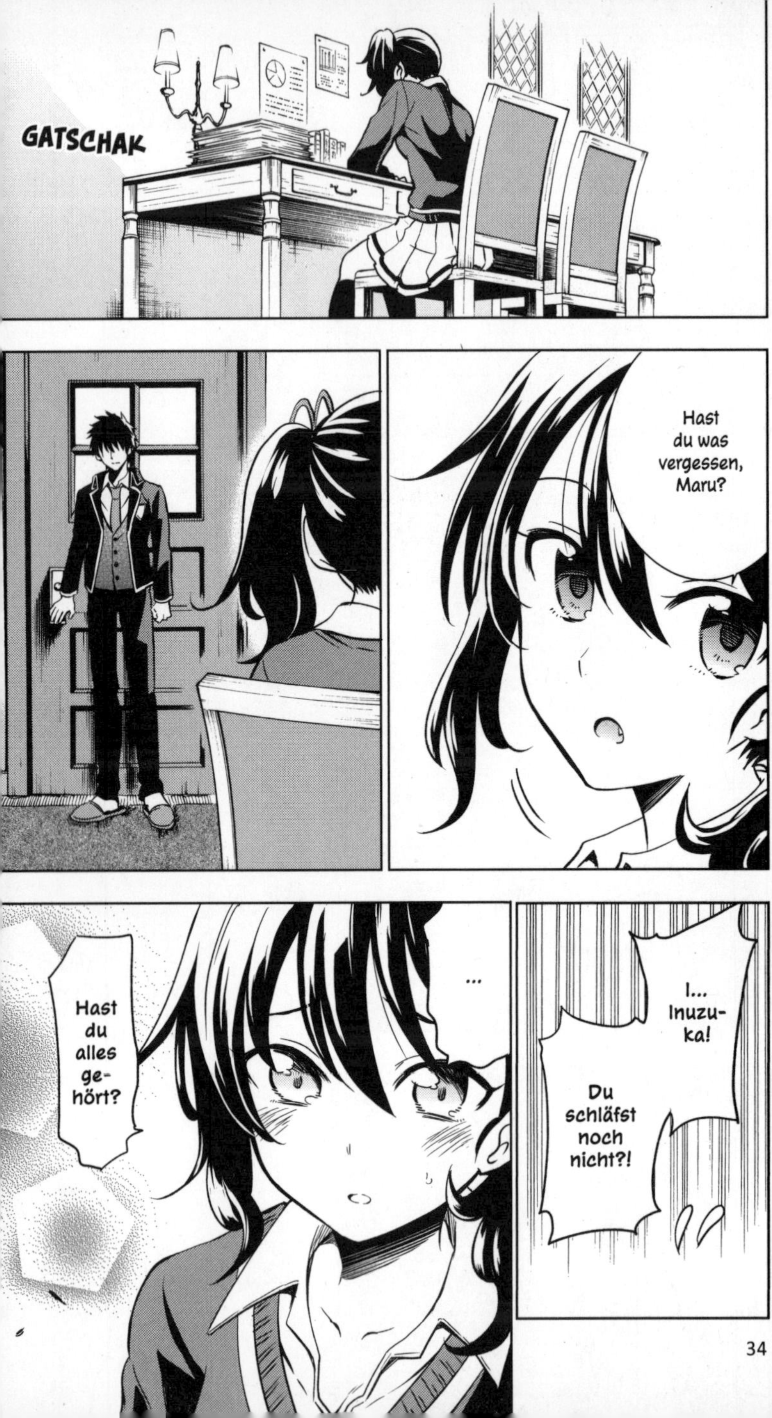
GATSCHAK
Hast du was vergessen, Maru?
I... Inuzuka!
Du schläfst noch nicht?!
...
Hast du alles gehört?

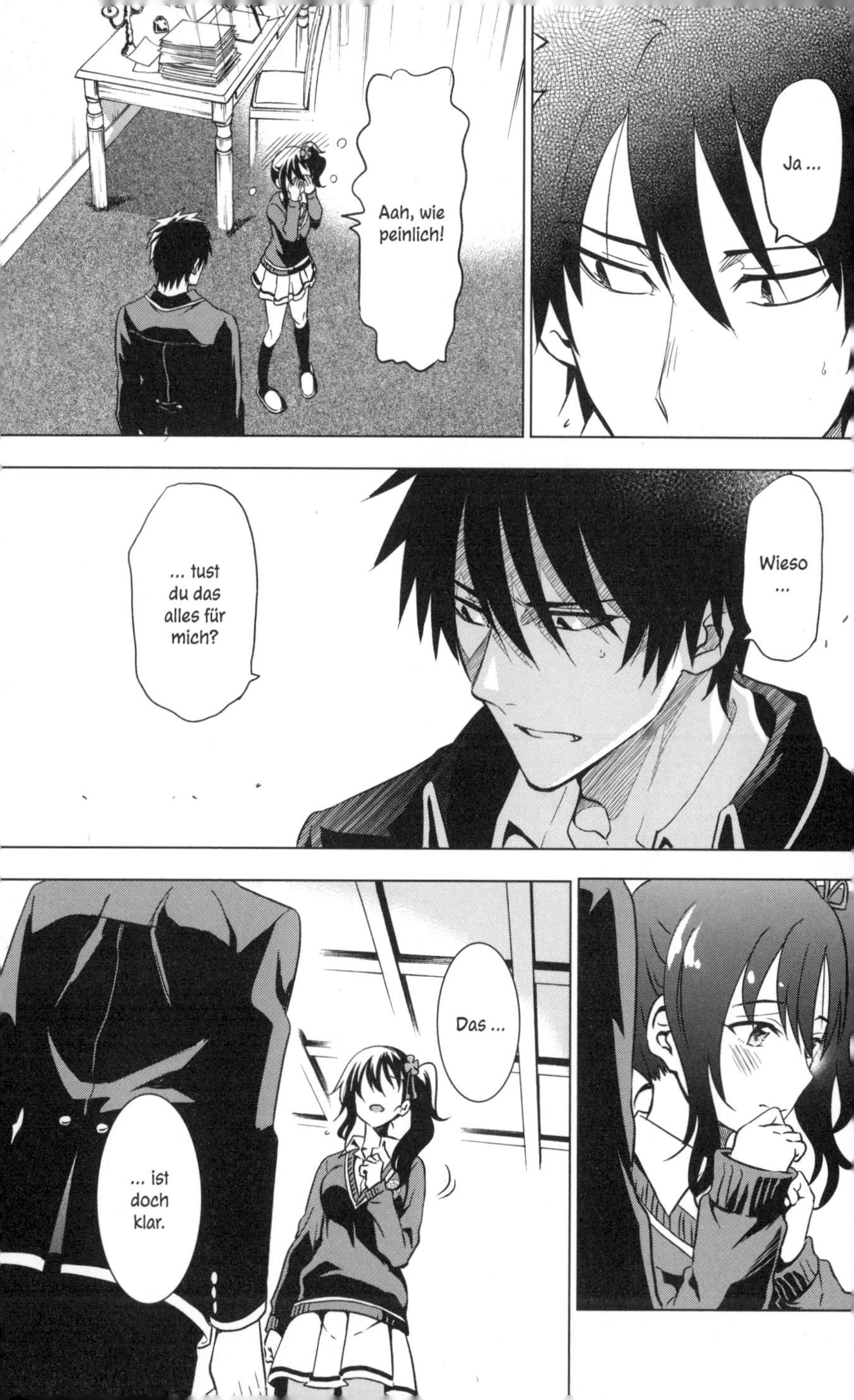
Ja ...
Aah, wie peinlich!
Wieso ...
... tust du das alles für mich?
Das ...
... ist doch klar.

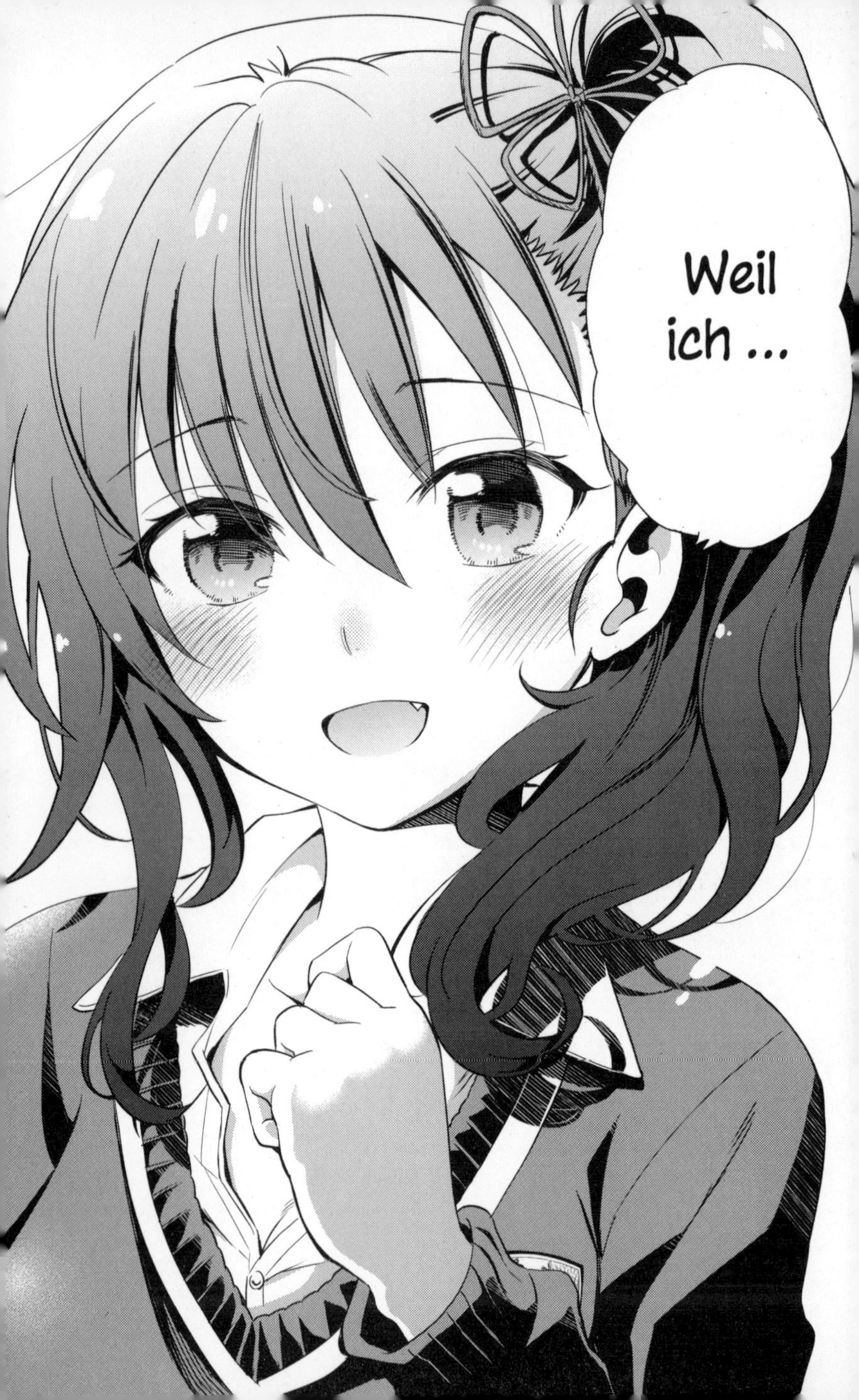
Weil ich ...

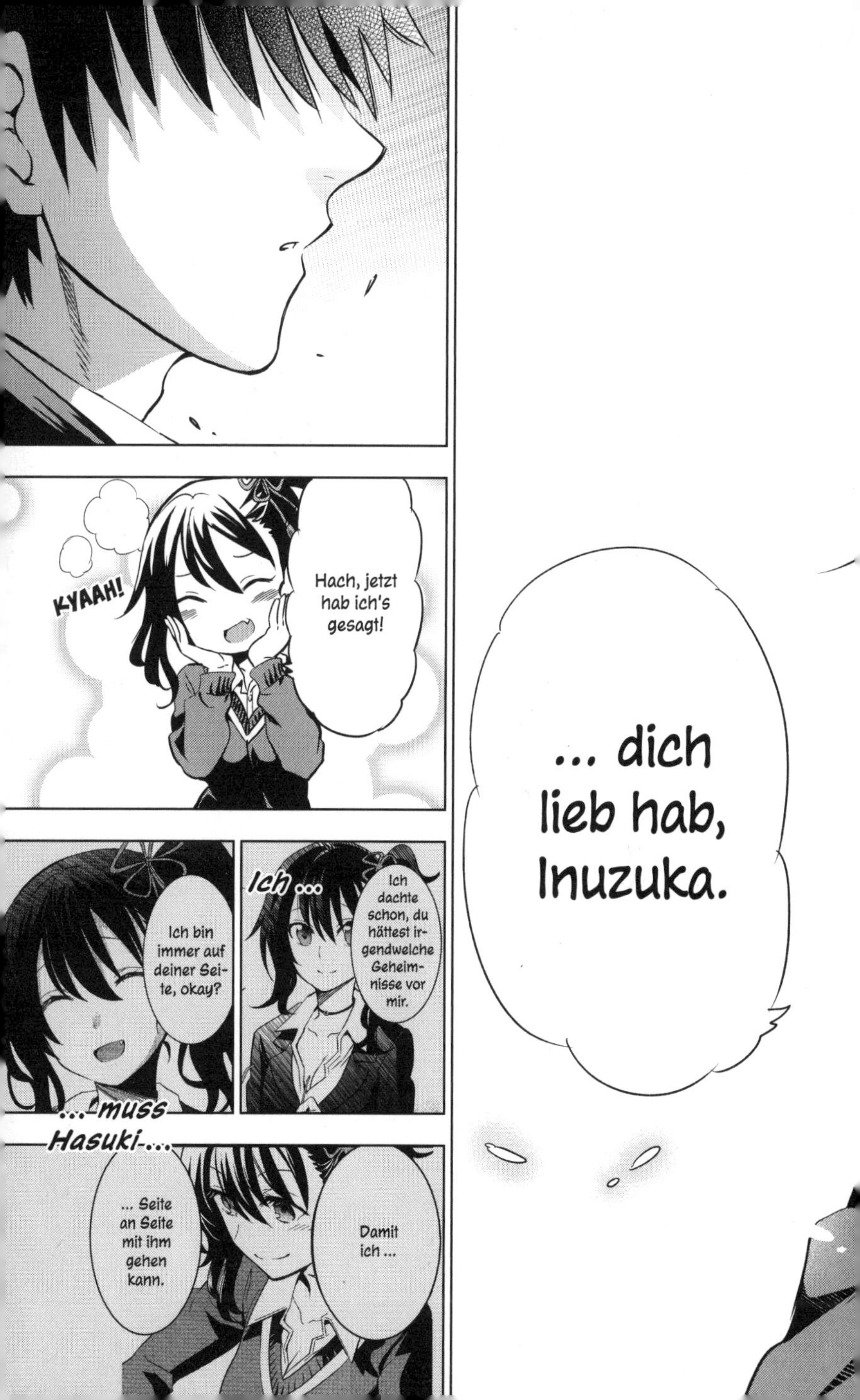
... dich lieb hab, Inuzuka.
Hach, jetzt hab ich's gesagt!
KYAAH!
Ich dachte schon, du hättest irgendwelche Geheimnisse vor mir.
Ich ...
Ich bin immer auf deiner Seite, okay?
... muss Hasuki ...
Damit ich ...
... Seite an Seite mit ihm gehen kann.

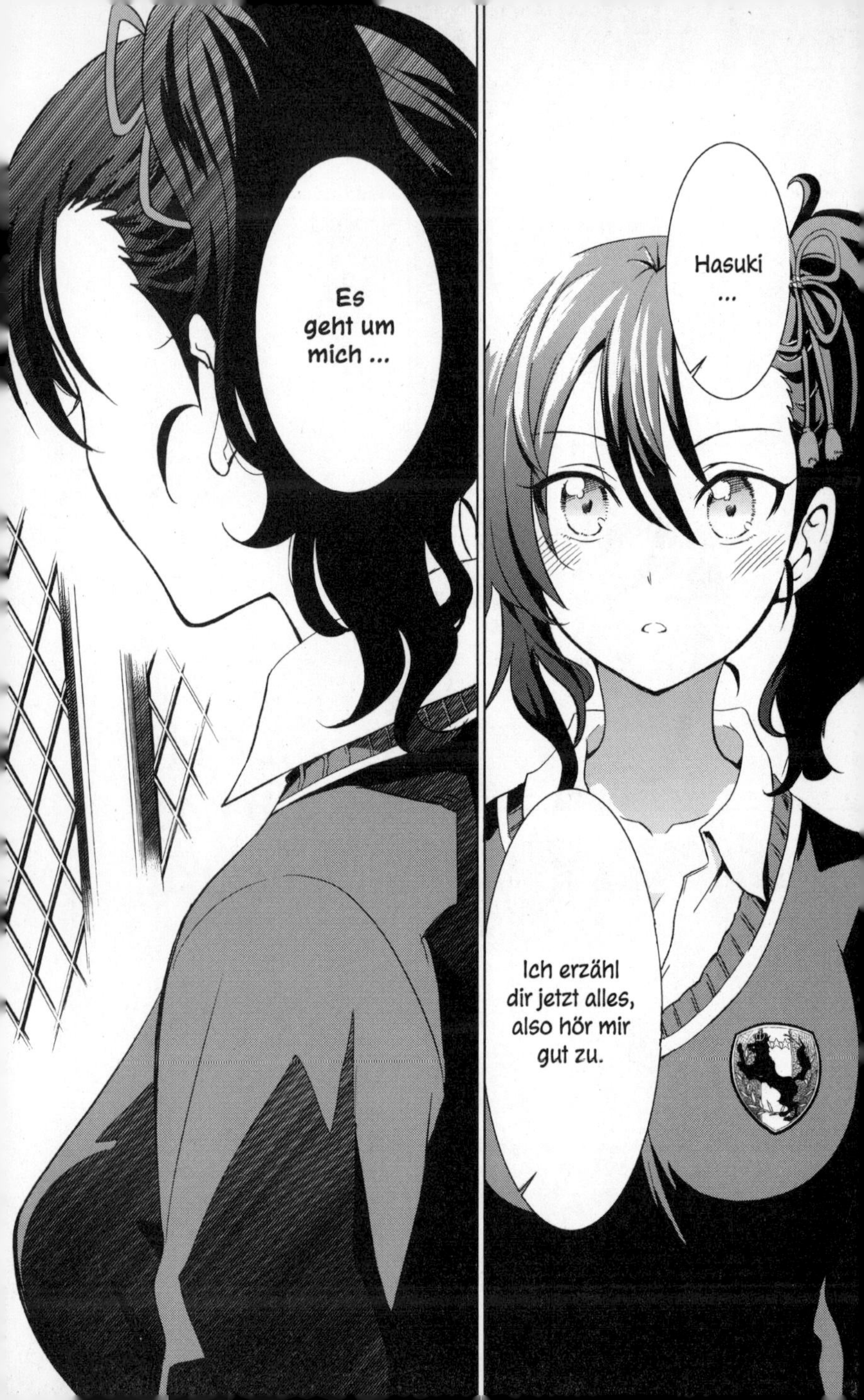
Hasuki ...
Ich erzähl dir jetzt alles, also hör mir gut zu.
Es geht um mich ...

... und
um Persia.

Hintergrundgeschichten

Über Maru, den Outlaw der Black Doggies

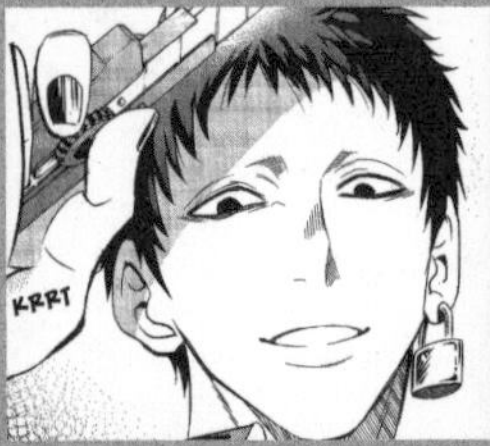

Maru ist ein niederträchtiges, gemeines und doch devotes Mitglied der Black Doggies. Bereits im ersten Kapitel taucht er mit seinem ungewöhnlichen Style auf: sehr kurzes Haar und keine Augenbrauen.

← Im ersten Band sieht man nur die Schatten, und keine Augenbrauen.

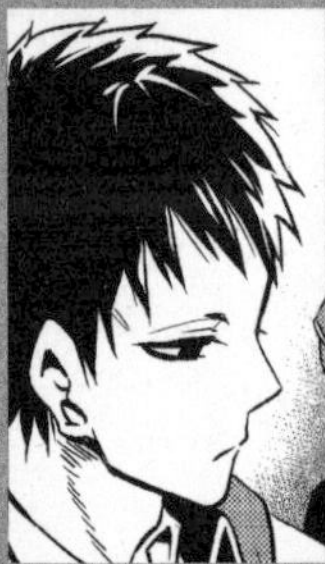

Manche von euch werden aber bemerkt haben, dass im sechsten Kapitel eine gewisse Veränderung zu sehen ist? →

Über seinen Augen sind schwarze Fremdkörper ... Ist das Rotze? Nein! Es sind Augenbrauen!

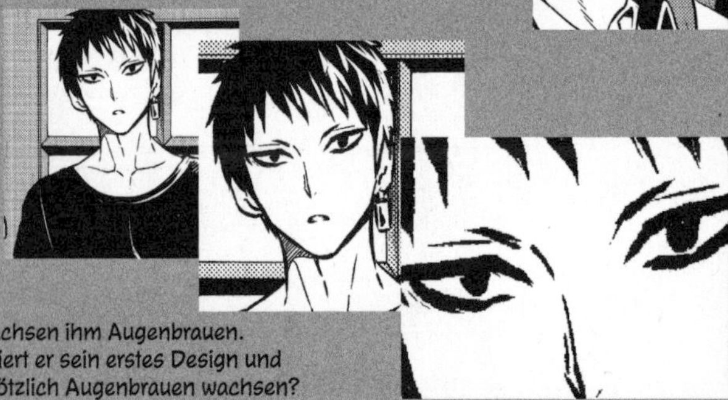

Jep, jetzt wachsen ihm Augenbrauen. Wieso ignoriert er sein erstes Design und lässt sich plötzlich Augenbrauen wachsen?

Fragen wir doch ein paar seiner engsten Freunde!

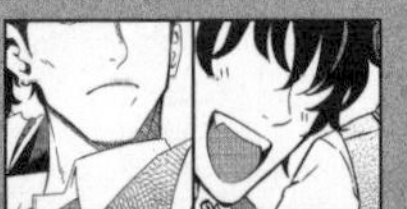

T: »In letzter Zeit brabbelt er was von sich hin, dass Augenbrauen vielleicht doch besser wären und er sich vielleicht die Haare wachsen lassen sollte. Allmählich ist er in dem Alter, in dem man sich um sein Aussehen kümmert, also ist das nur natürlich, denke ich?!«
K: »Er will sexy wirken! Ganz klar! Ich frag mich, ob er jemanden gefunden hat, dem er gefallen will?« PFEIF

Da haben wir's! Er mag zwar auf Außenseiter machen, aber im Inneren ist er eben doch ein Oberschüler, der mitten in der Pubertät steckt! Die Veränderung liegt also keineswegs daran, dass der Mangaka ihn nach langer Zeit mal wieder gezeichnet hat und sich zu spät seines Fehlers bewusst wurde, oder so! In Zukunft beleuchten wir hier weitere Hintergründe, Geheimnisse und Fehlerteufel!

7. Szene
Romio und Hasuki
2. Teil

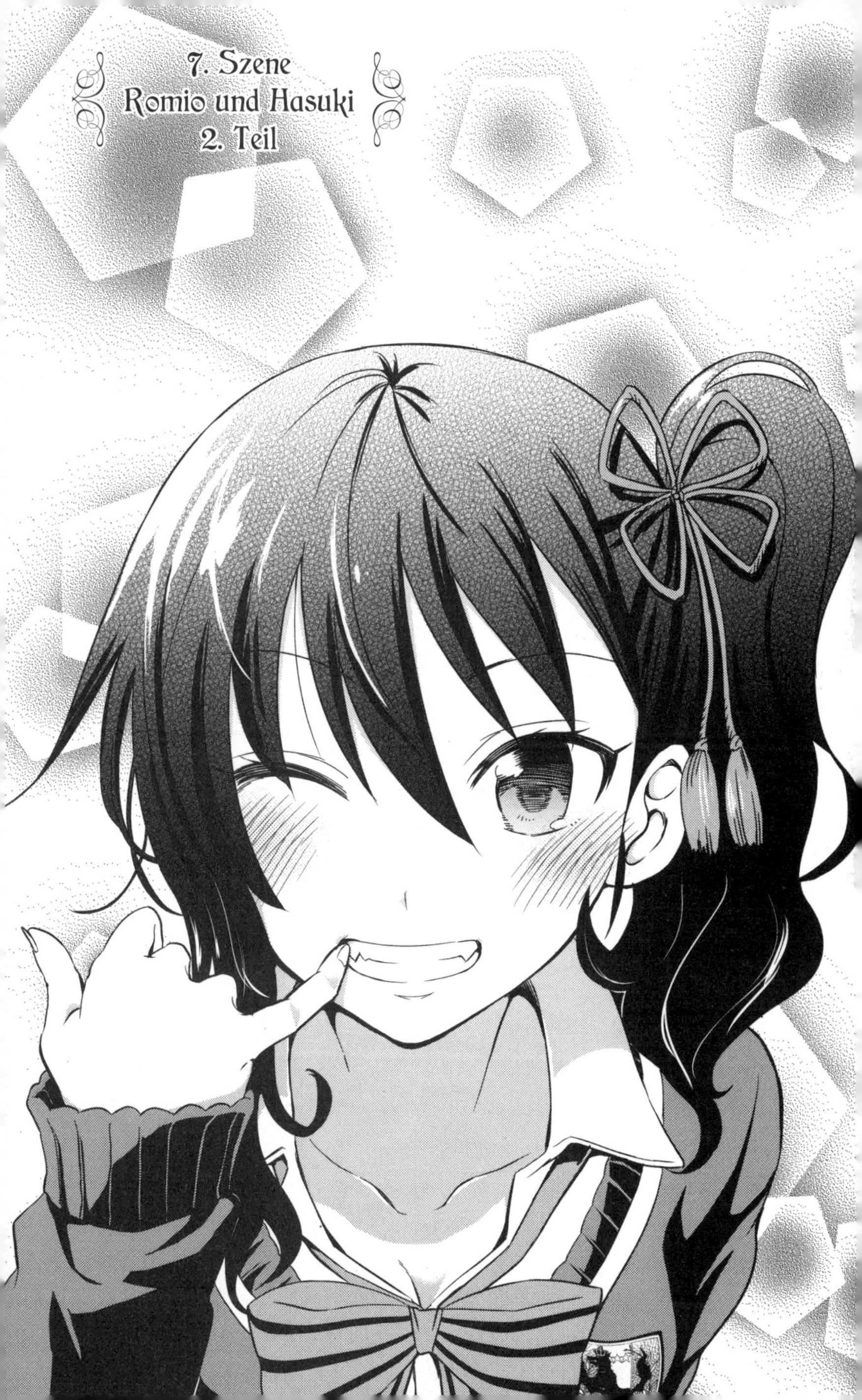

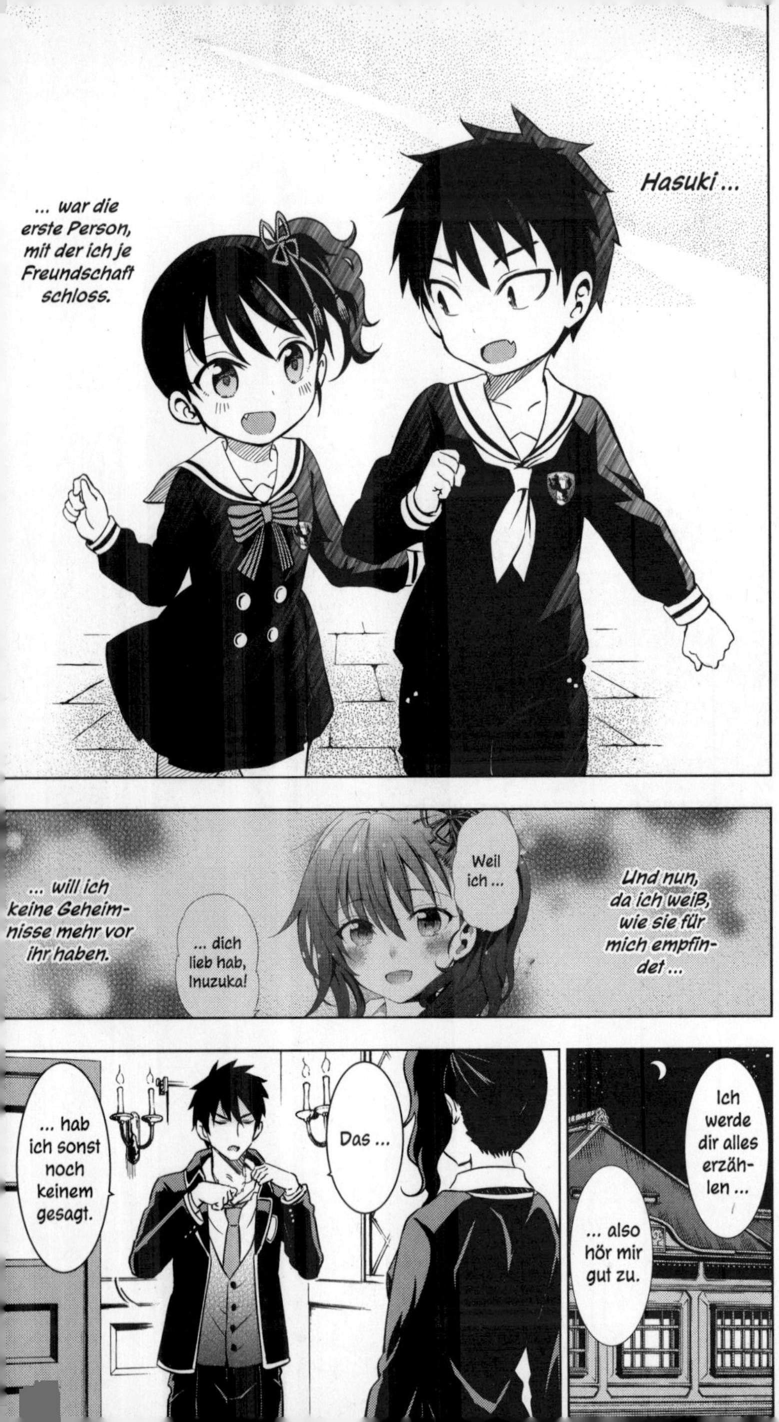
Hasuki ...
... war die erste Person, mit der ich je Freundschaft schloss.
Und nun, da ich weiß, wie sie für mich empfindet ...
Weil ich ...
... dich lieb hab, Inuzuka!
... will ich keine Geheimnisse mehr vor ihr haben.
Ich werde dir alles erzählen ...
... also hör mir gut zu.
Das ...
... hab ich sonst noch keinem gesagt.

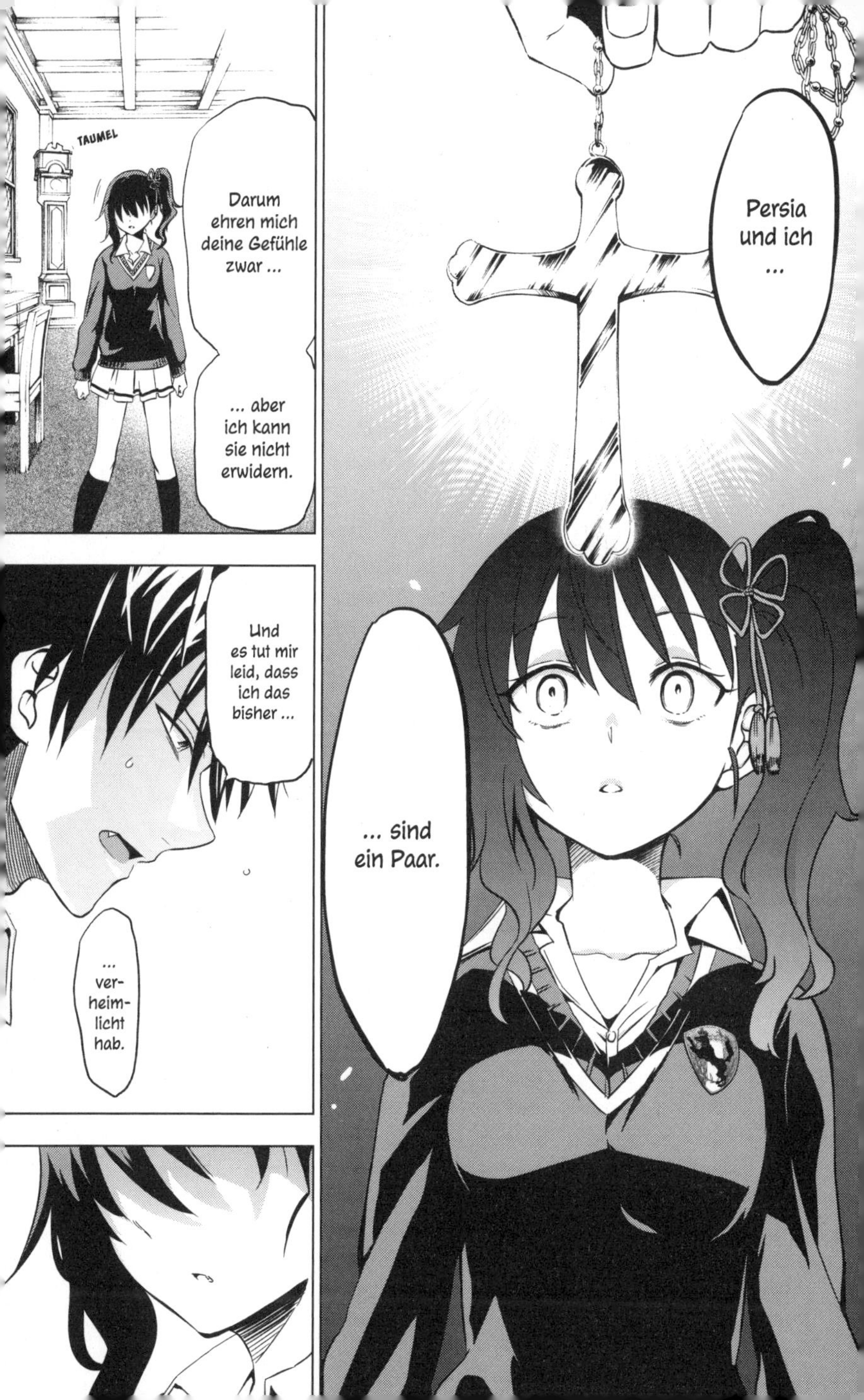
TAUMEL
Darum ehren mich deine Gefühle zwar ...
... aber ich kann sie nicht erwidern.
Und es tut mir leid, dass ich das bisher ...
... ver-heim-licht hab.
Persia und ich ...
... sind ein Paar.

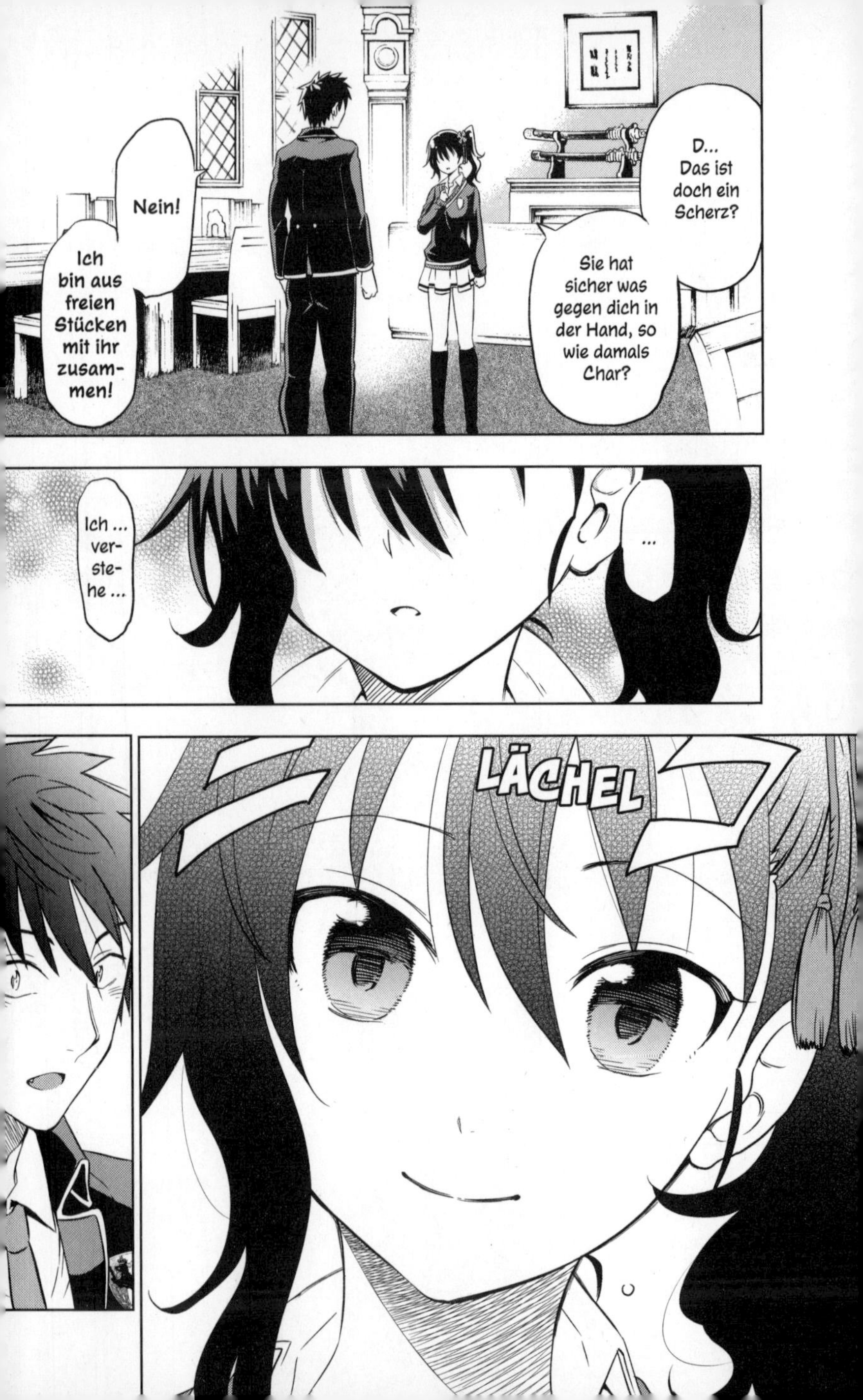
D...
Das ist doch ein Scherz?
Sie hat sicher was gegen dich in der Hand, so wie damals Char?
Nein!
Ich bin aus freien Stücken mit ihr zusammen!
...
Ich ... verstehe ...
LÄCHEL

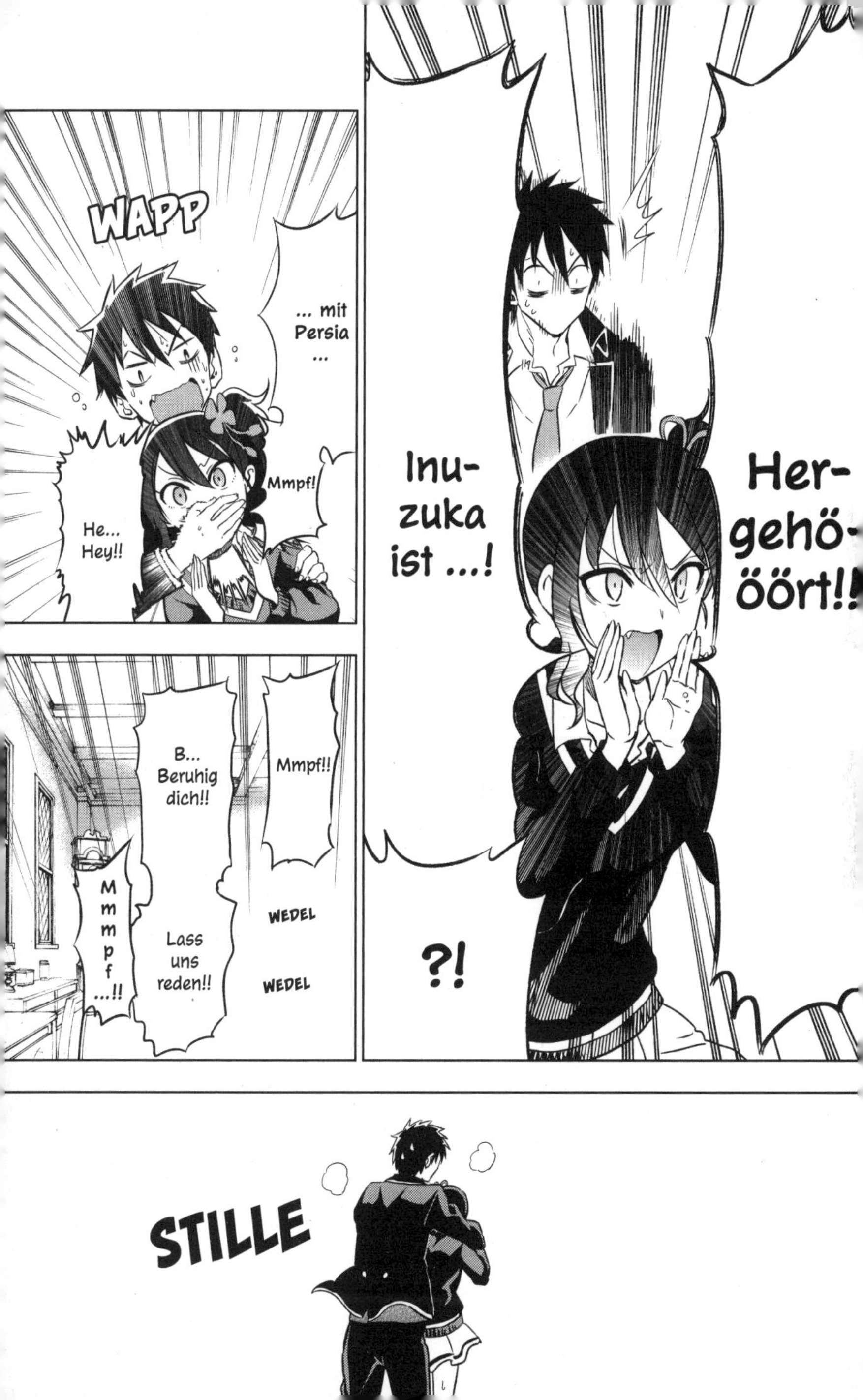
Her-
gehö-
öört!!
Inu-
zuka
ist ...!
?!
WAPP
... mit
Persia
...
Mmpf!
He...
Hey!!
Mmpf!!
B...
Beruhig
dich!!
WEDEL
WEDEL
Lass
uns
reden!!
Mmmpf
...!!
STILLE

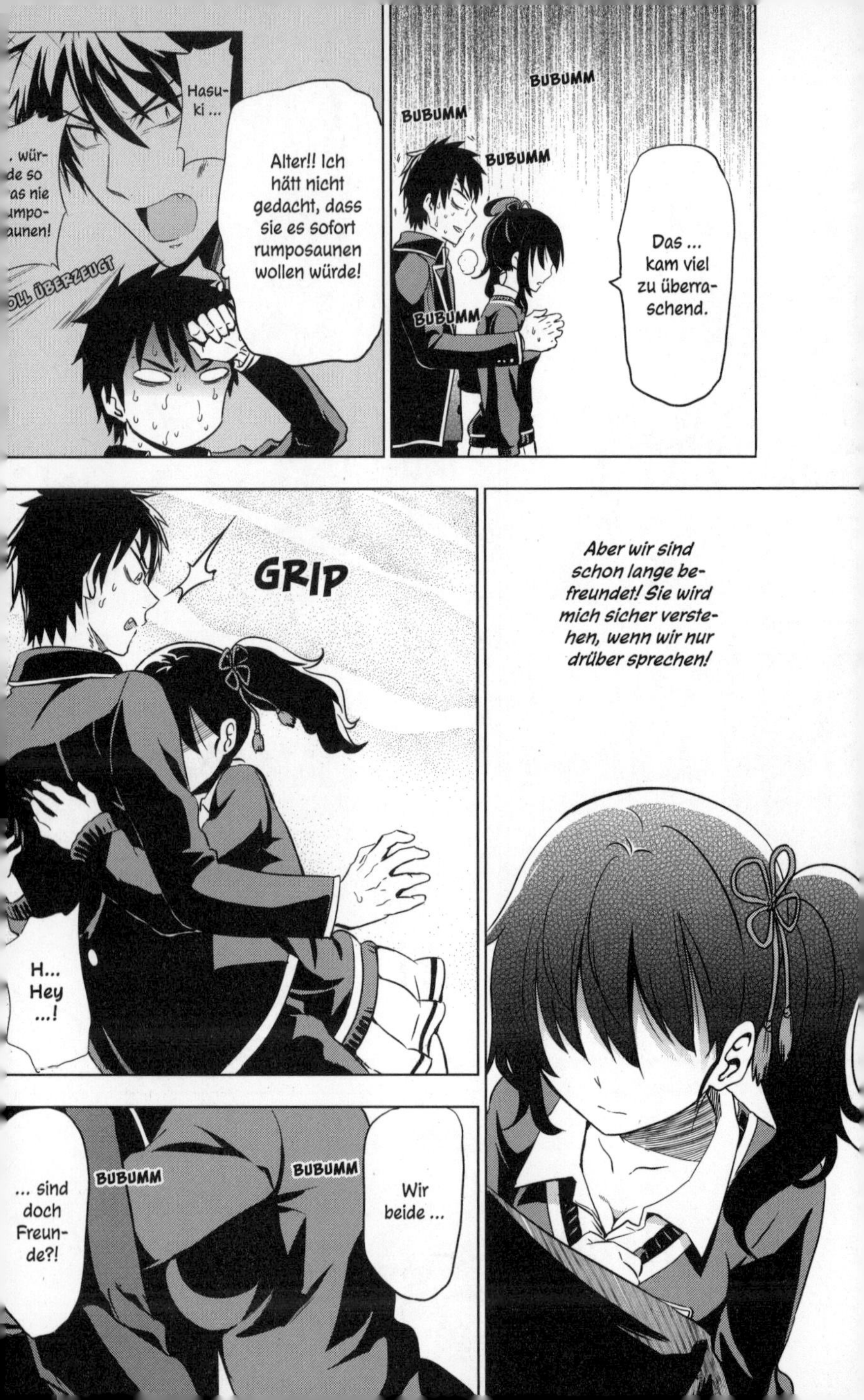
BUBUMM
BUBUMM
BUBUMM
BUBUMM
Das ... kam viel zu überraschend.
Hasuki ...
Alter!! Ich hätt nicht gedacht, dass sie es sofort rumposaunen wollen würde!
. würde so
as nie umpoaunen!
OLL ÜBERZEUGT
Aber wir sind schon lange befreundet! Sie wird mich sicher verstehen, wenn wir nur drüber sprechen!
GRIP
H... Hey ...!
Wir beide ...
BUBUMM
BUBUMM
... sind doch Freunde?!

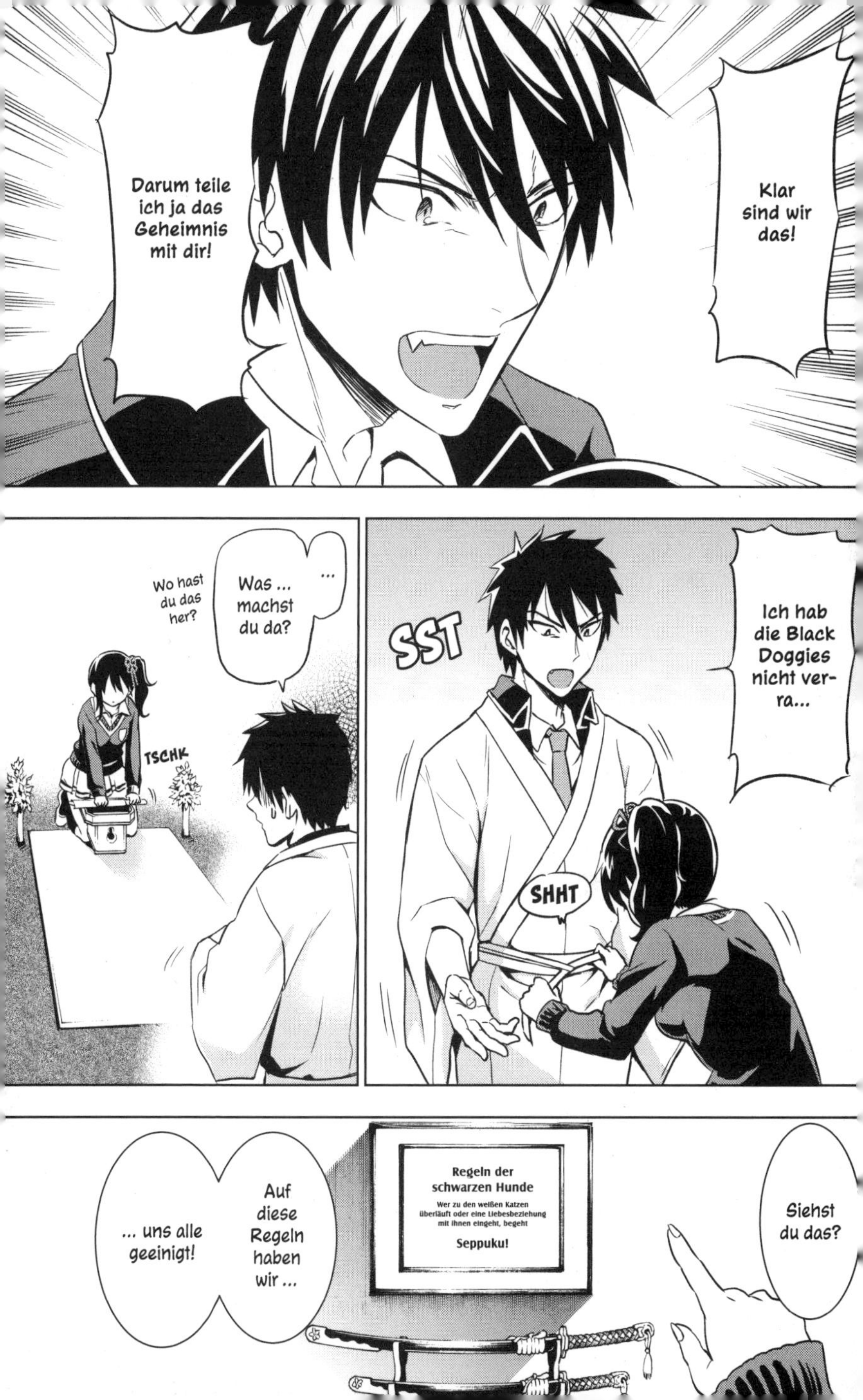

Klar sind wir das!
Darum teile ich ja das Geheimnis mit dir!
Ich hab die Black Doggies nicht verra...
SST
SHHT
...
Was ... machst du da?
Wo hast du das her?
TSCHK
Siehst du das?
Regeln der schwarzen Hunde
Wer zu den weißen Katzen überläuft oder eine Liebesbeziehung mit ihnen eingeht, begeht
Seppuku!
Auf diese Regeln haben wir ...
... uns alle geeinigt!

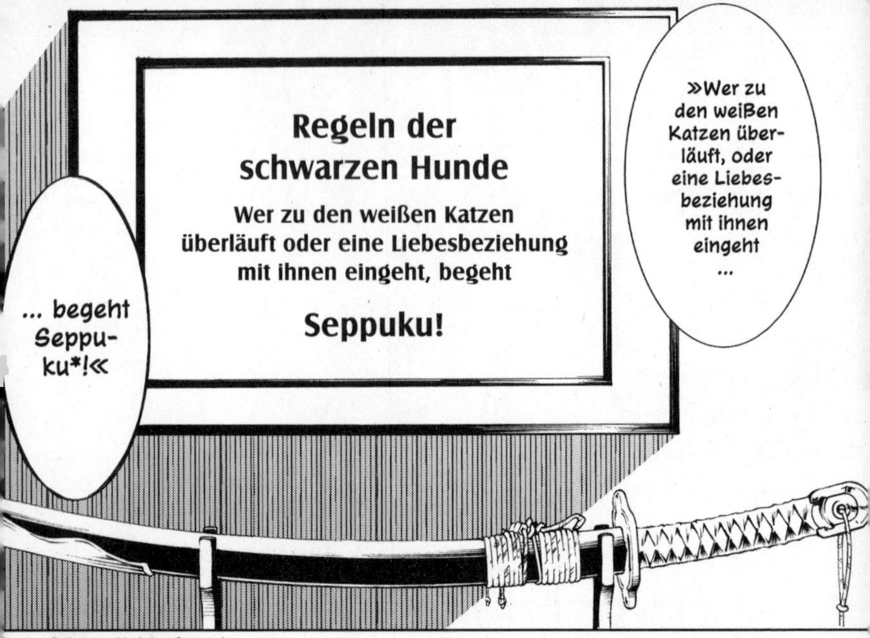

*ritueller Selbstmord bei den Samurai.

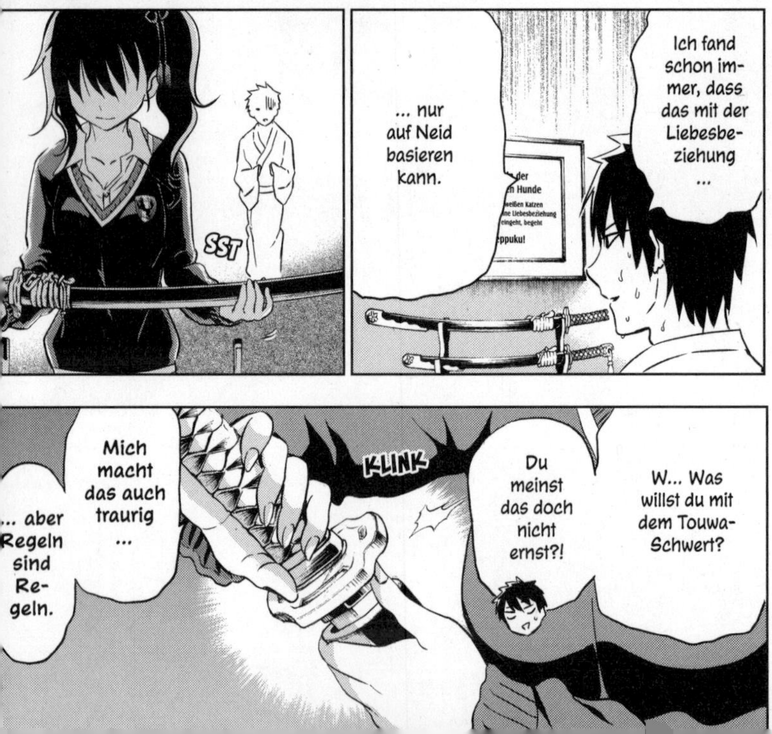

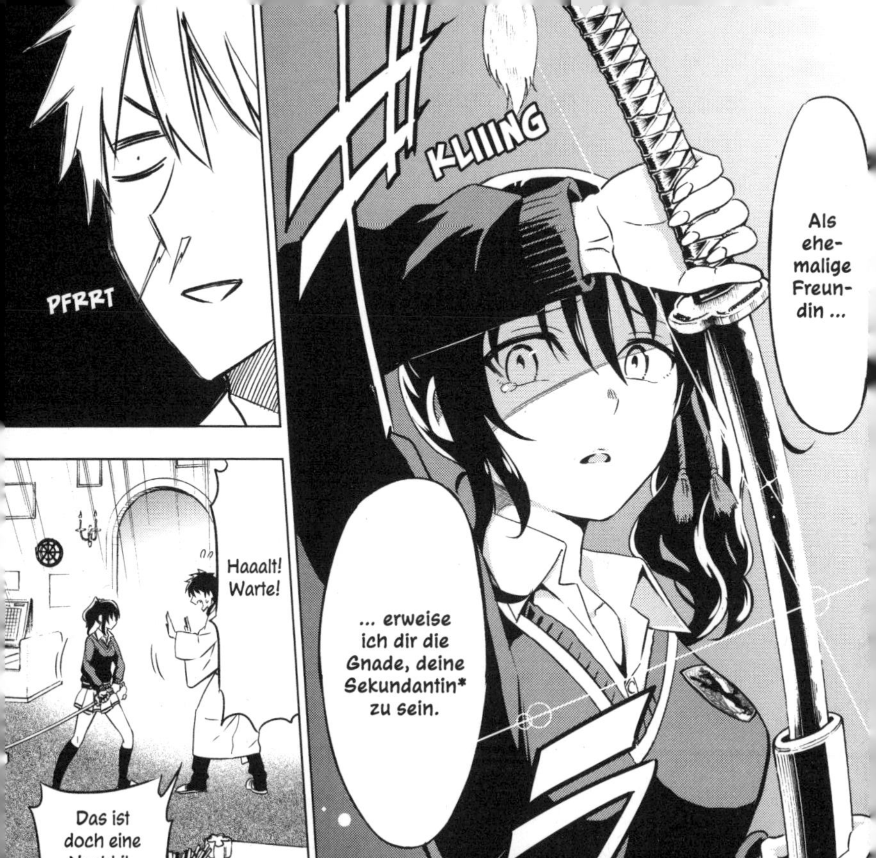

* Der Sekundant assistiert dem Seppuku begehenden Samurai, indem er ihm am Ende des Rituals den Kopf abschläg

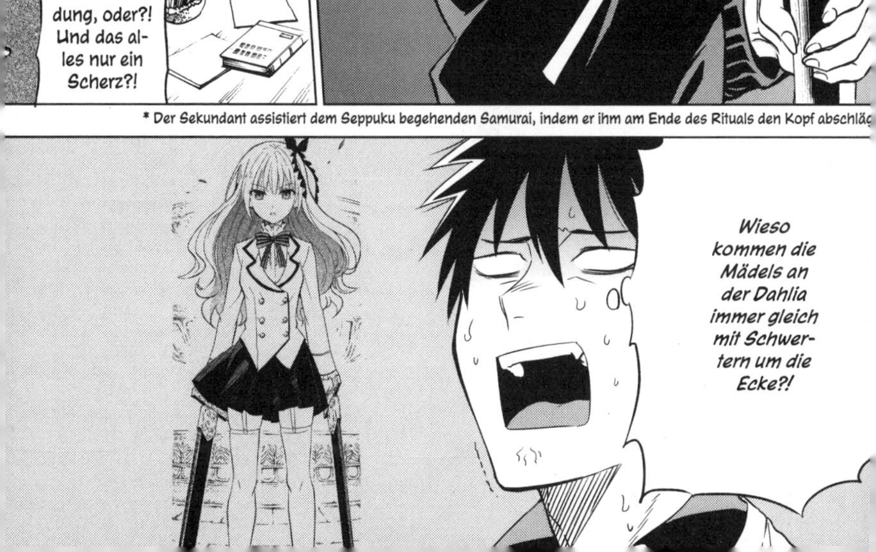

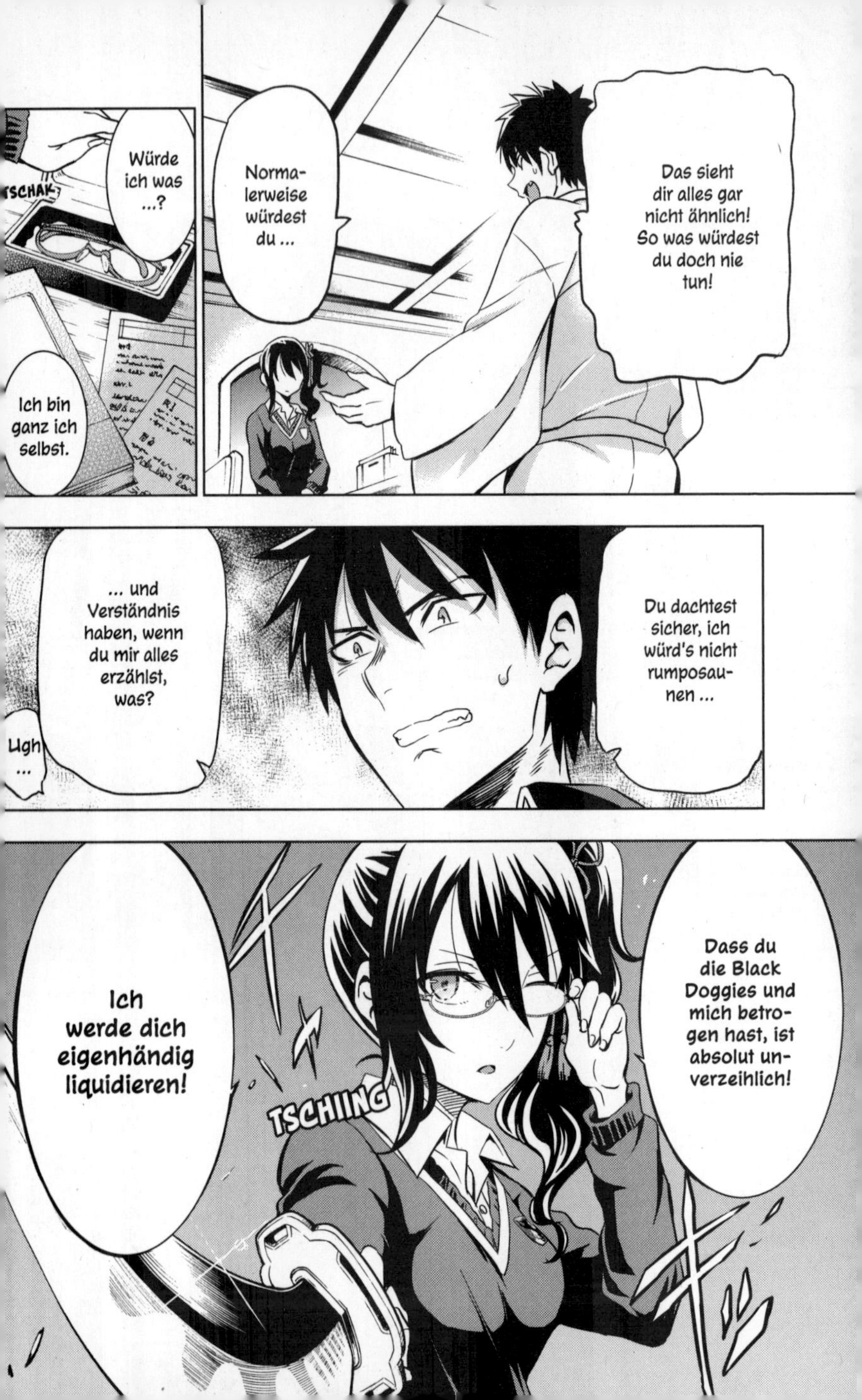
Das sieht dir alles gar nicht ähnlich! So was würdest du doch nie tun!
Normalerweise würdest du ...
Würde ich was ...?
TSCHAK
Ich bin ganz ich selbst.
Du dachtest sicher, ich würd's nicht rumposaunen ...
... und Verständnis haben, wenn du mir alles erzählst, was?
Ugh ...
Dass du die Black Doggies und mich betrogen hast, ist absolut unverzeihlich!
Ich werde dich eigenhändig liquidieren!
TSCHIING

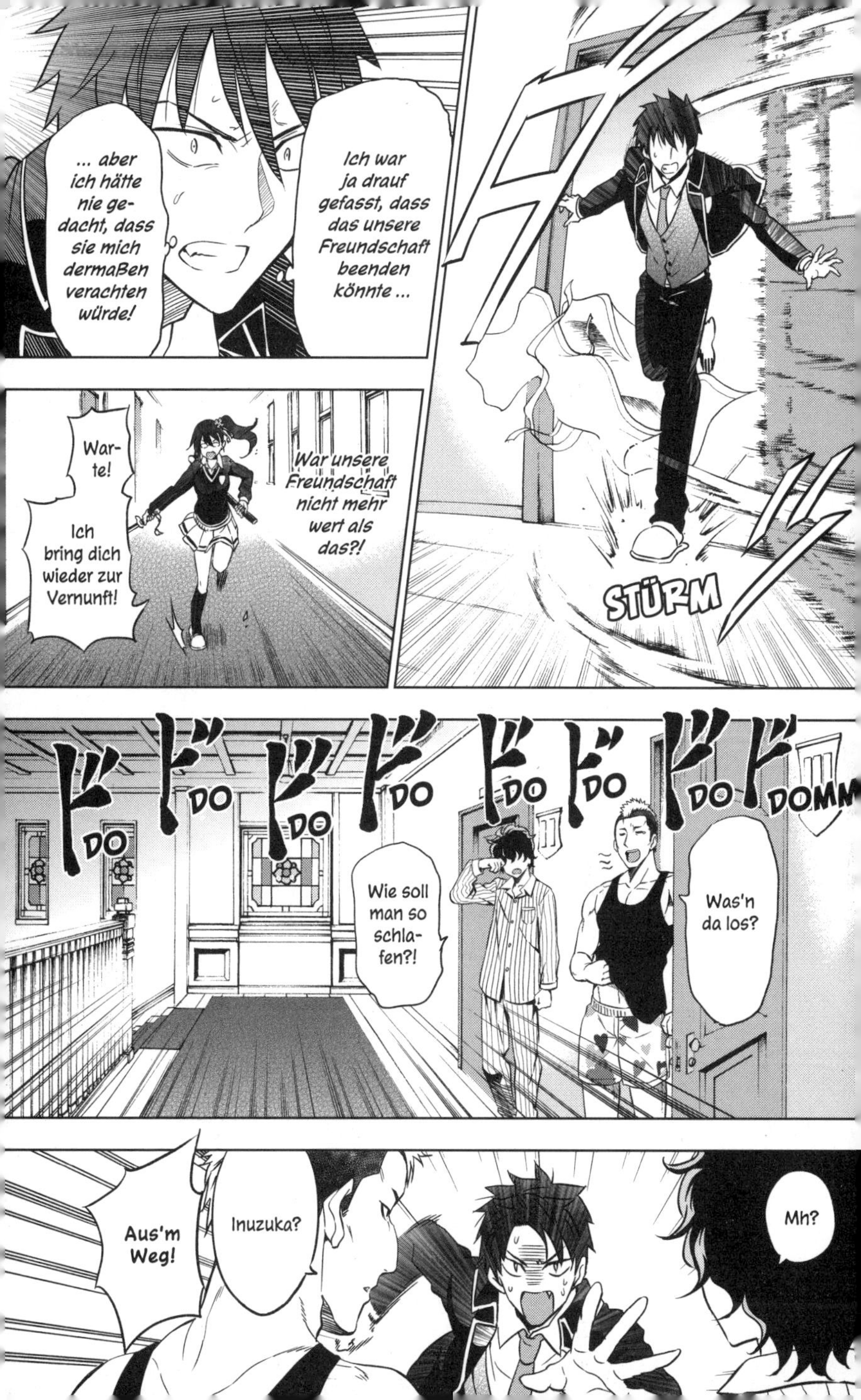
Ich war ja drauf gefasst, dass das unsere Freundschaft beenden könnte ...
... aber ich hätte nie gedacht, dass sie mich dermaßen verachten würde!
STÜRM
War unsere Freundschaft nicht mehr wert als das?!
Warte!
Ich bring dich wieder zur Vernunft!
DO DO DO DO DO DO DO DOMM
Was'n da los?
Wie soll man so schlafen?!
Mh?
Inuzuka?
Aus'm Weg!

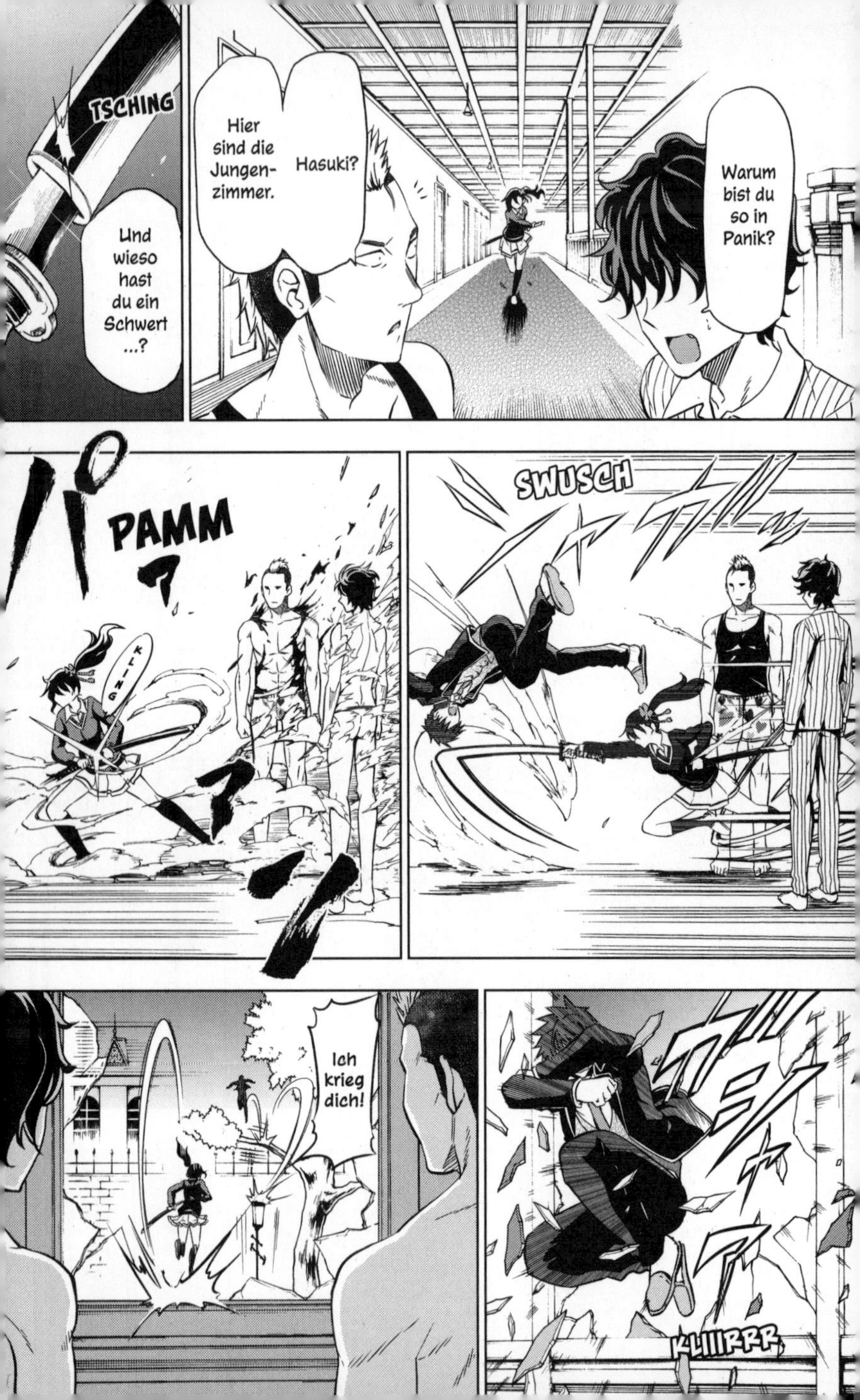
Warum bist du so in Panik?
Hasuki?
Hier sind die Jungen-zimmer.
TSCHING
Und wieso hast du ein Schwert ...?
SWUSCH
PAMM
KLING
KLIIIRRR
Ich krieg dich!

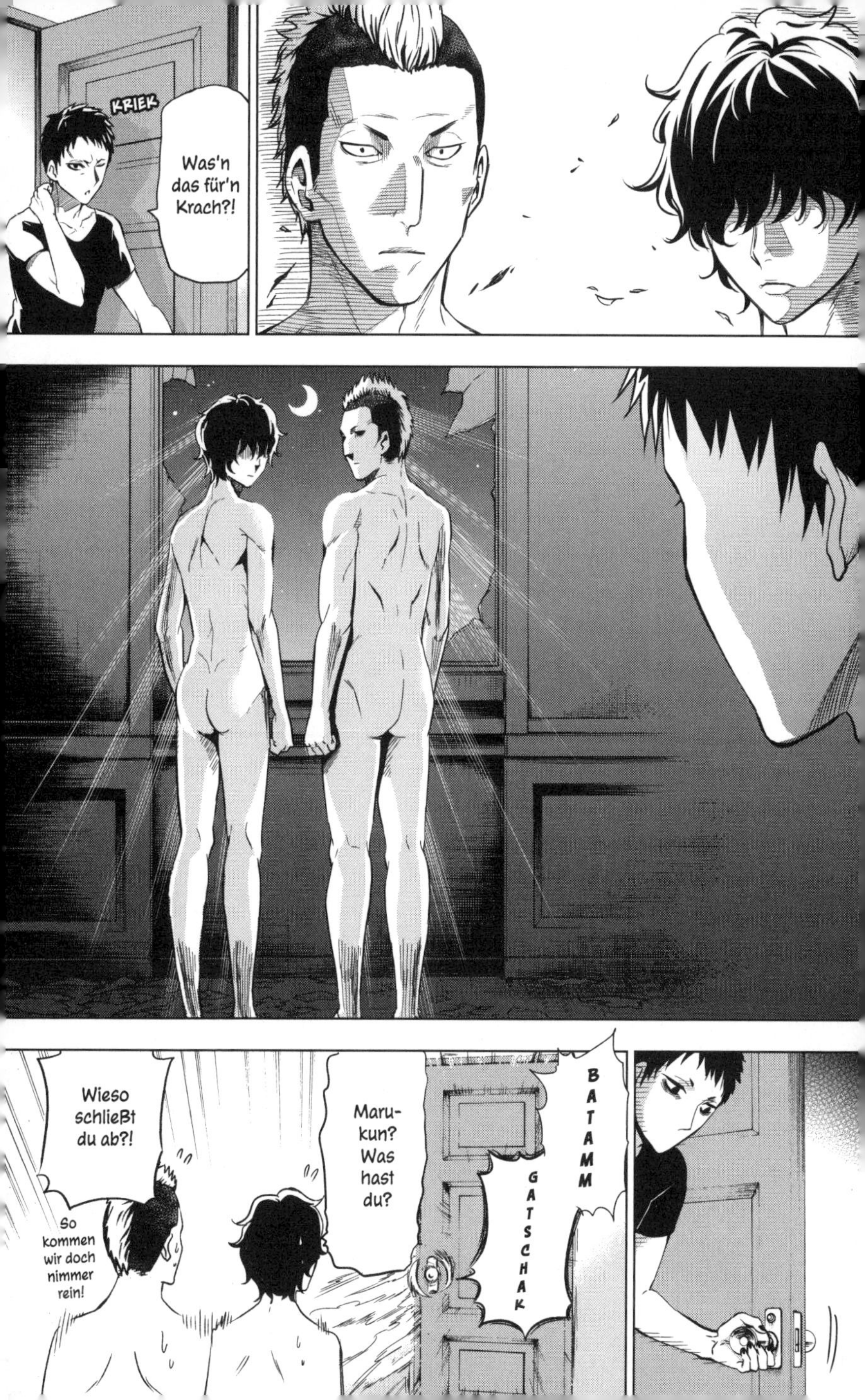
Was'n das für'n Krach?!
KRIEK
BATAMM
GATSCHAK
Maru-kun? Was hast du?
Wieso schließt du ab?!
So kommen wir doch nimmer rein!

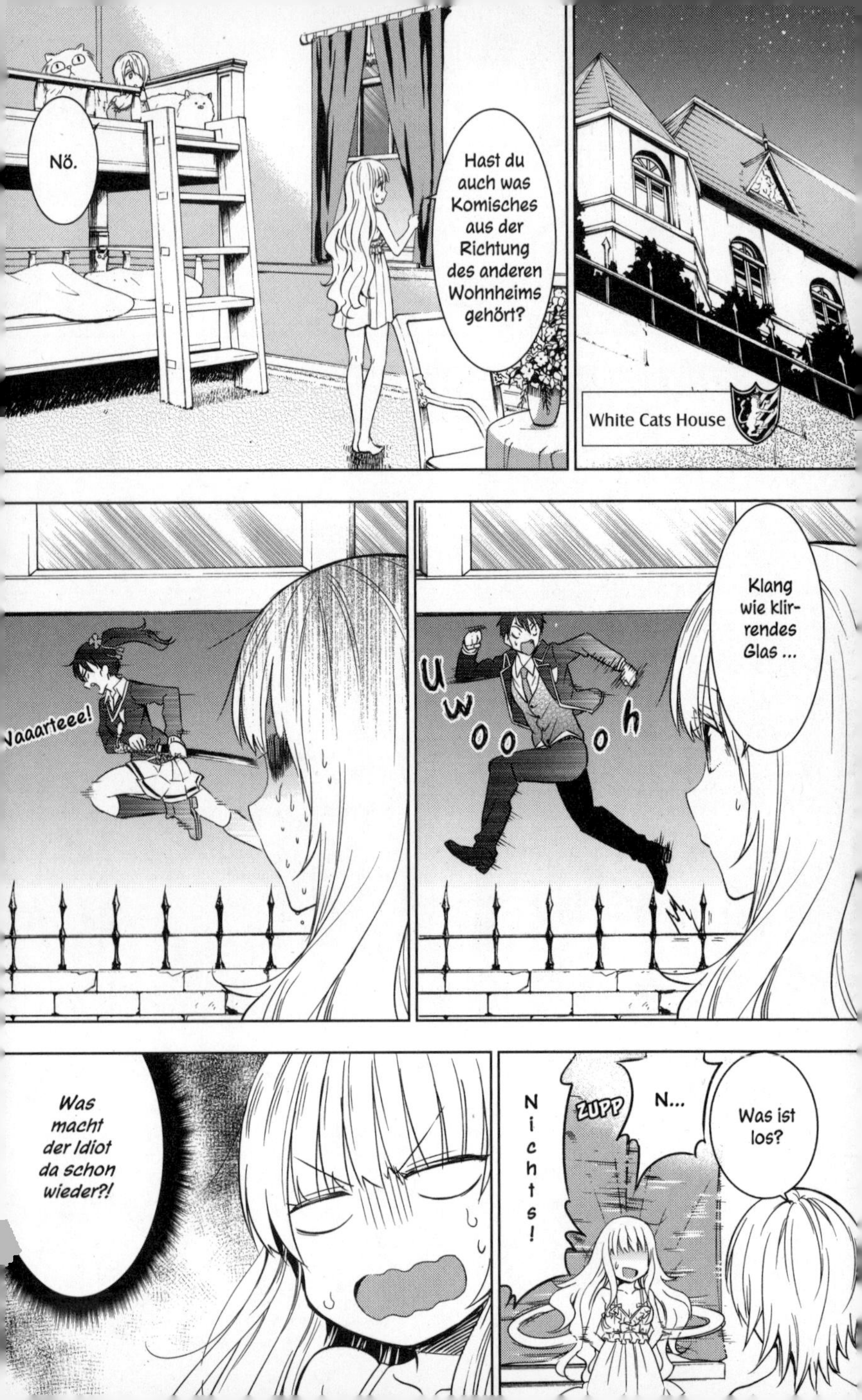
White Cats House
Hast du auch was Komisches aus der Richtung des anderen Wohnheims gehört?
Nö.
Klang wie klir-rendes Glas ...
Uwoooh
Waaarteee!
Was ist los?
N...
ZUPP
Nichts!
Was macht der Idiot da schon wieder?!

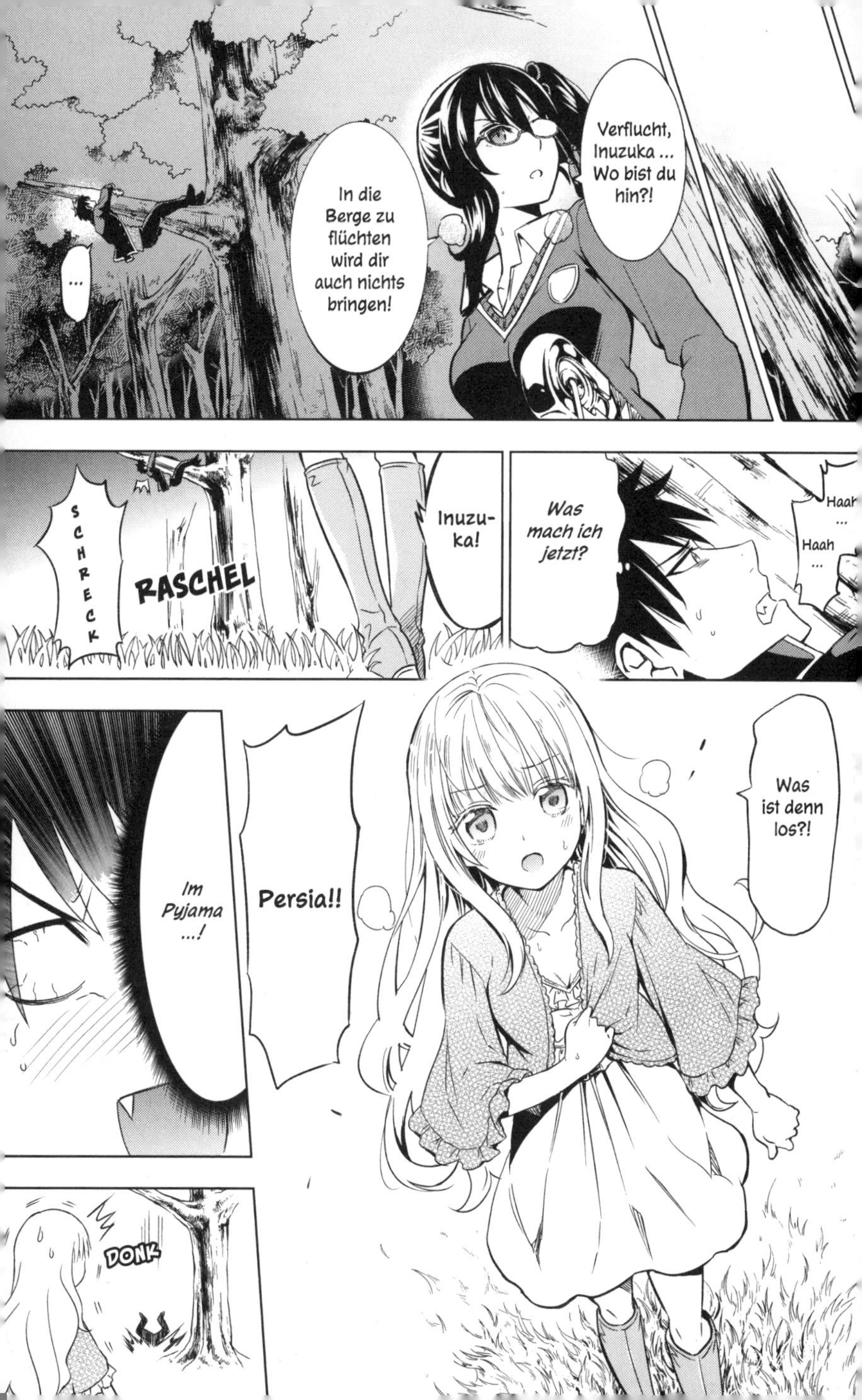

Verflucht, Inuzuka ... Wo bist du hin?!
In die Berge zu flüchten wird dir auch nichts bringen!
...
Haah ...
Haah ...
Was mach ich jetzt?
Inuzu-ka!
SCHRECK
RASCHEL
Was ist denn los?!
Persia!!
Im Pyjama ...!
DONK

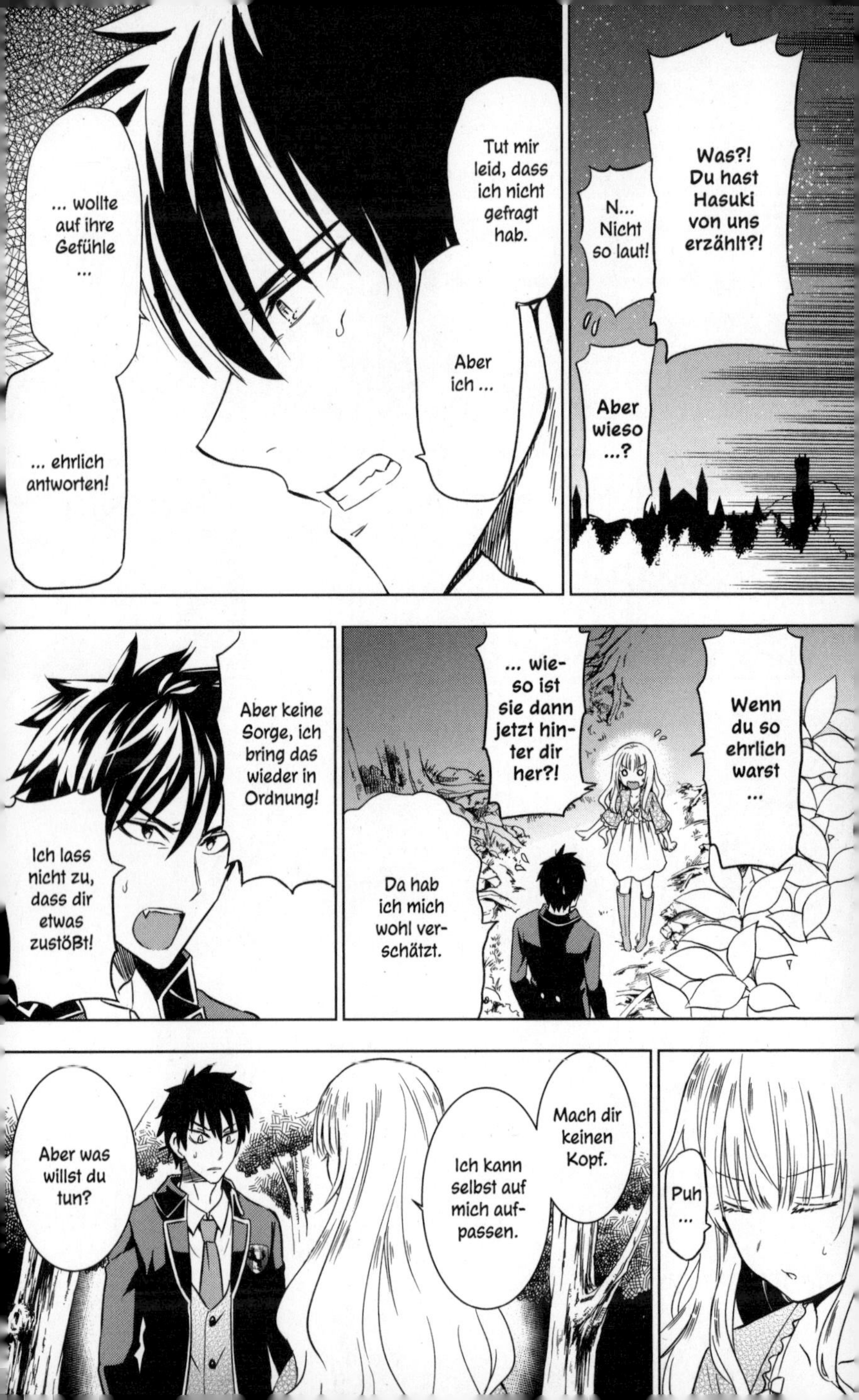
Was?! Du hast Hasuki von uns erzählt?!
N... Nicht so laut!
Aber wieso ...?
Tut mir leid, dass ich nicht gefragt hab.
Aber ich ...
... wollte auf ihre Gefühle ...
... ehrlich antworten!
Wenn du so ehrlich warst ...
... wieso ist sie dann jetzt hinter dir her?!
Da hab ich mich wohl verschätzt.
Aber keine Sorge, ich bring das wieder in Ordnung!
Ich lass nicht zu, dass dir etwas zustößt!
Puh ...
Mach dir keinen Kopf.
Ich kann selbst auf mich aufpassen.
Aber was willst du tun?

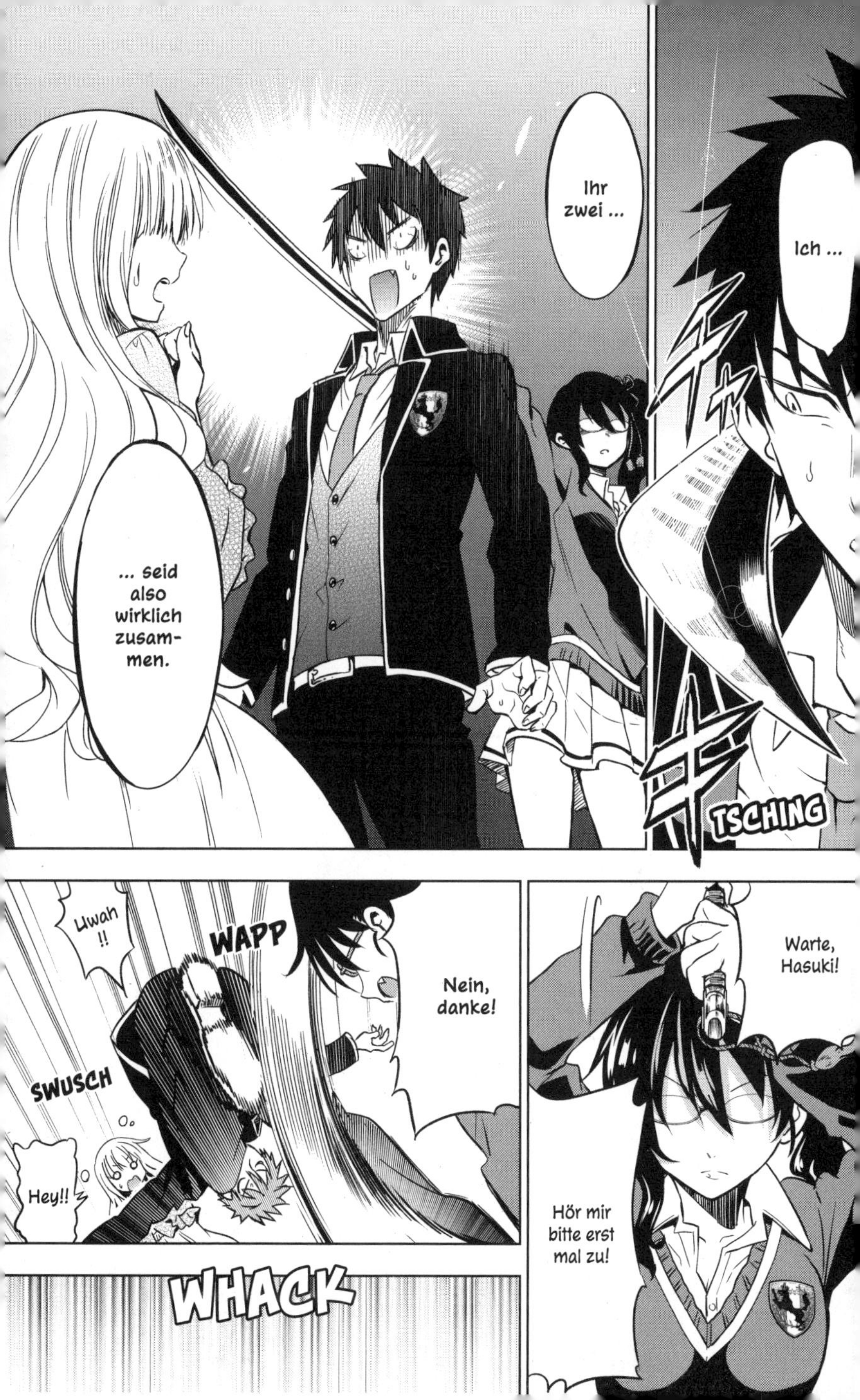
Ich ...
Ihr zwei ...
... seid also wirklich zusammen.
TSCHING
Warte, Hasuki!
Hör mir bitte erst mal zu!
Nein, danke!
WAPP
Uwah !!
SWUSCH
Hey!!
WHACK

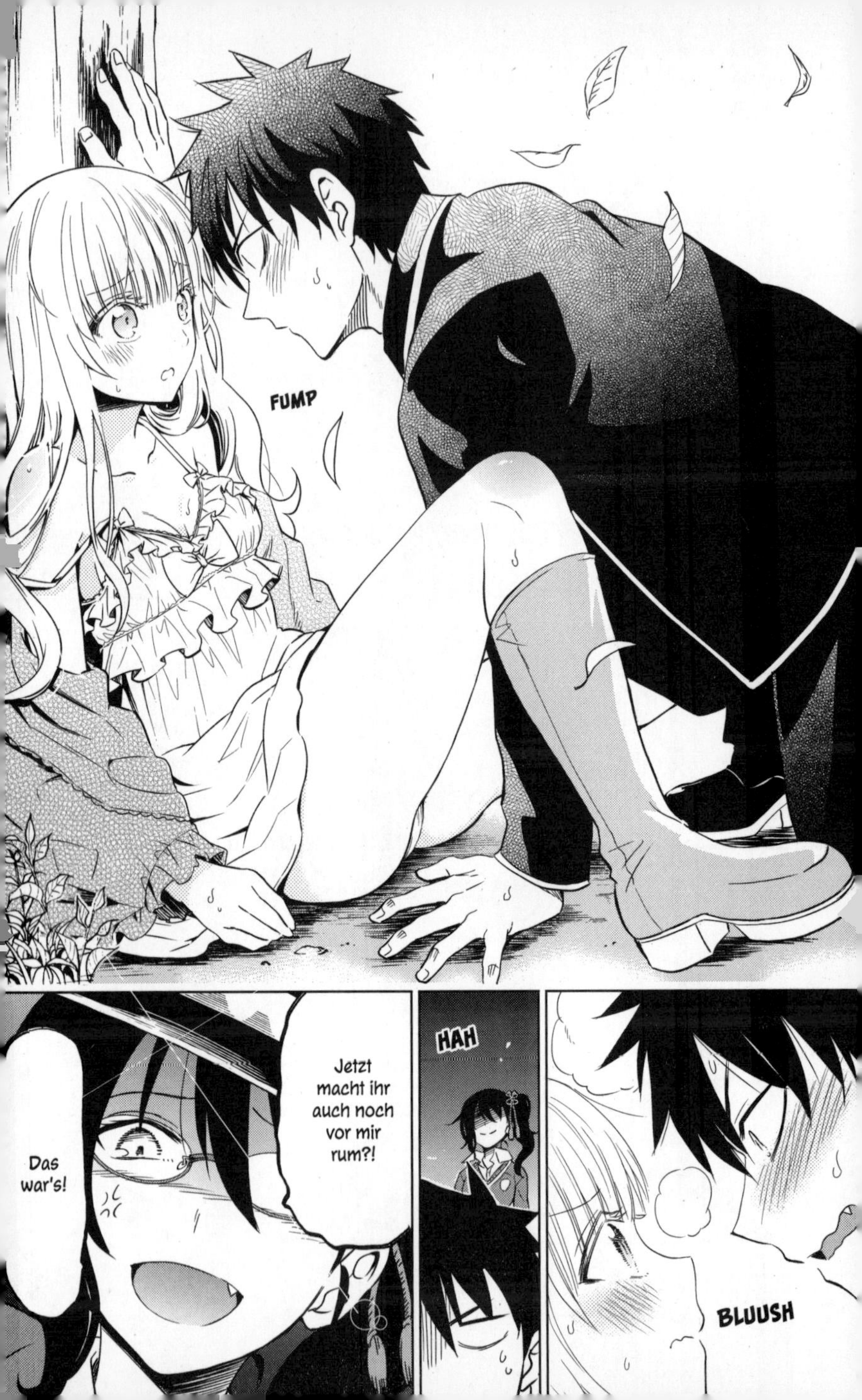
FUMP
BLUUSH
HAH
Jetzt macht ihr auch noch vor mir rum?!
Das war's!

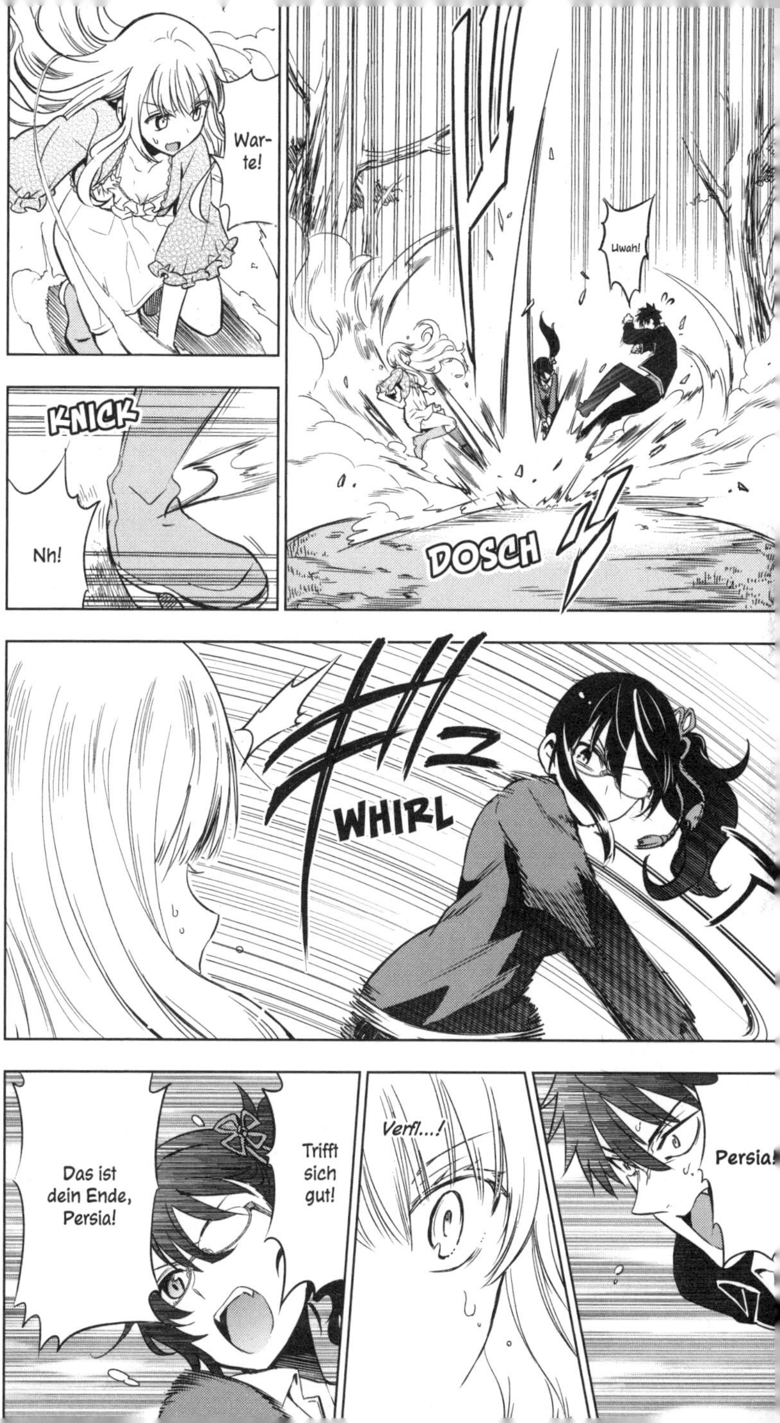

Uwah!
War-
te!
DOSCH
KNICK
Nh!
WHIRL
Persia!
Verfl...!
Trifft
sich
gut!
Das ist
dein Ende,
Persia!

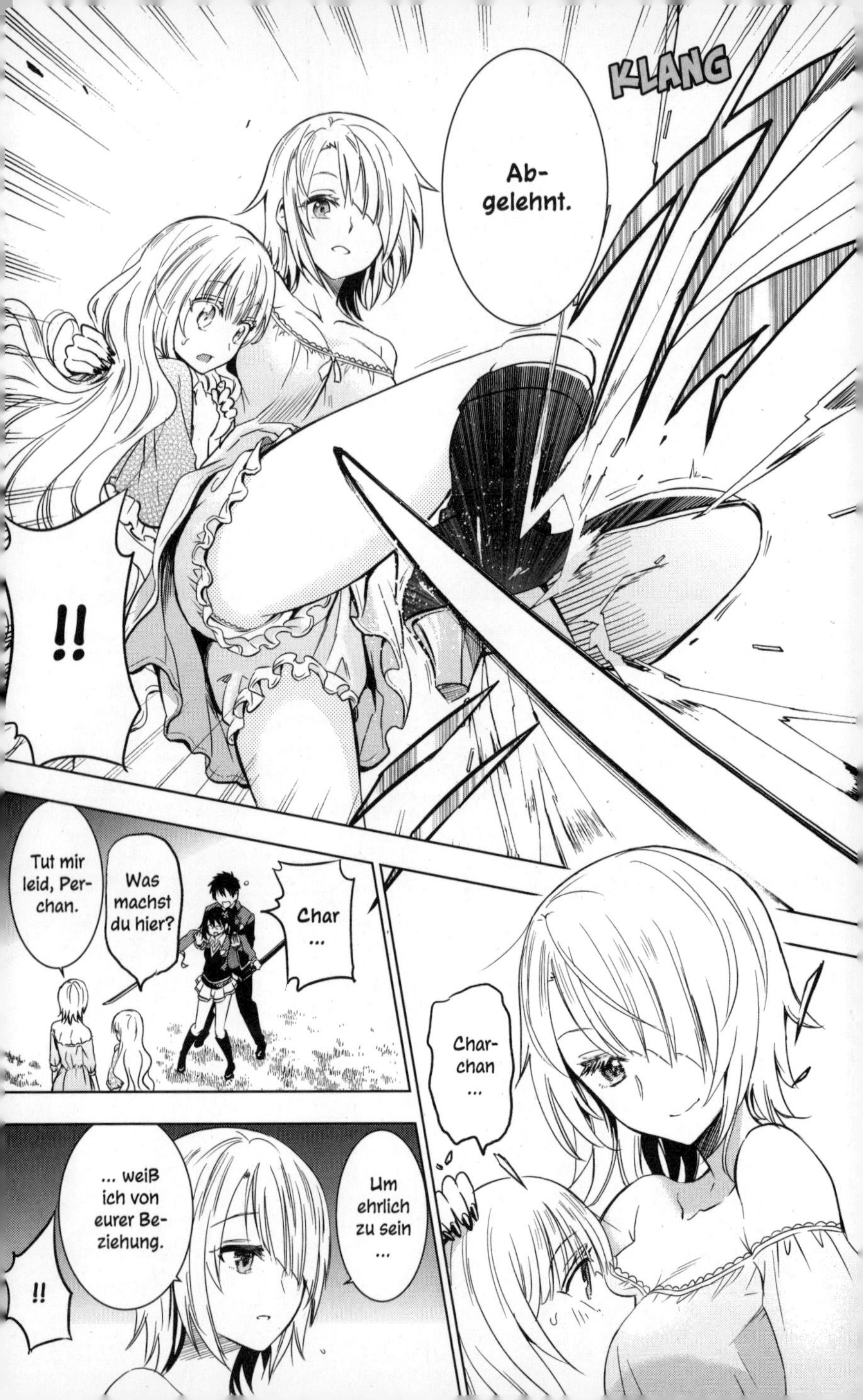
KLANG
Ab-gelehnt.
!!
Char ...
Was machst du hier?
Tut mir leid, Per-chan.
Char-chan ...
Um ehrlich zu sein ...
... weiß ich von eurer Be-ziehung.
!!

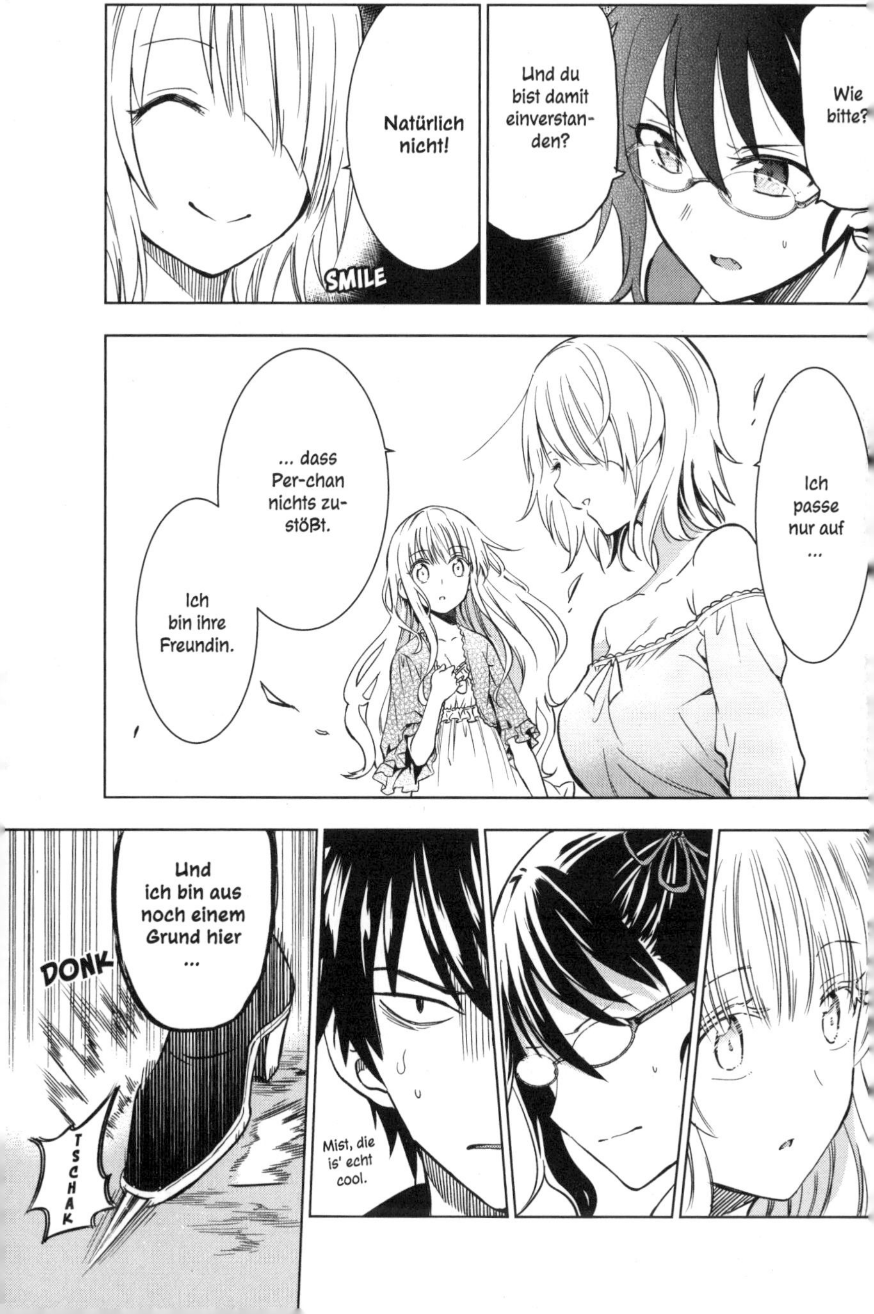

Wie bitte?
Und du bist damit einverstan-den?
Natürlich nicht!
SMILE
Ich passe nur auf ...
... dass Per-chan nichts zu-stößt.
Ich bin ihre Freundin.
Mist, die is' echt cool.
Und ich bin aus noch einem Grund hier ...
DONK
TSCHAK

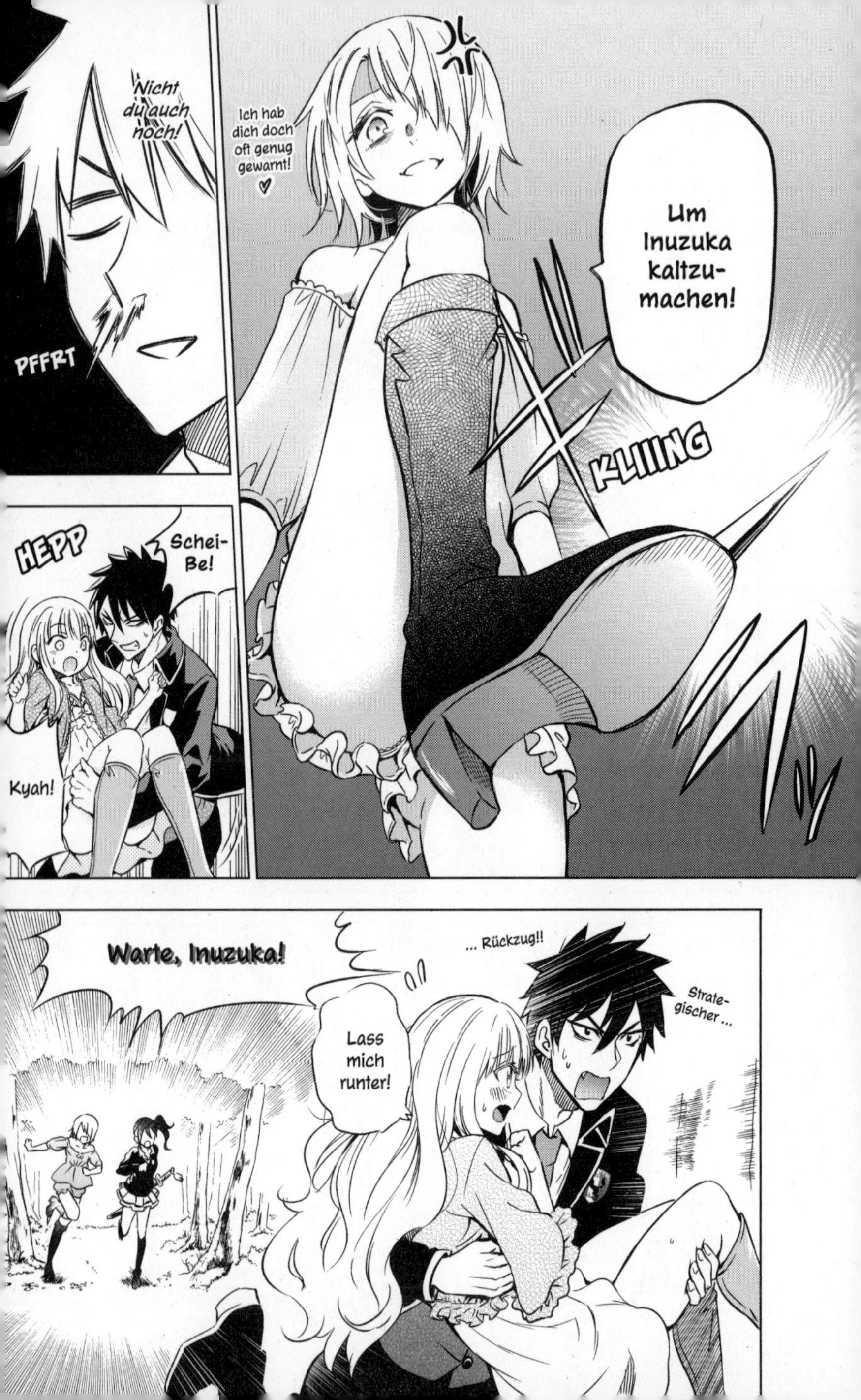
Um Inuzuka kaltzumachen!
Ich hab dich doch oft genug gewarnt! ♥
KLIIING
Nicht du auch noch!
PFFRT
Schei-ße!
HEPP
Kyah!
Strategischer ...
... Rückzug!!
Lass mich runter!
Warte, Inuzuka!

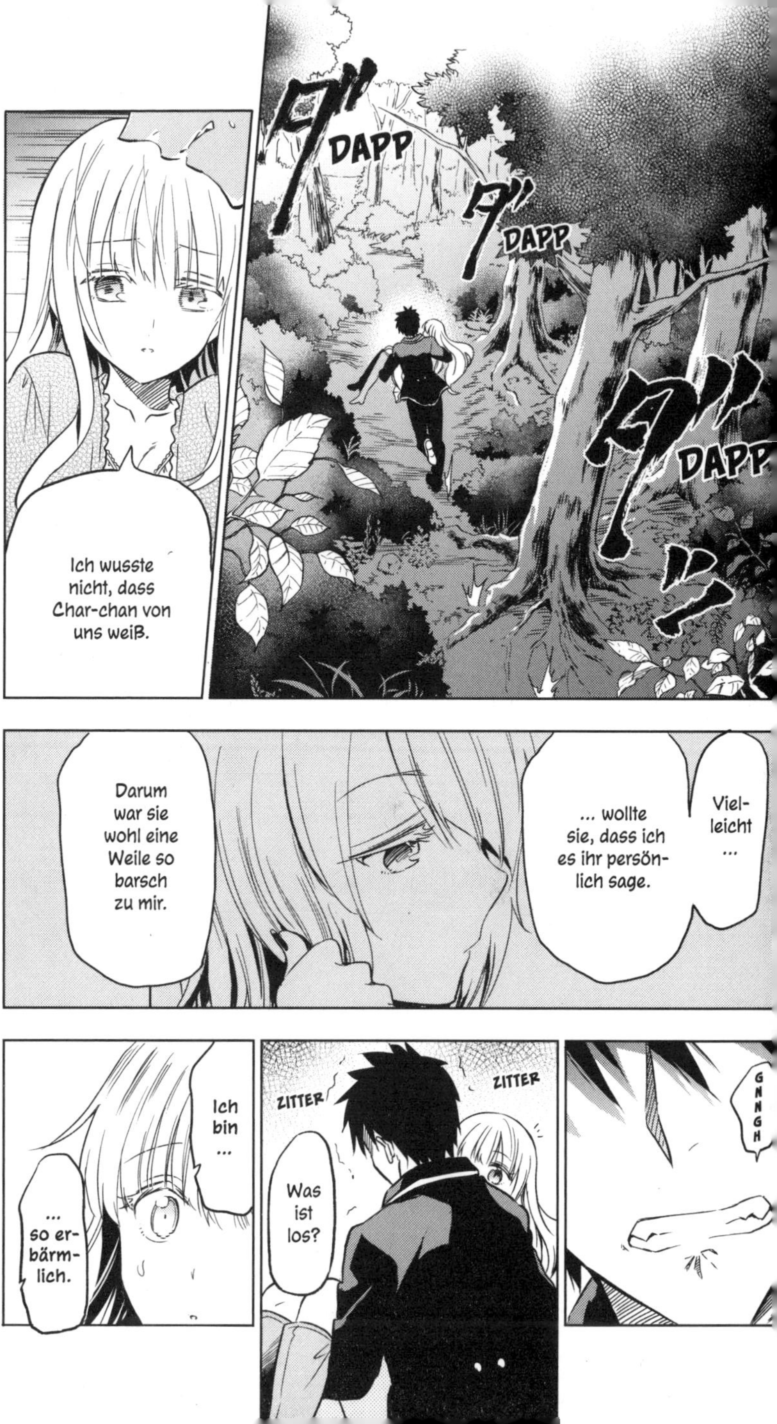
DAPP
DAPP
DAPP
Ich wusste nicht, dass Char-chan von uns weiß.
Vielleicht ...
... wollte sie, dass ich es ihr persönlich sage.
Darum war sie wohl eine Weile so barsch zu mir.
GNNGH
ZITTER
ZITTER
Was ist los?
Ich bin ...
... so erbärmlich.

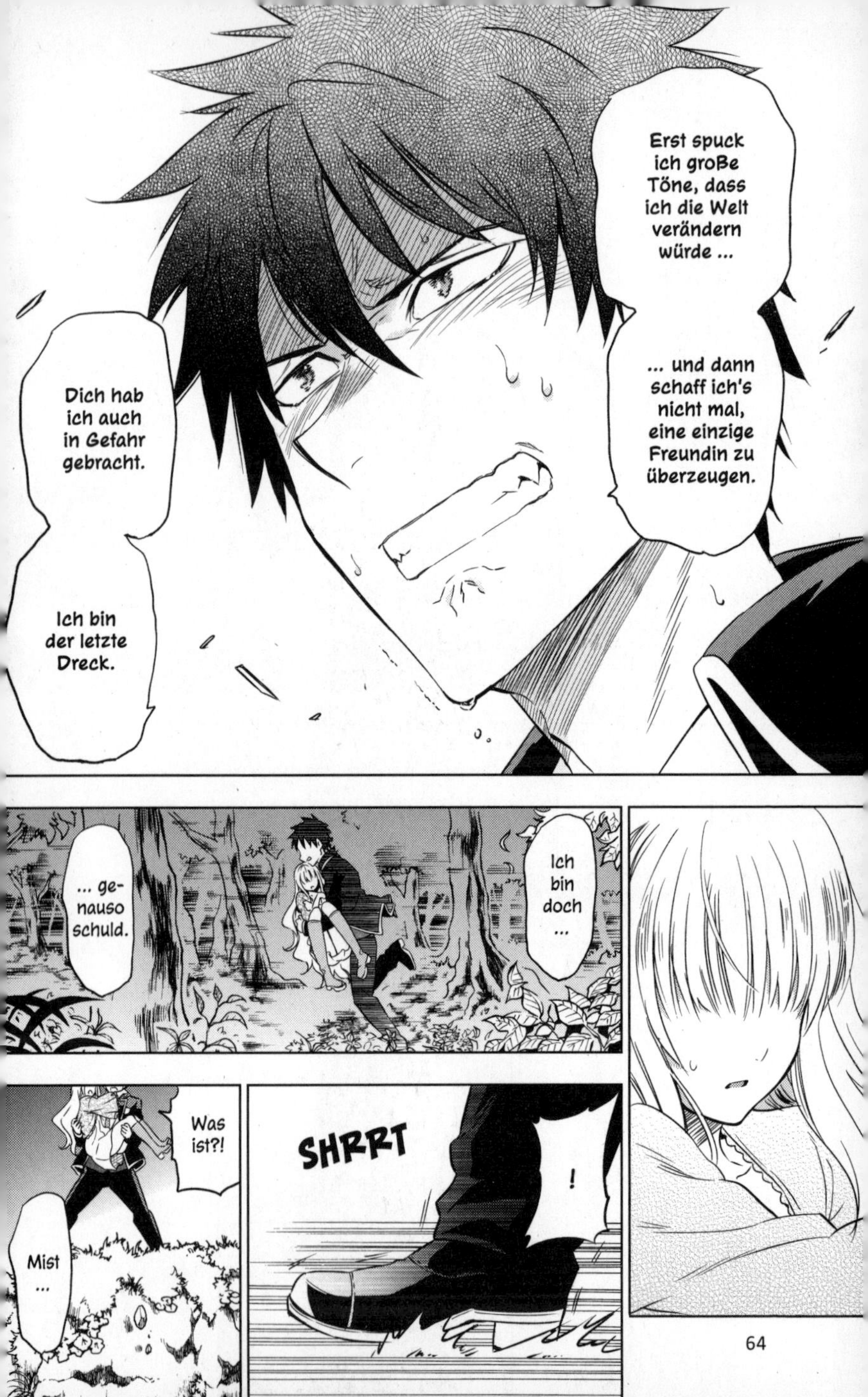
Erst spuck ich große Töne, dass ich die Welt verändern würde ...
... und dann schaff ich's nicht mal, eine einzige Freundin zu überzeugen.
Dich hab ich auch in Gefahr gebracht.
Ich bin der letzte Dreck.
Ich bin doch ...
... ge- nauso schuld.
!
SHRRT
Was ist?!
Mist ...

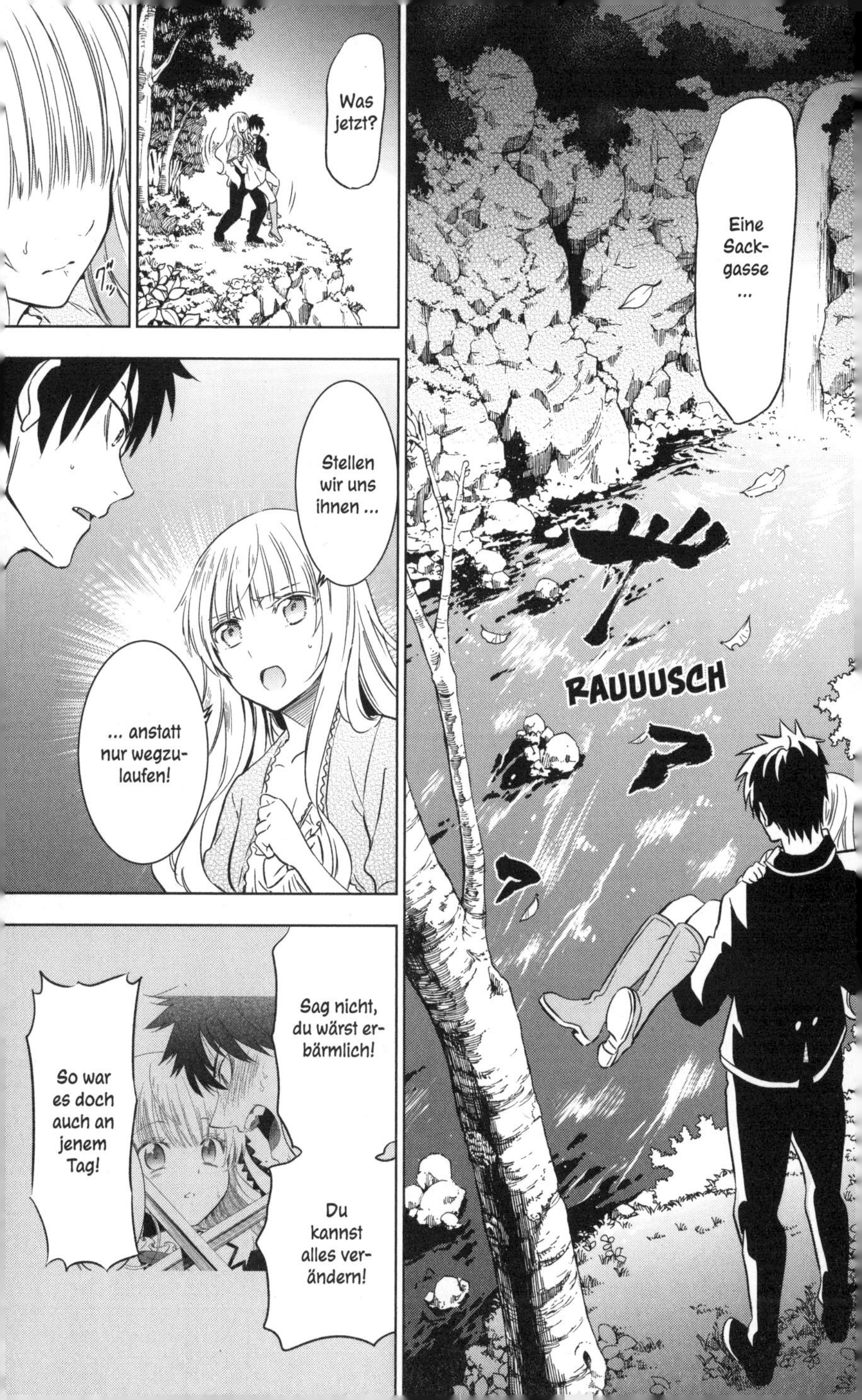
Eine Sack-gasse ...
RAUUUSCH
Was jetzt?
Stellen wir uns ihnen ...
... anstatt nur wegzulaufen!
Sag nicht, du wärst erbärmlich!
Du kannst alles verändern!
So war es doch auch an jenem Tag!

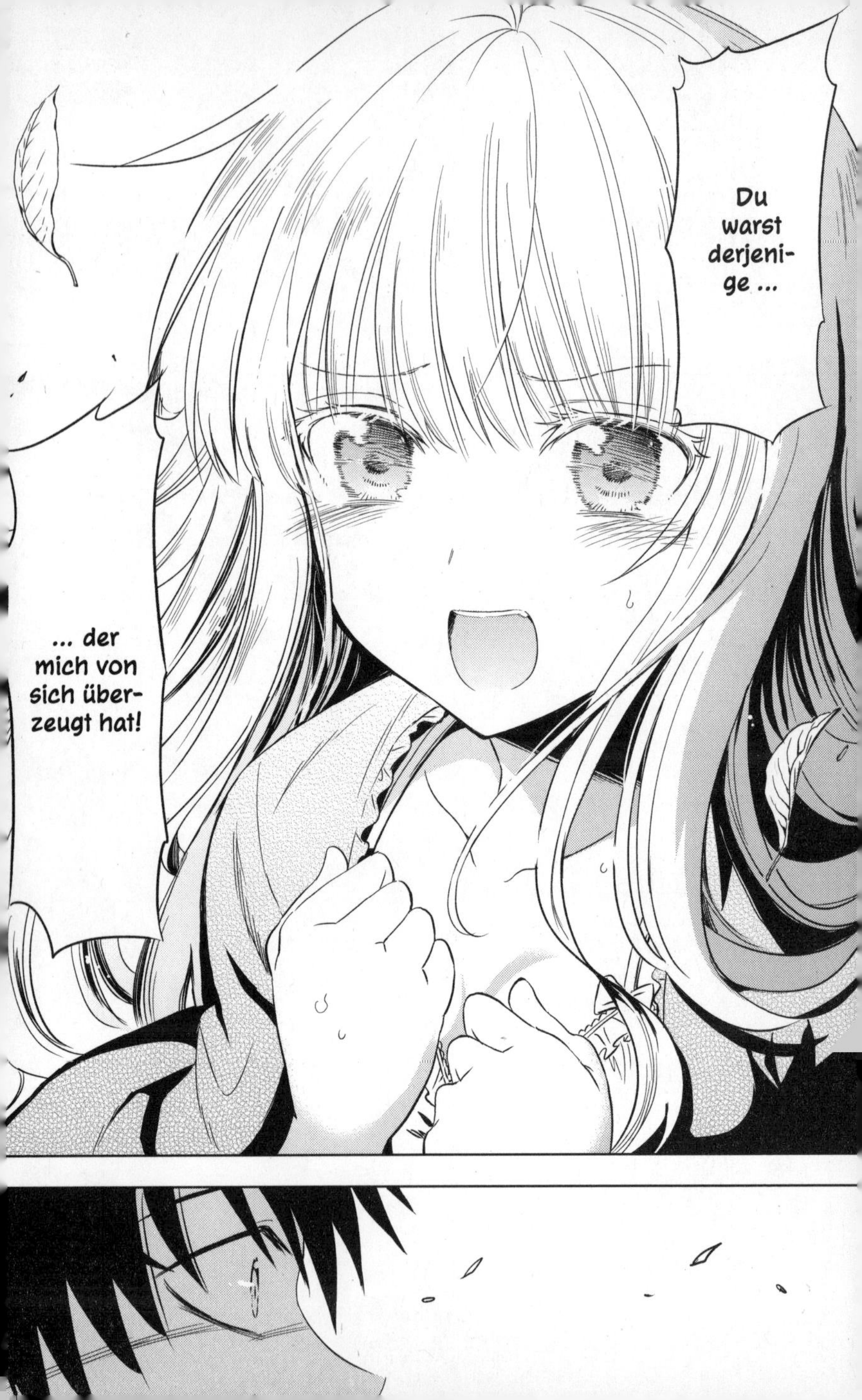
Du warst derjenige ...
... der mich von sich überzeugt hat!

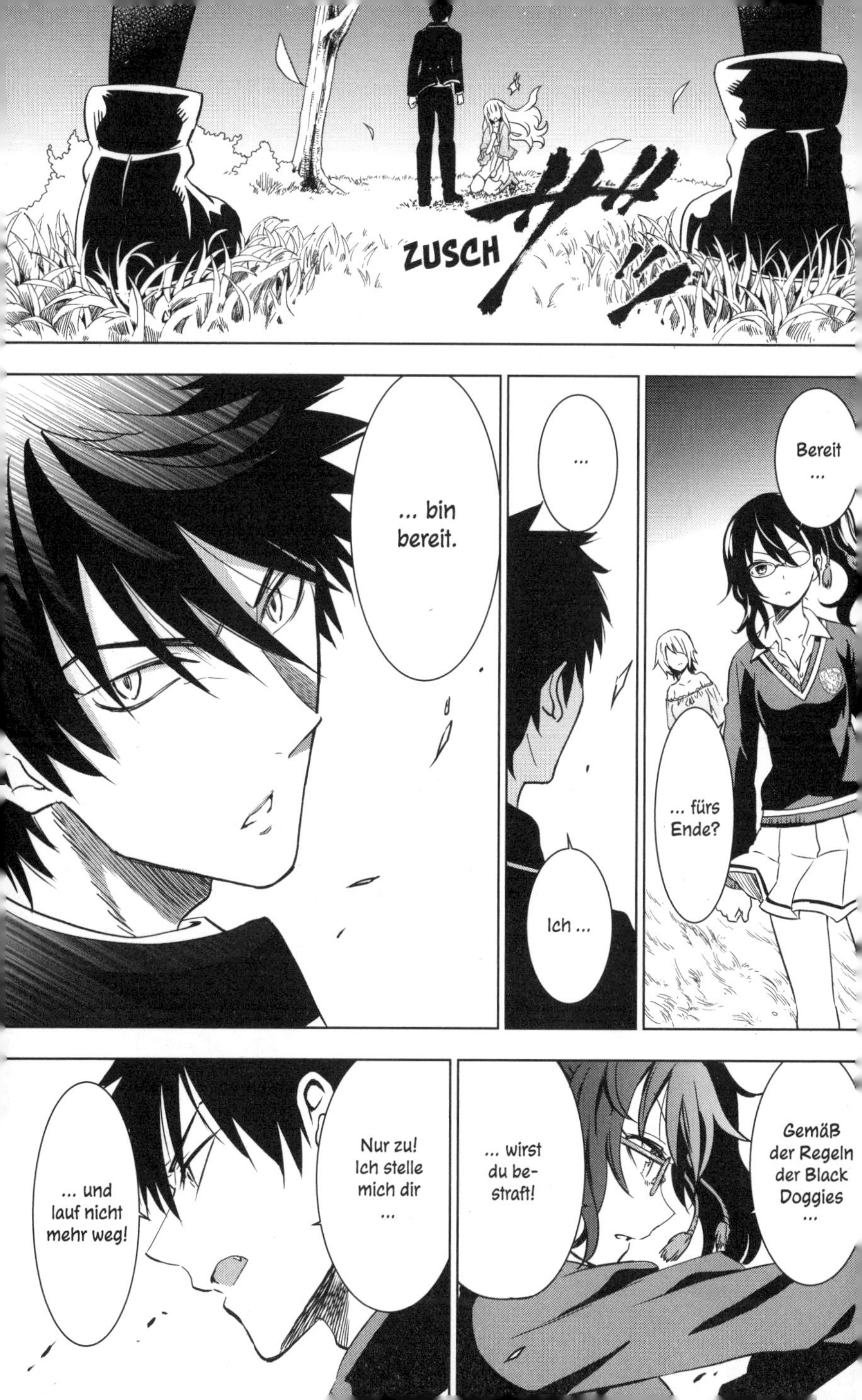
ZUSCH
Bereit ...
... fürs Ende?
...
Ich ...
... bin bereit.
Gemäß der Regeln der Black Doggies ...
... wirst du be-straft!
Nur zu! Ich stelle mich dir ...
... und lauf nicht mehr weg!

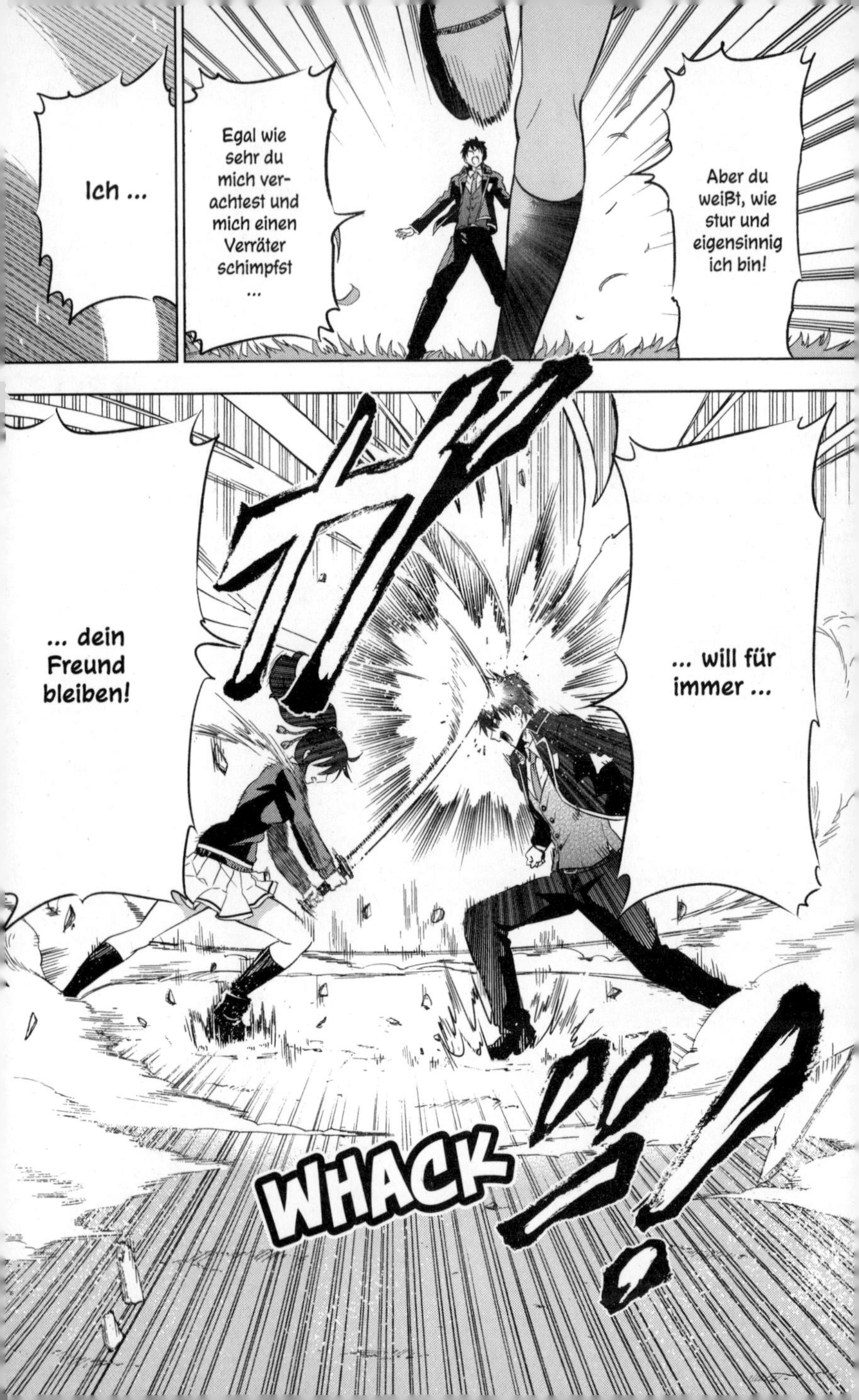
Aber du weißt, wie stur und eigensinnig ich bin!
Egal wie sehr du mich verachtest und mich einen Verräter schimpfst ...
Ich ...
... will für immer ...
... dein Freund bleiben!
WHACK

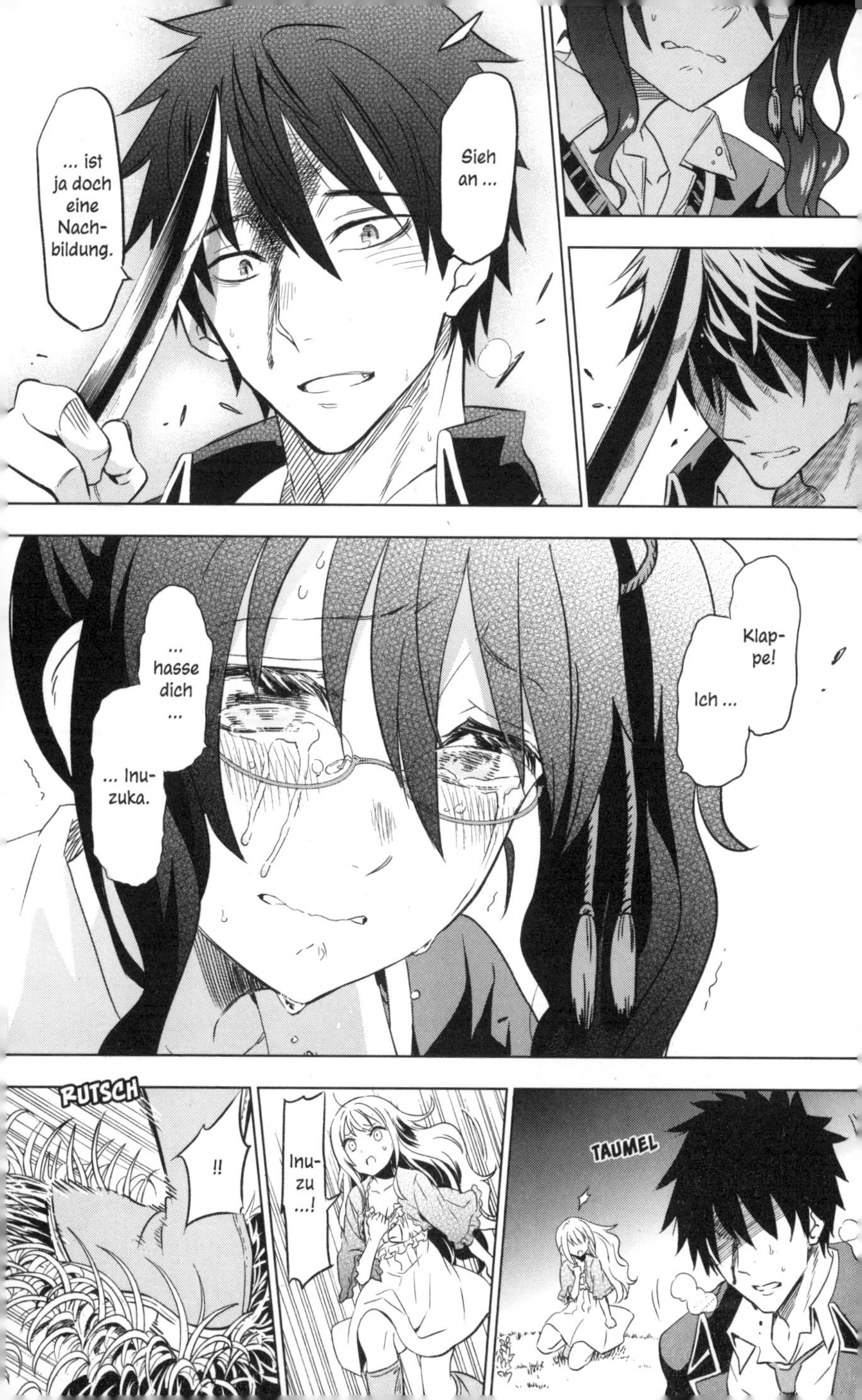

Sieh an ...
... ist ja doch eine Nach-bildung.
Klap-pe!
Ich ...
... hasse dich ...
... Inu-zuka.
TAUMEL
Inu-zu ...!
!!
RUTSCH

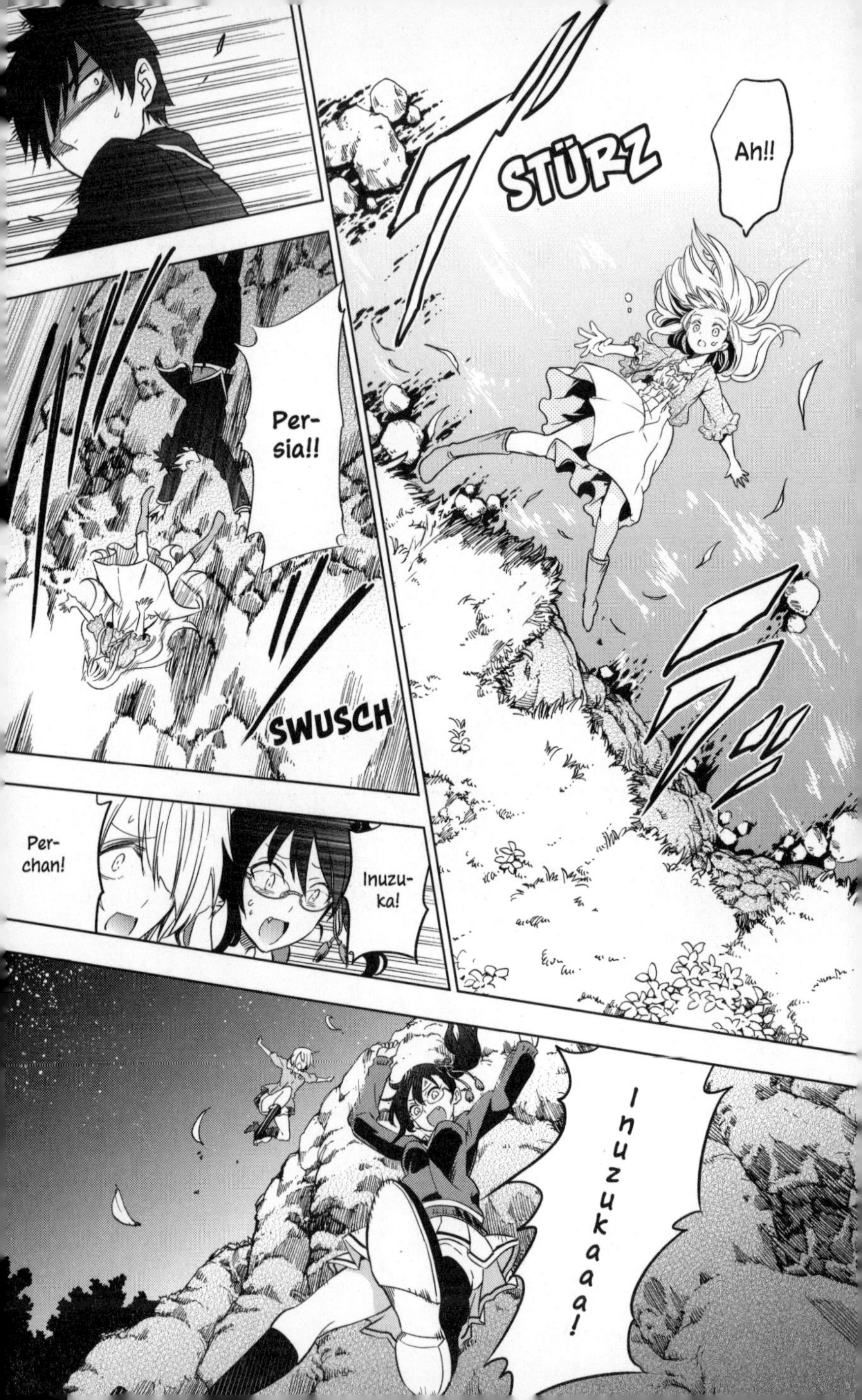
Ah!!
STÜRZ
Per-
sia!!
SWUSCH
Inuzu-
ka!
Per-
chan!
Inuzukaaa!

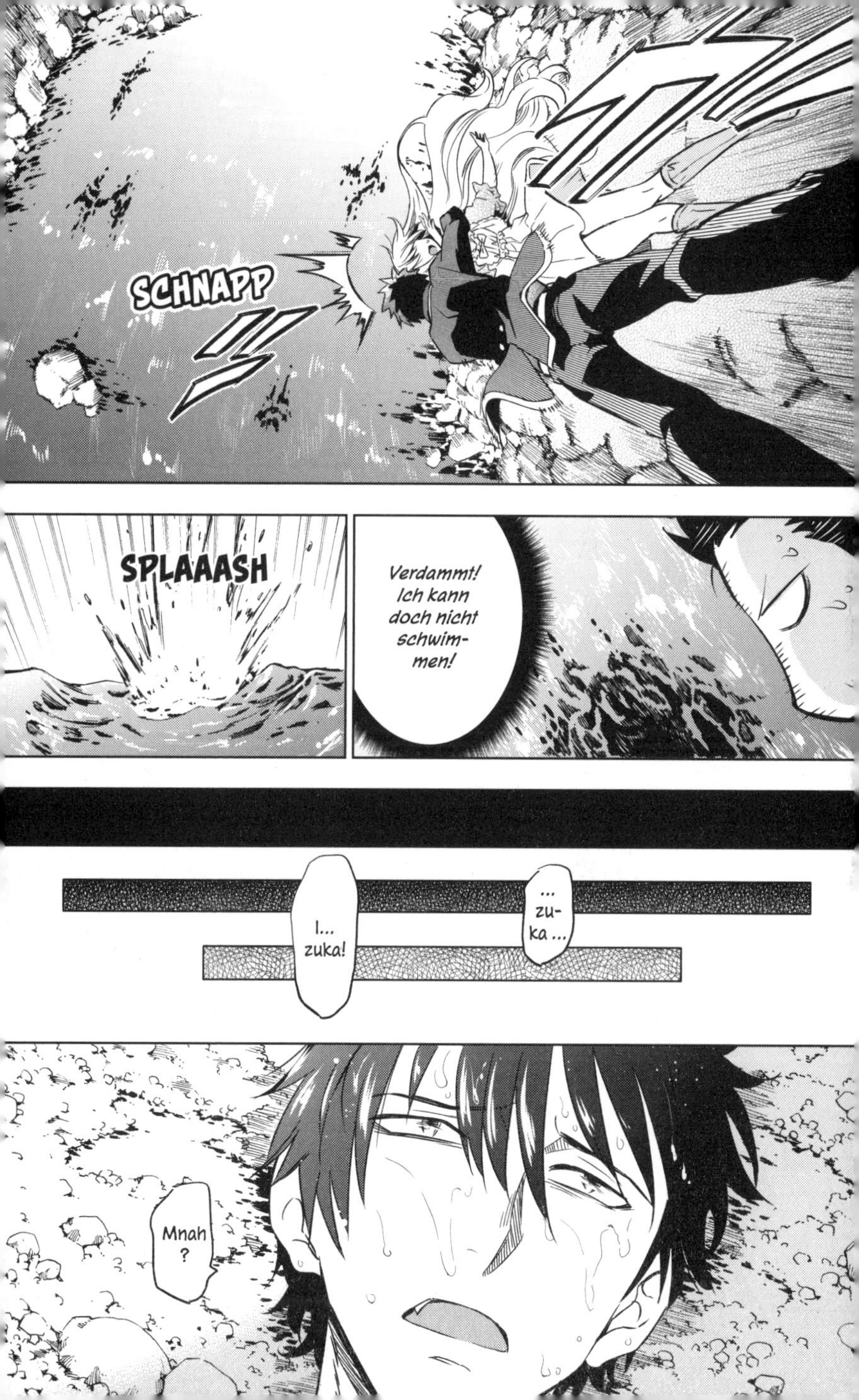
SCHNAPP
SPLAAASH
Verdammt! Ich kann doch nicht schwim-men!
... zu-ka ...
I... zuka!
Mnah?

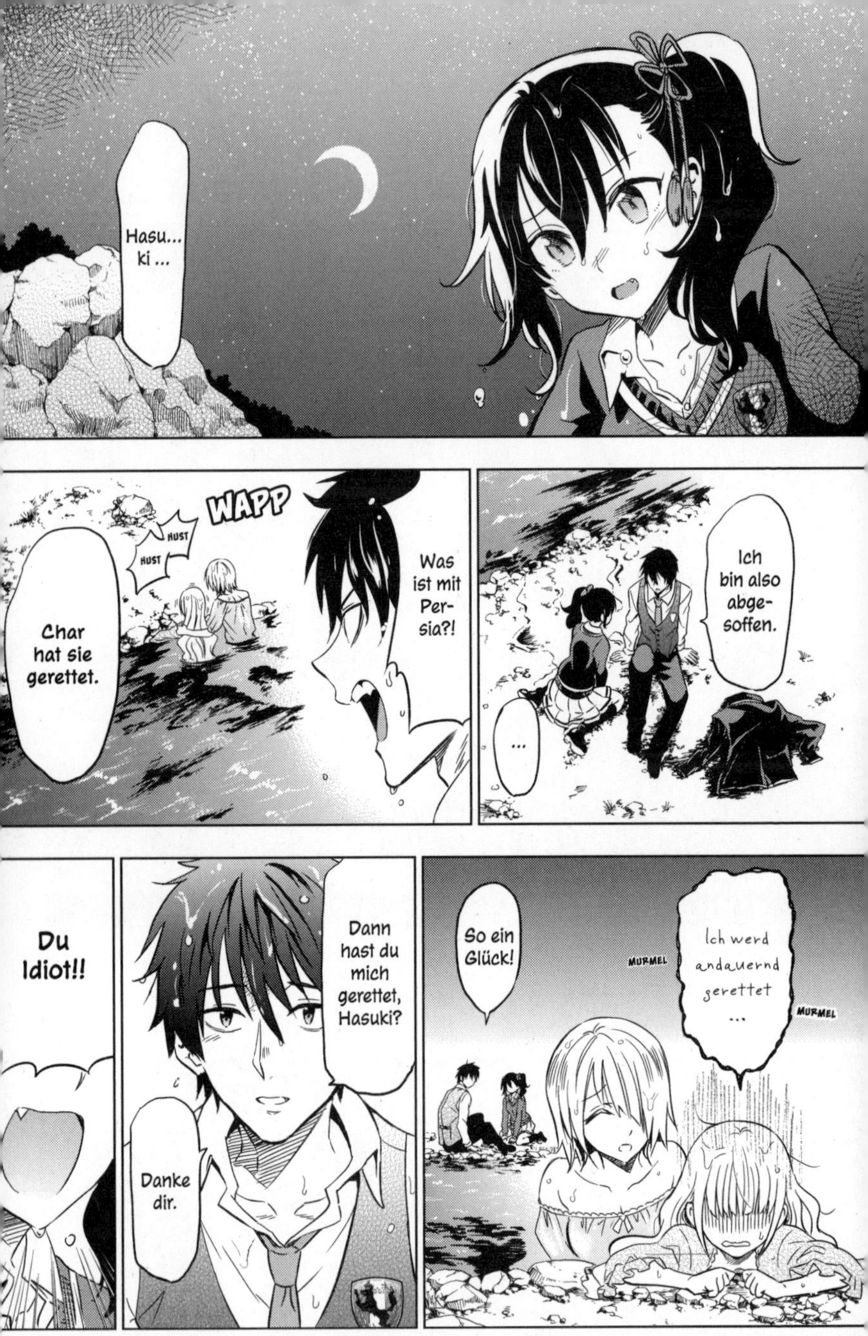
Hasu...
ki ...
Ich bin also abgesoffen.
...
Was ist mit Persia?!
WAPP
HUST
HUST
Char hat sie gerettet.
Ich werd andauernd gerettet ...
MURMEL
MURMEL
So ein Glück!
Dann hast du mich gerettet, Hasuki?
Danke dir.
Du Idiot!!

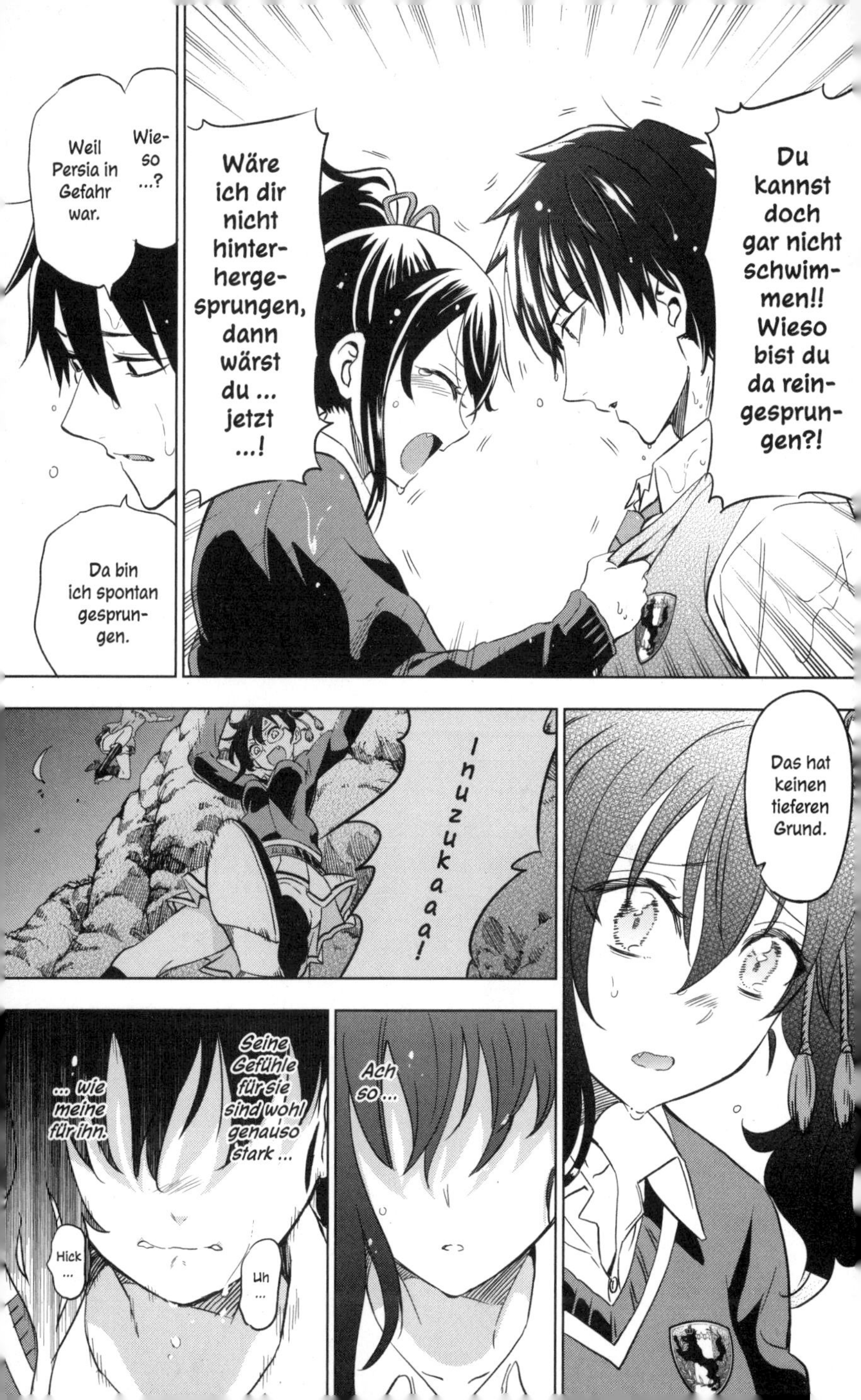
Du kannst doch gar nicht schwimmen!! Wieso bist du da reingesprungen?!
Wäre ich dir nicht hintergesprungen, dann wärst du ... jetzt ...!
Wieso ...?
Weil Persia in Gefahr war.
Da bin ich spontan gesprungen.
Das hat keinen tieferen Grund.
Inuzukaaaa!
Ach so ...
Seine Gefühle für sie sind wohl genauso stark ...
... wie meine für ihn.
Uh ...
Hick ...

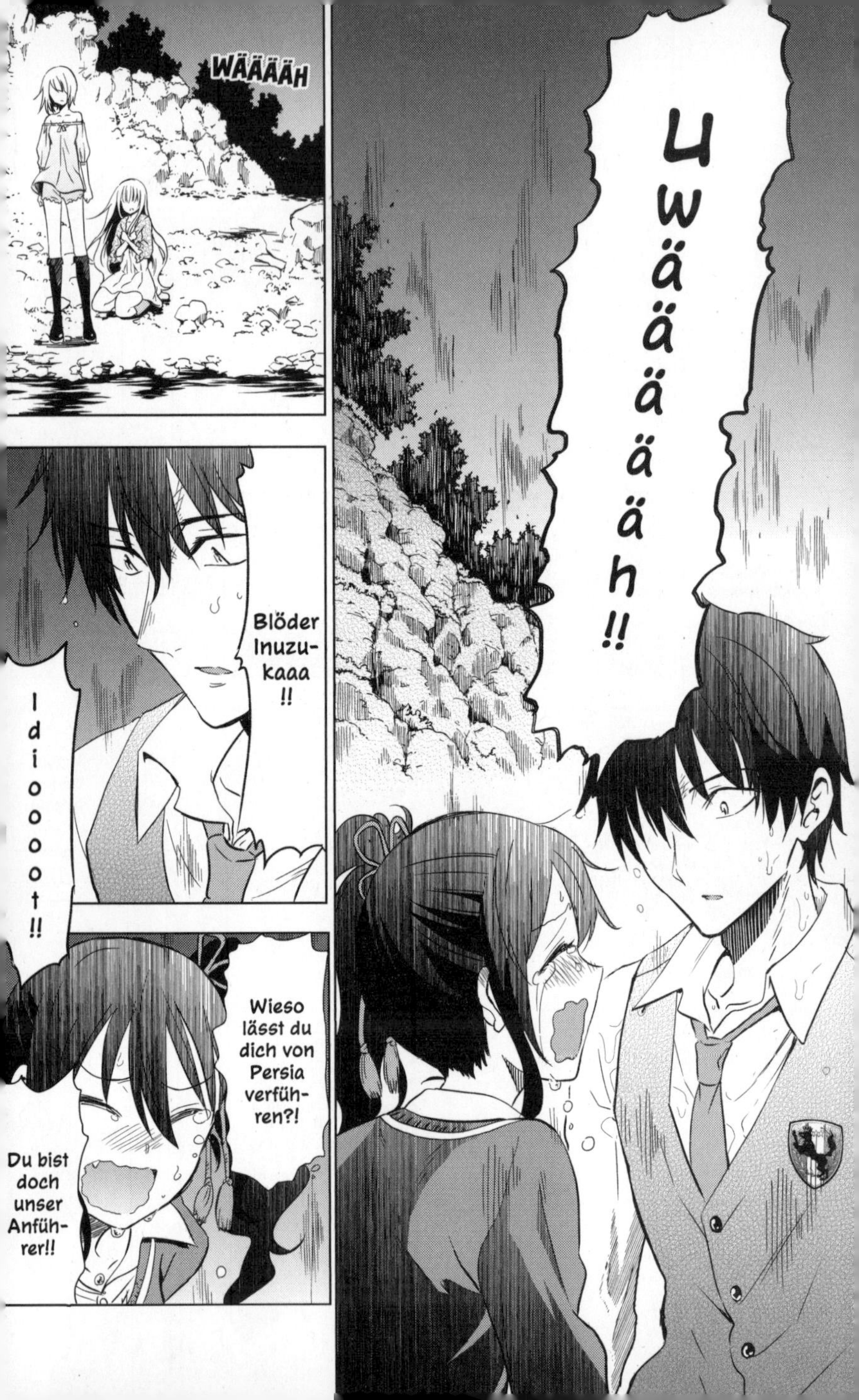
WÄÄÄÄH
Uwääääääh!!
Blöder Inuzukaaa!!
Idiooooot!!
Wieso lässt du dich von Persia verführen?!
Du bist doch unser Anführer!!

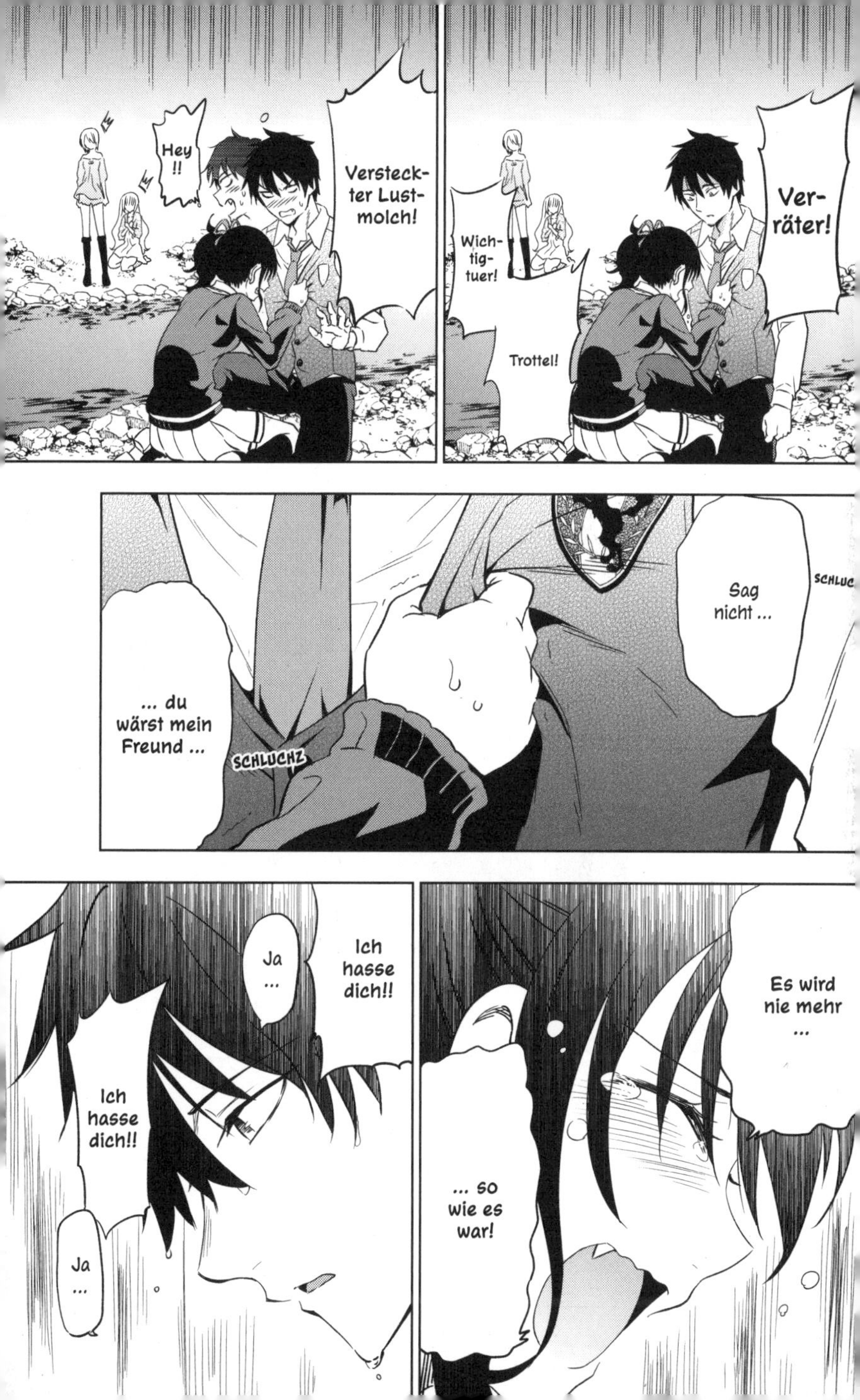
Ver-
räter!
Wich-
tig-
tuer!
Trottel!
Versteck-
ter Lust-
molch!
Hey
!!
Sag
nicht ...
SCHLUC
... du
wärst mein
Freund ...
SCHLUCHZ
Es wird
nie mehr
...
... so
wie es
war!
Ich
hasse
dich!!
Ja
...
Ich
hasse
dich!!
Ja
...

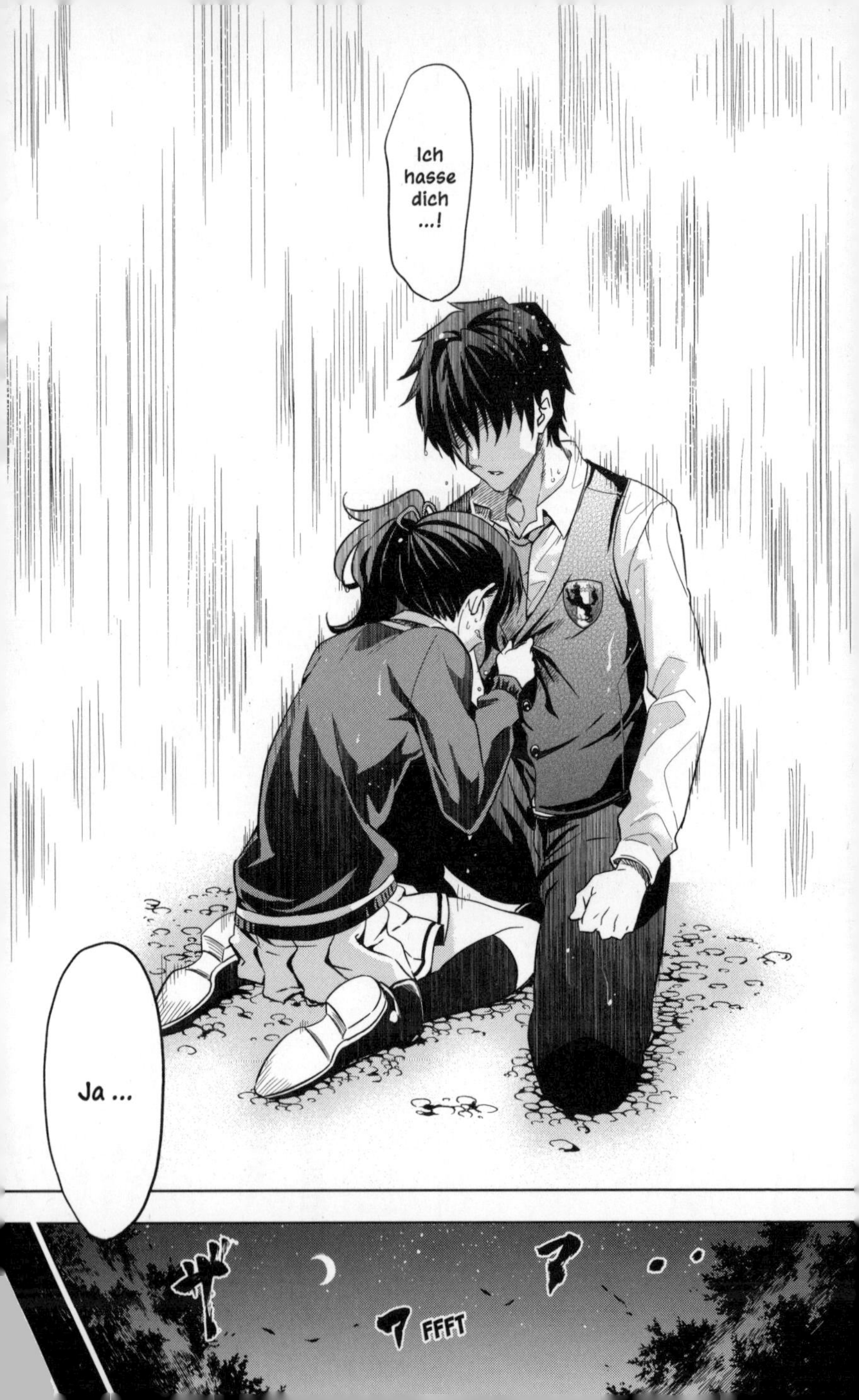
Ich hasse dich ...!
Ja ...
FFFT

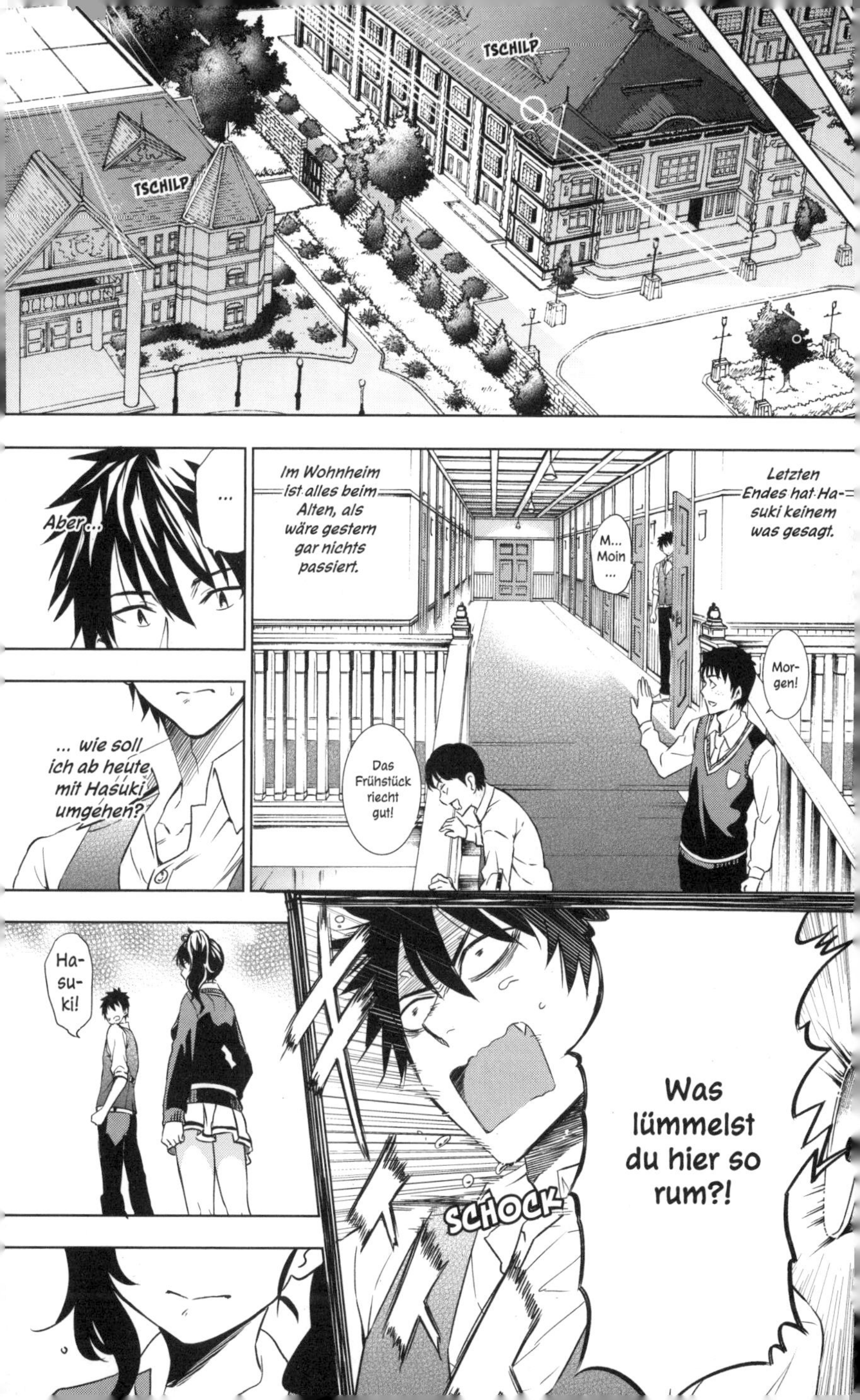
TSCHILP
TSCHILP
Letzten Endes hat Ha-suki keinem was gesagt.
M... Moin ...
Morgen!
Im Wohnheim ist alles beim Alten, als wäre gestern gar nichts passiert.
Das Frühstück riecht gut!
...
Aber ...
... wie soll ich ab heute mit Hasuki umgehen?
Was lümmelst du hier so rum?!
SCHOCK
Ha-su-ki!

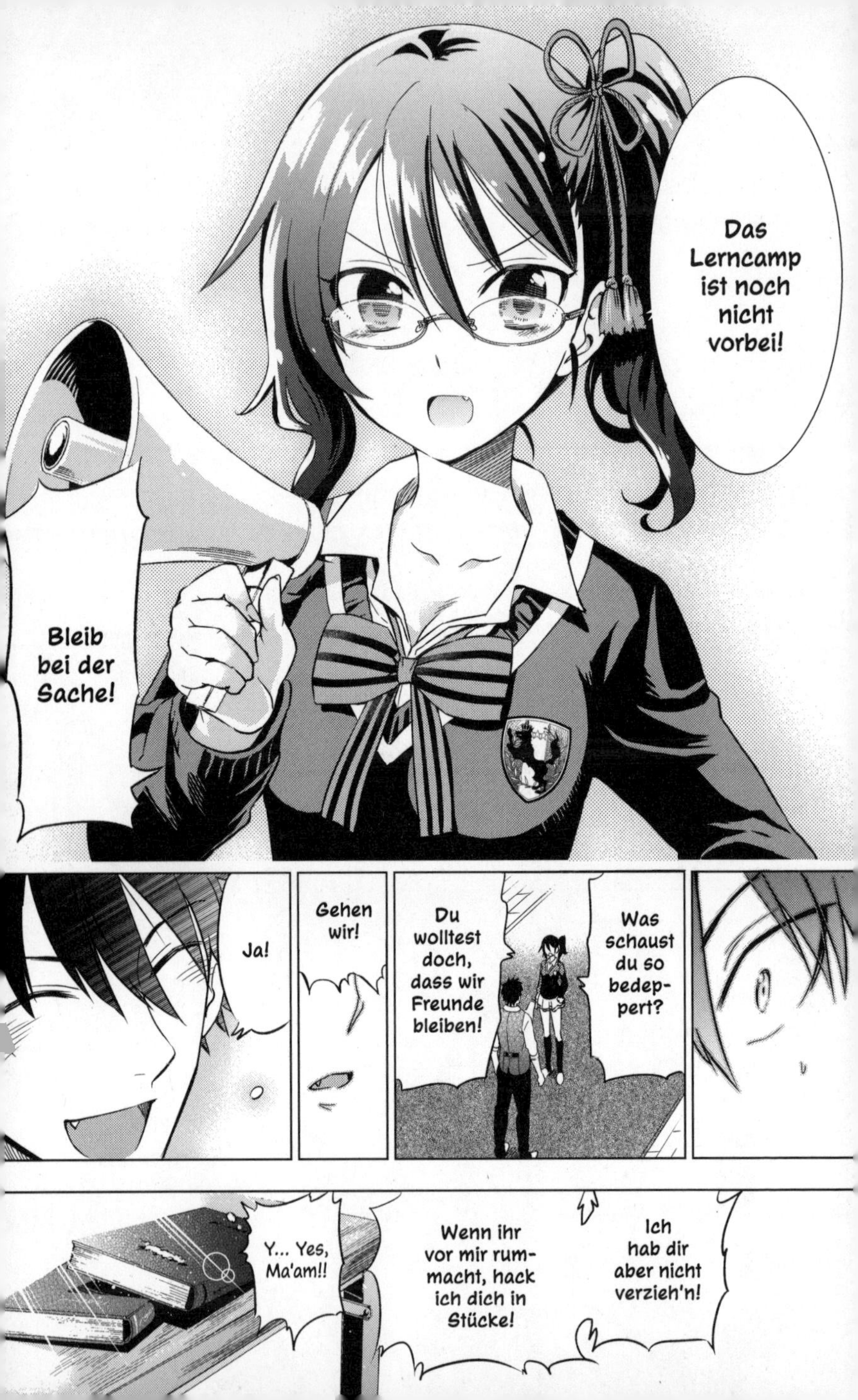
Das Lerncamp ist noch nicht vorbei!
Bleib bei der Sache!
Was schaust du so bedeppert?
Du wolltest doch, dass wir Freunde bleiben!
Gehen wir!
Ja!
Ich hab dir aber nicht verzieh'n!
Wenn ihr vor mir rummacht, hack ich dich in Stücke!
Y... Yes, Ma'am!!

8. Szene
Das Bento und Juliet

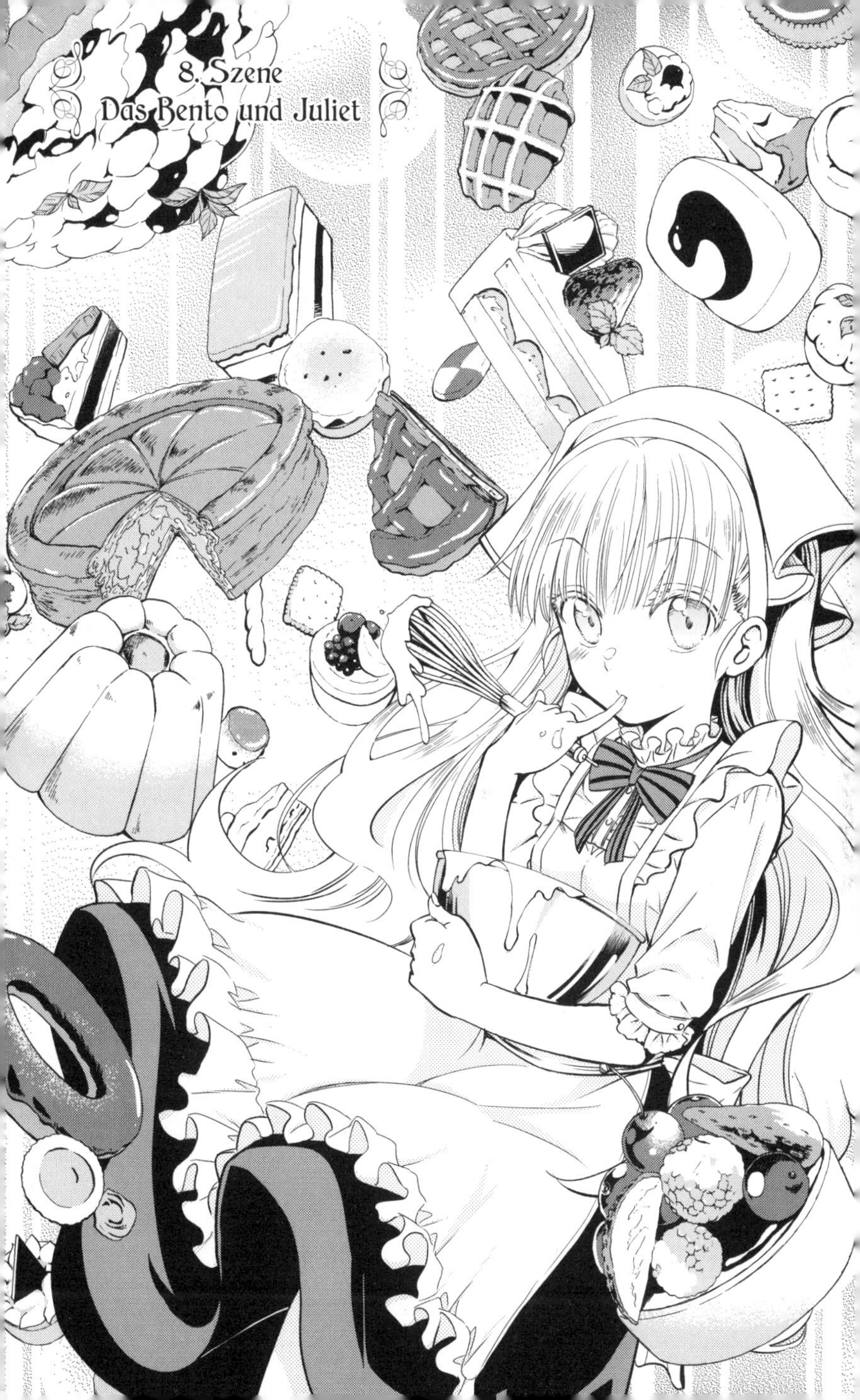

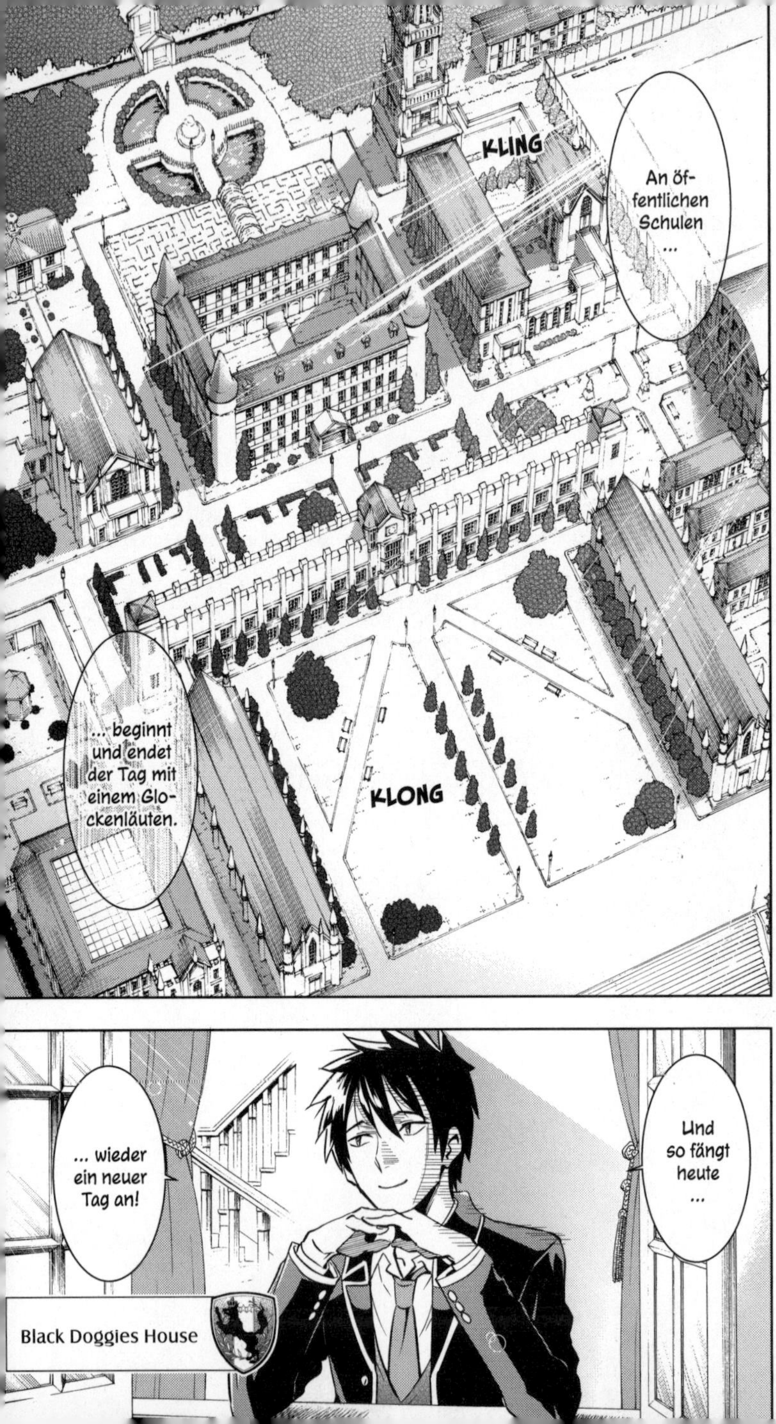
An öffentlichen Schulen ...
KLING
... beginnt und endet der Tag mit einem Glockenläuten.
KLONG
Und so fängt heute ...
... wieder ein neuer Tag an!
Black Doggies House

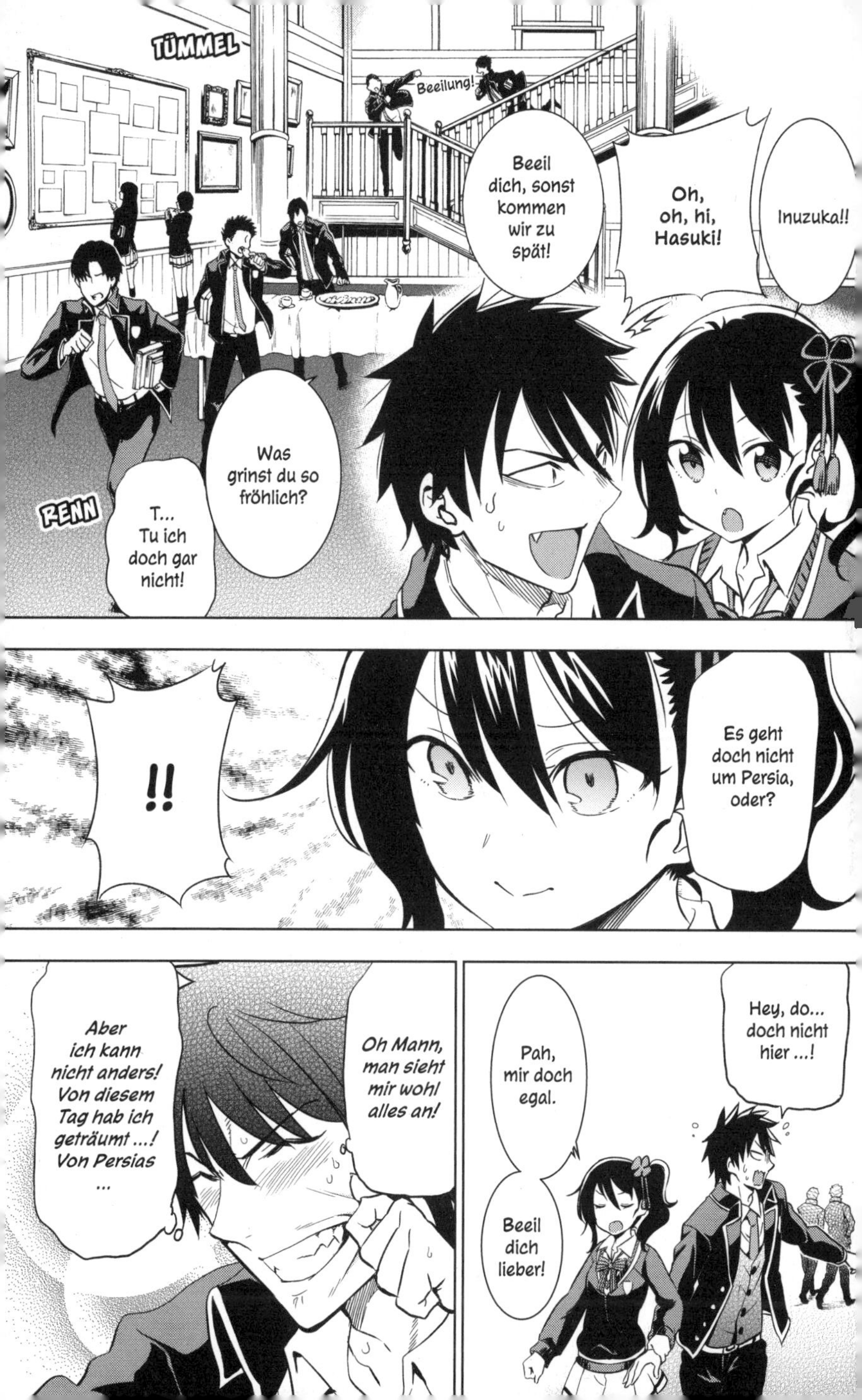
TÜMMEL
Beeilung!
Inuzuka!!
Oh, oh, hi, Hasuki!
Beeil dich, sonst kommen wir zu spät!
Was grinst du so fröhlich?
T... Tu ich doch gar nicht!
RENN
Es geht doch nicht um Persia, oder?
!!
Oh Mann, man sieht mir wohl alles an!
Aber ich kann nicht anders! Von diesem Tag hab ich geträumt ...! Von Persias ...
Hey, do... doch nicht hier ...!
Pah, mir doch egal.
Beeil dich lieber!

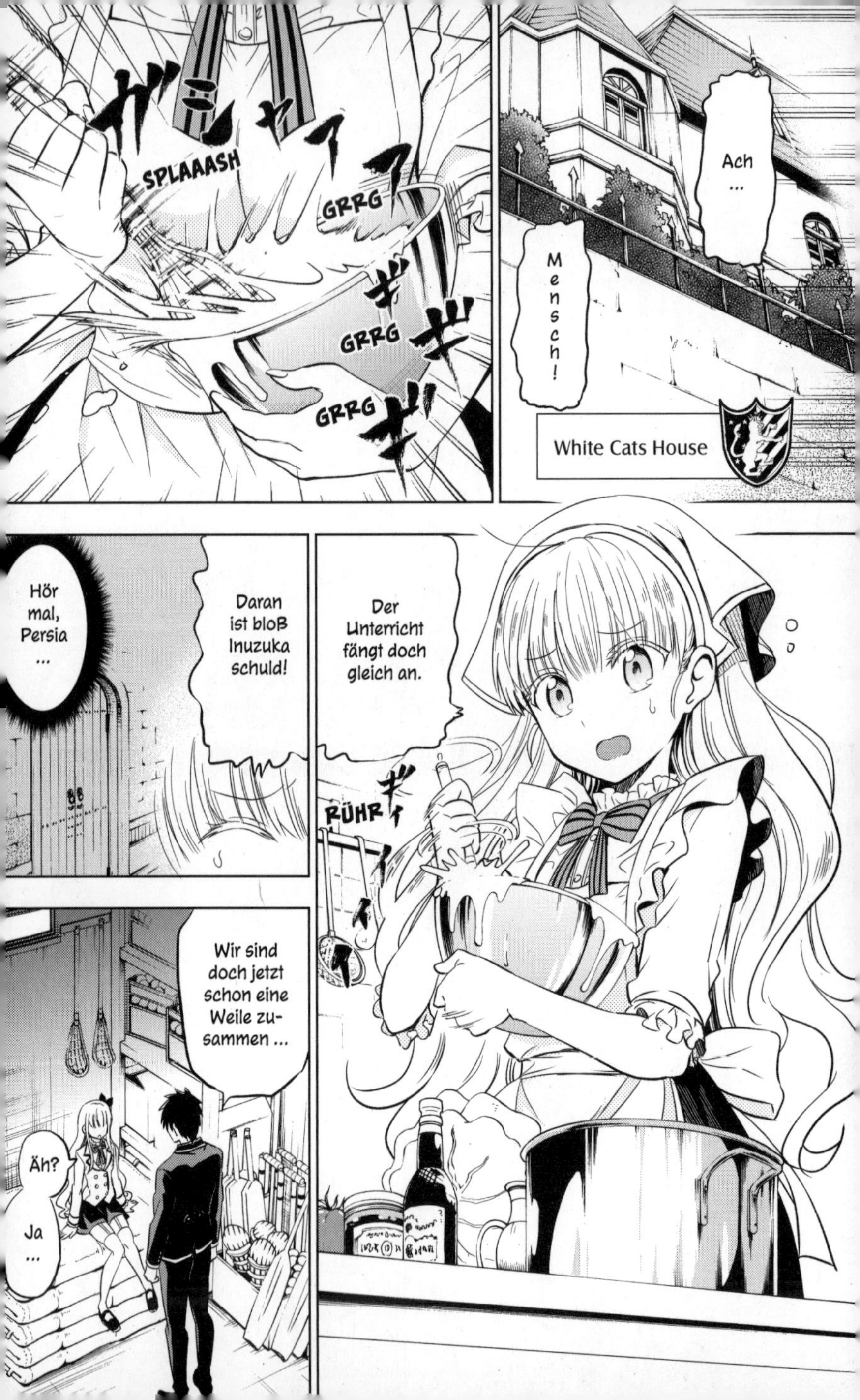
Ach ...
Mensch!
White Cats House
SPLAAASH
GRRG
GRRG
GRRG
Der Unterricht fängt doch gleich an.
RÜHR
Daran ist bloß Inuzuka schuld!
Hör mal, Persia ...
Wir sind doch jetzt schon eine Weile zu-sammen ...
Äh?
Ja ...

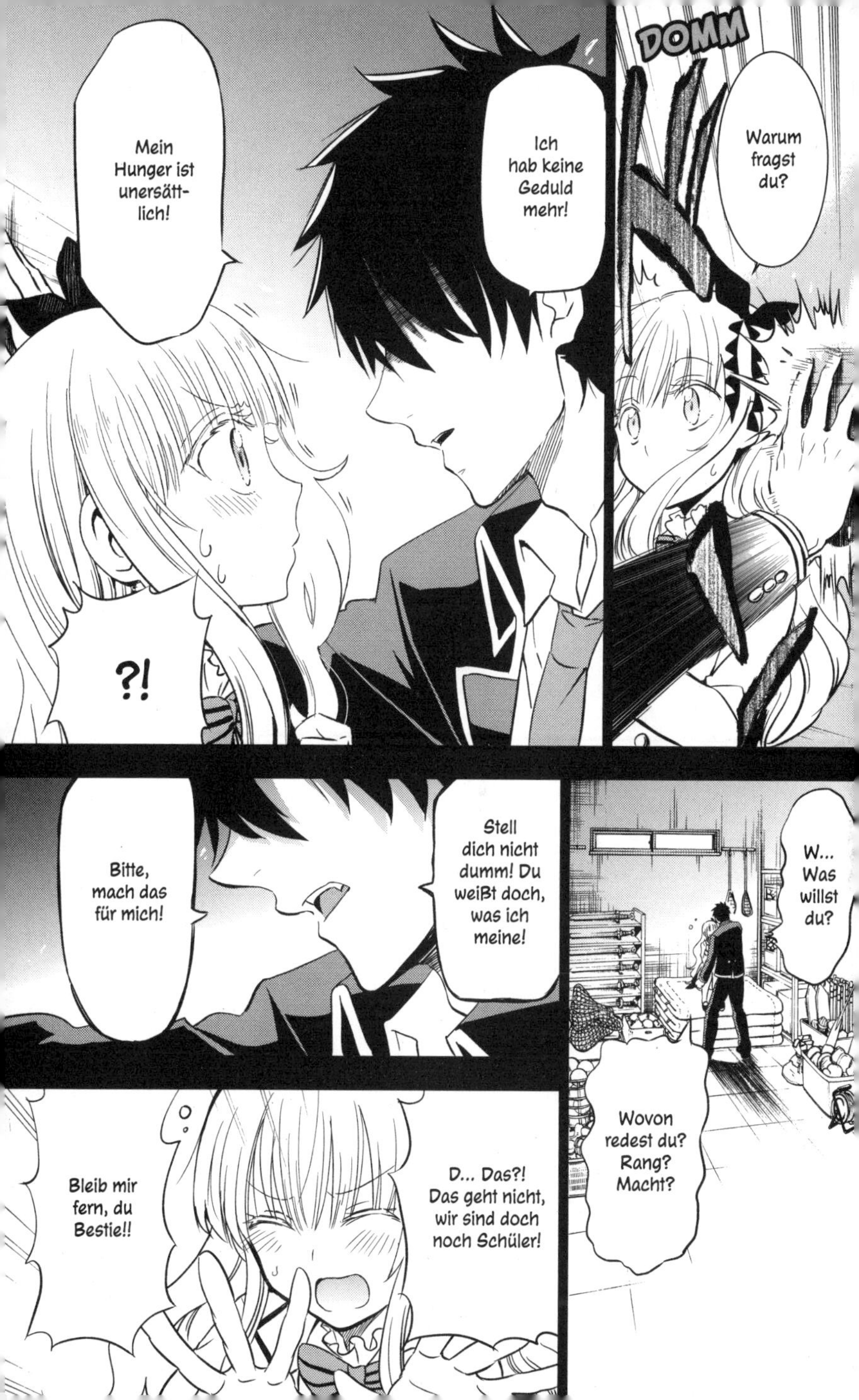
DOMM
Warum fragst du?
Ich hab keine Geduld mehr!
Mein Hunger ist unersätt-lich!
?!
W... Was willst du?
Wovon redest du? Rang? Macht?
Stell dich nicht dumm! Du weißt doch, was ich meine!
Bitte, mach das für mich!
D... Das?! Das geht nicht, wir sind doch noch Schüler!
Bleib mir fern, du Bestie!!

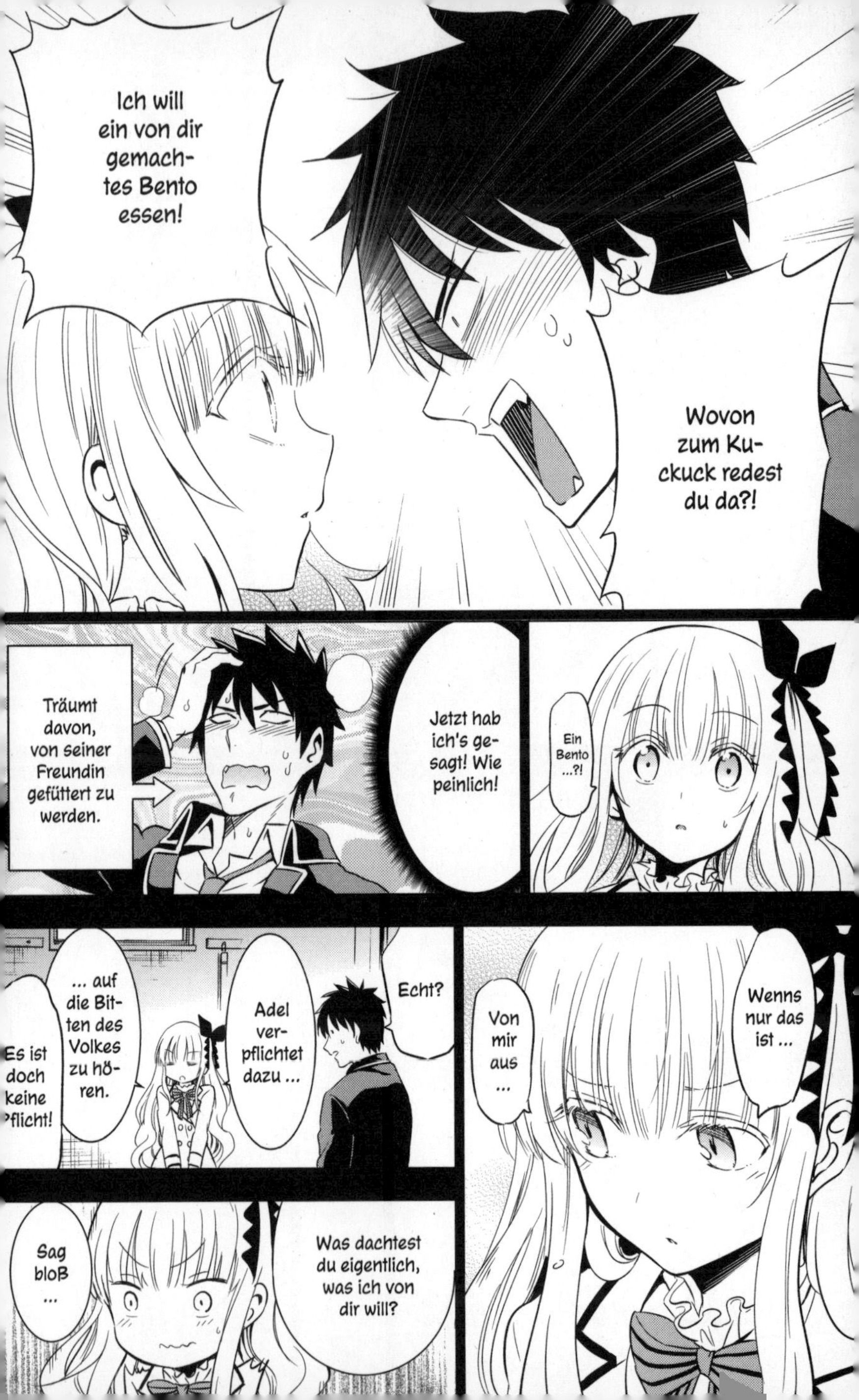
Ich will ein von dir gemachtes Bento essen!
Wovon zum Kuckuck redest du da?!
Ein Bento ...?!
Jetzt hab ich's gesagt! Wie peinlich!
Träumt davon, von seiner Freundin gefüttert zu werden.
Wenns nur das ist ...
Von mir aus ...
Echt?
Adel verpflichtet dazu ...
... auf die Bitten des Volkes zu hören.
Es ist doch keine Pflicht!
Was dachtest du eigentlich, was ich von dir will?
Sag bloß ...

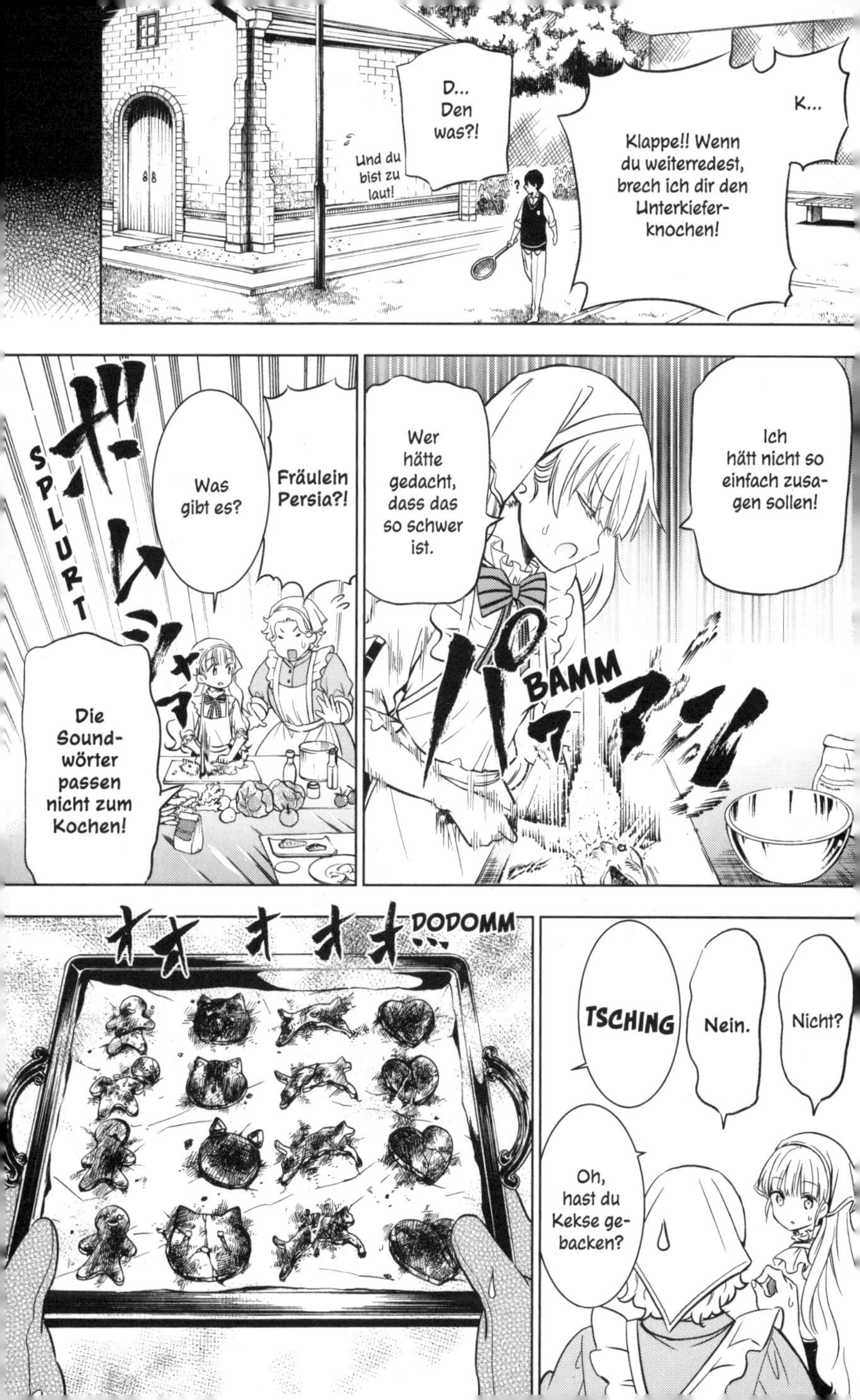
K...
Klappe!! Wenn du weiterredest, brech ich dir den Unterkieferknochen!
D... Den was?!
Und du bist zu laut!
Ich hätt nicht so einfach zusagen sollen!
Wer hätte gedacht, dass das so schwer ist.
BAMM
Fräulein Persia?!
Was gibt es?
SPLURT
Die Soundwörter passen nicht zum Kochen!
Nicht?
Nein.
TSCHING
Oh, hast du Kekse gebacken?
DODOMM

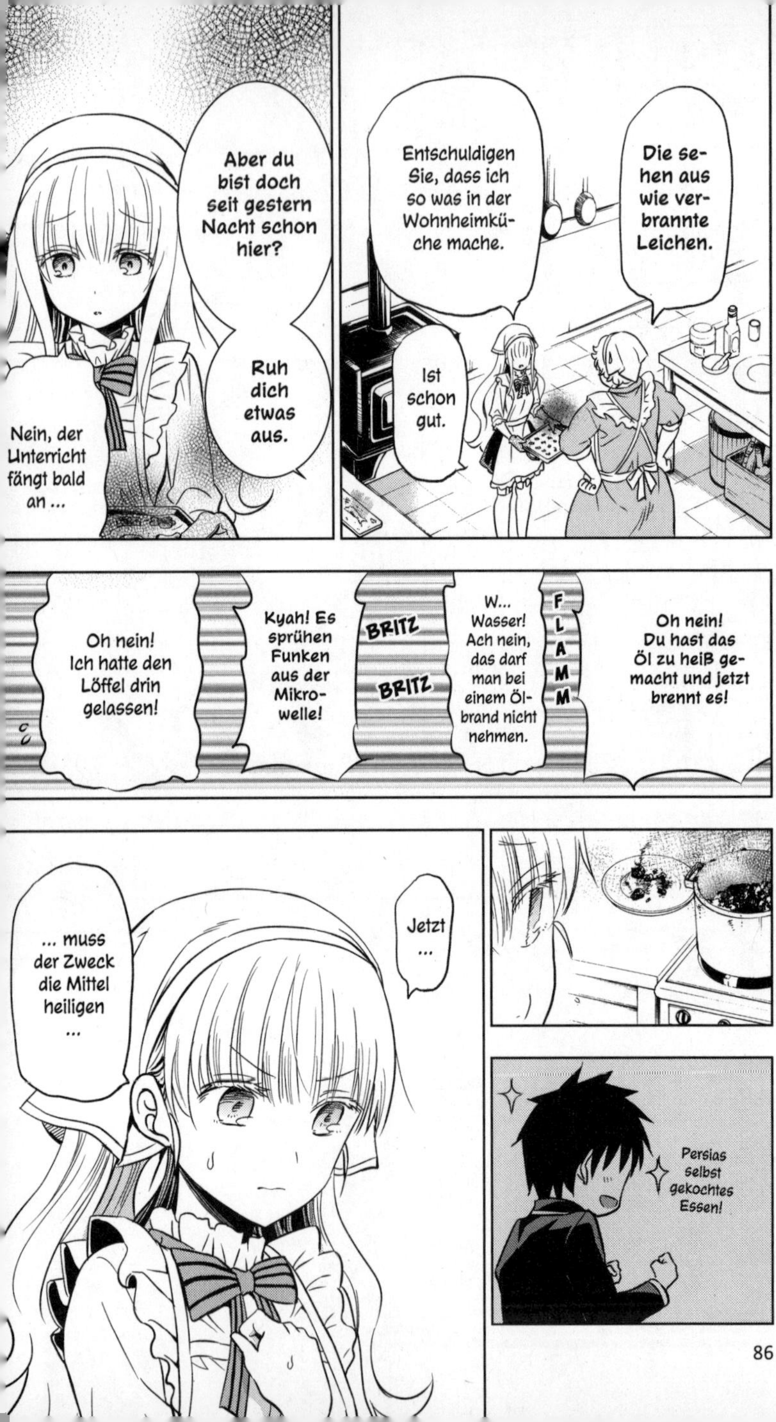
Die sehen aus wie verbrannte Leichen.
Entschuldigen Sie, dass ich so was in der Wohnheimküche mache.
Ist schon gut.
Aber du bist doch seit gestern Nacht schon hier?
Ruh dich etwas aus.
Nein, der Unterricht fängt bald an ...
Oh nein! Du hast das Öl zu heiß gemacht und jetzt brennt es!
FLAMM
W... Wasser! Ach nein, das darf man bei einem Ölbrand nicht nehmen.
BRITZ
BRITZ
Kyah! Es sprühen Funken aus der Mikrowelle!
Oh nein! Ich hatte den Löffel drin gelassen!
Persias selbst gekochtes Essen!
Jetzt ...
... muss der Zweck die Mittel heiligen ...

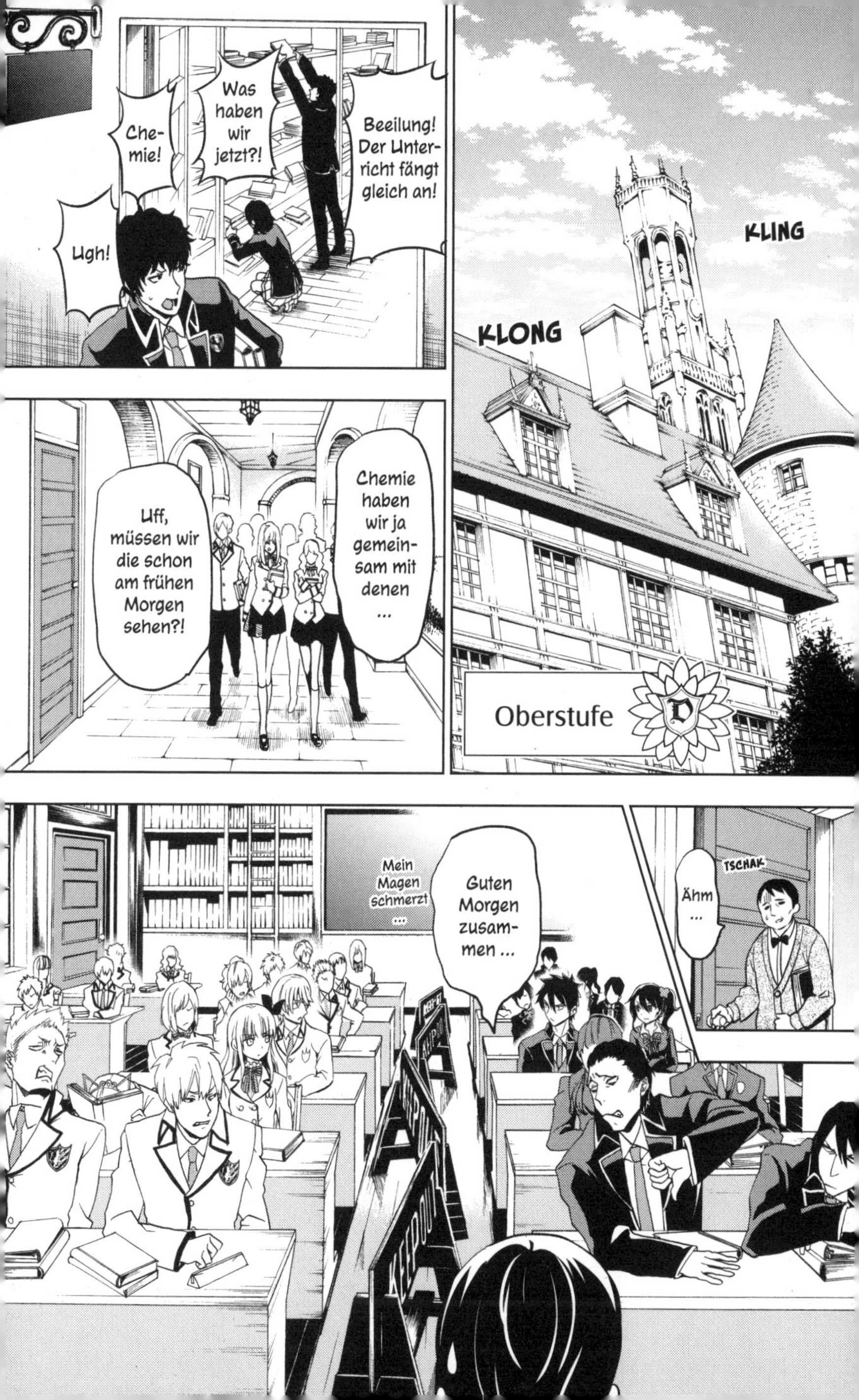
KLING
KLONG
Oberstufe
Beeilung! Der Unterricht fängt gleich an!
Was haben wir jetzt?!
Chemie!
Ugh!
Chemie haben wir ja gemeinsam mit denen ...
Uff, müssen wir die schon am frühen Morgen sehen?!
TSCHAK
Ähm ...
Guten Morgen zusammen ...
Mein Magen schmerzt ...

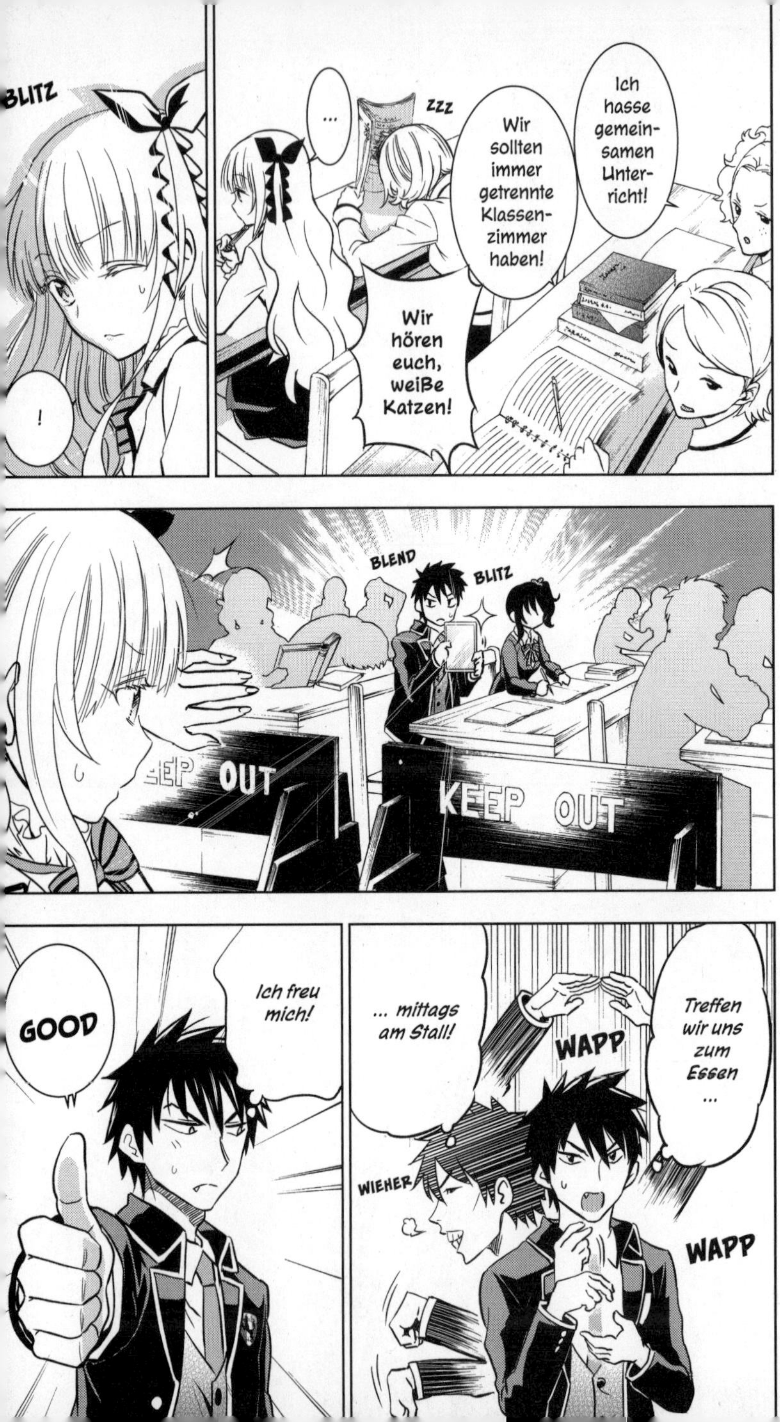

Ich hasse gemein-samen Unter-richt!
Wir sollten immer getrennte Klassen-zimmer haben!
ZZZ
...
Wir hören euch, weiße Katzen!
BLITZ
!
BLEND
BLITZ
KEEP OUT
EEP OUT
Treffen wir uns zum Essen ...
WAPP
... mittags am Stall!
WIEHER
WAPP
Ich freu mich!
GOOD

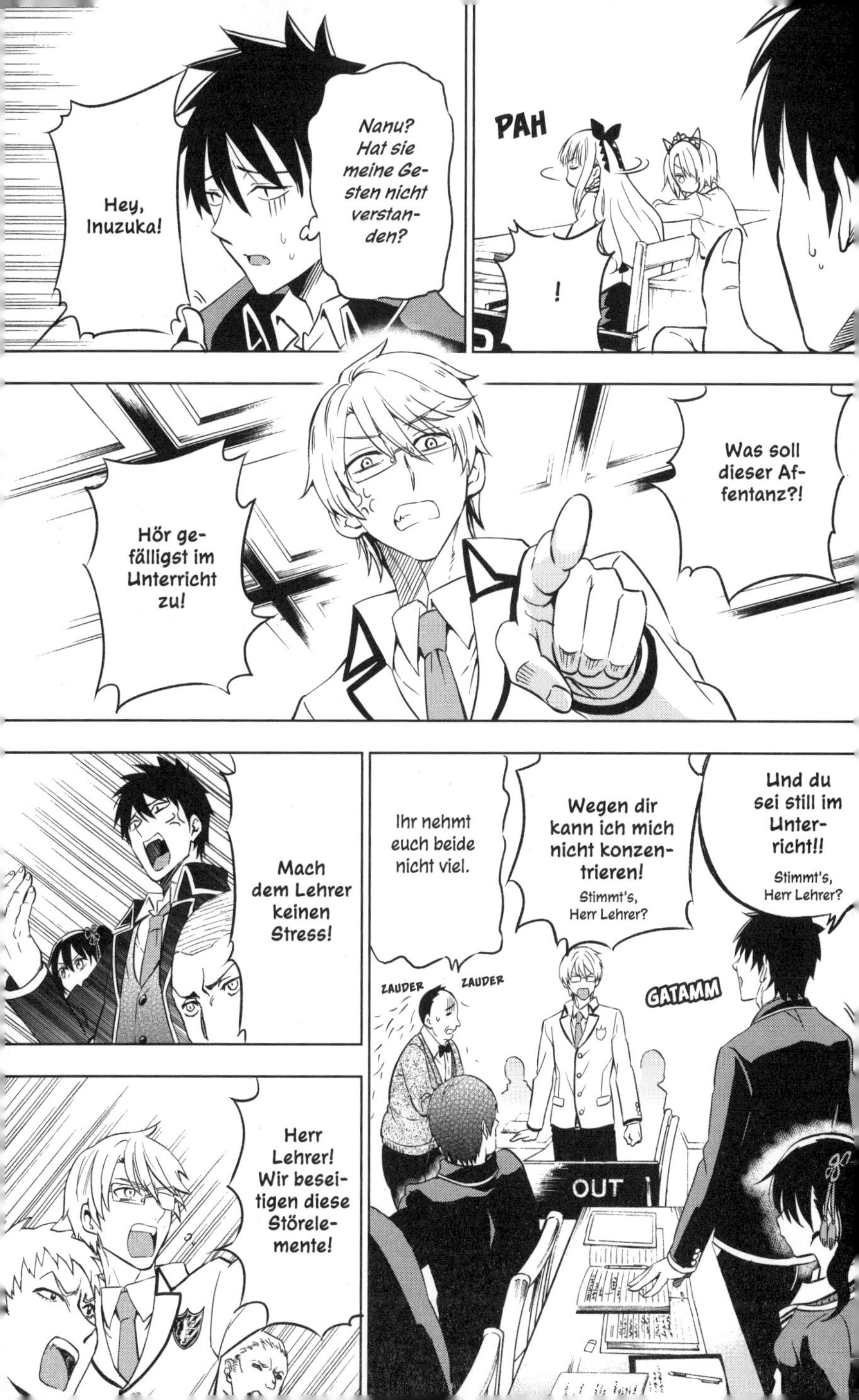

PAH
!
Nanu? Hat sie meine Gesten nicht verstanden?
Hey, Inuzuka!
Was soll dieser Affentanz?!
Hör gefälligst im Unterricht zu!
Und du sei still im Unterricht!!
Stimmt's, Herr Lehrer?
Wegen dir kann ich mich nicht konzentrieren!
Stimmt's, Herr Lehrer?
Ihr nehmt euch beide nicht viel.
ZAUDER
ZAUDER
GATAMM
OUT
Mach dem Lehrer keinen Stress!
Herr Lehrer! Wir beseitigen diese Störelemente!

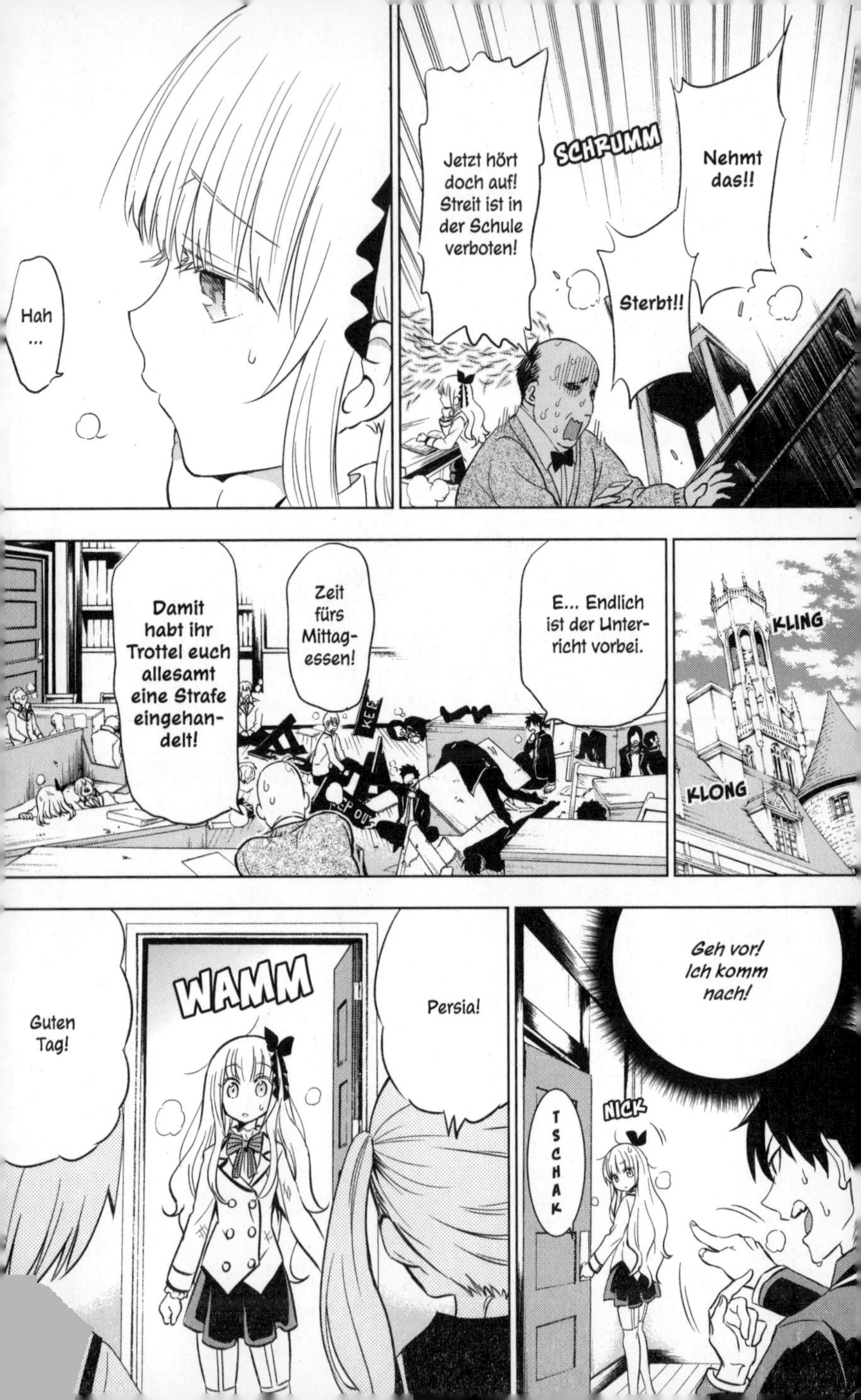
Nehmt das!!
Sterbt!!
SCHRUMM
Jetzt hört doch auf! Streit ist in der Schule verboten!
Hah ...
KLING
KLONG
E... Endlich ist der Unterricht vorbei.
Zeit fürs Mittagessen!
Damit habt ihr Trottel euch allesamt eine Strafe eingehandelt!
Geh vor! Ich komm nach!
NICK
TSCHAK
Persia!
WAMM
Guten Tag!

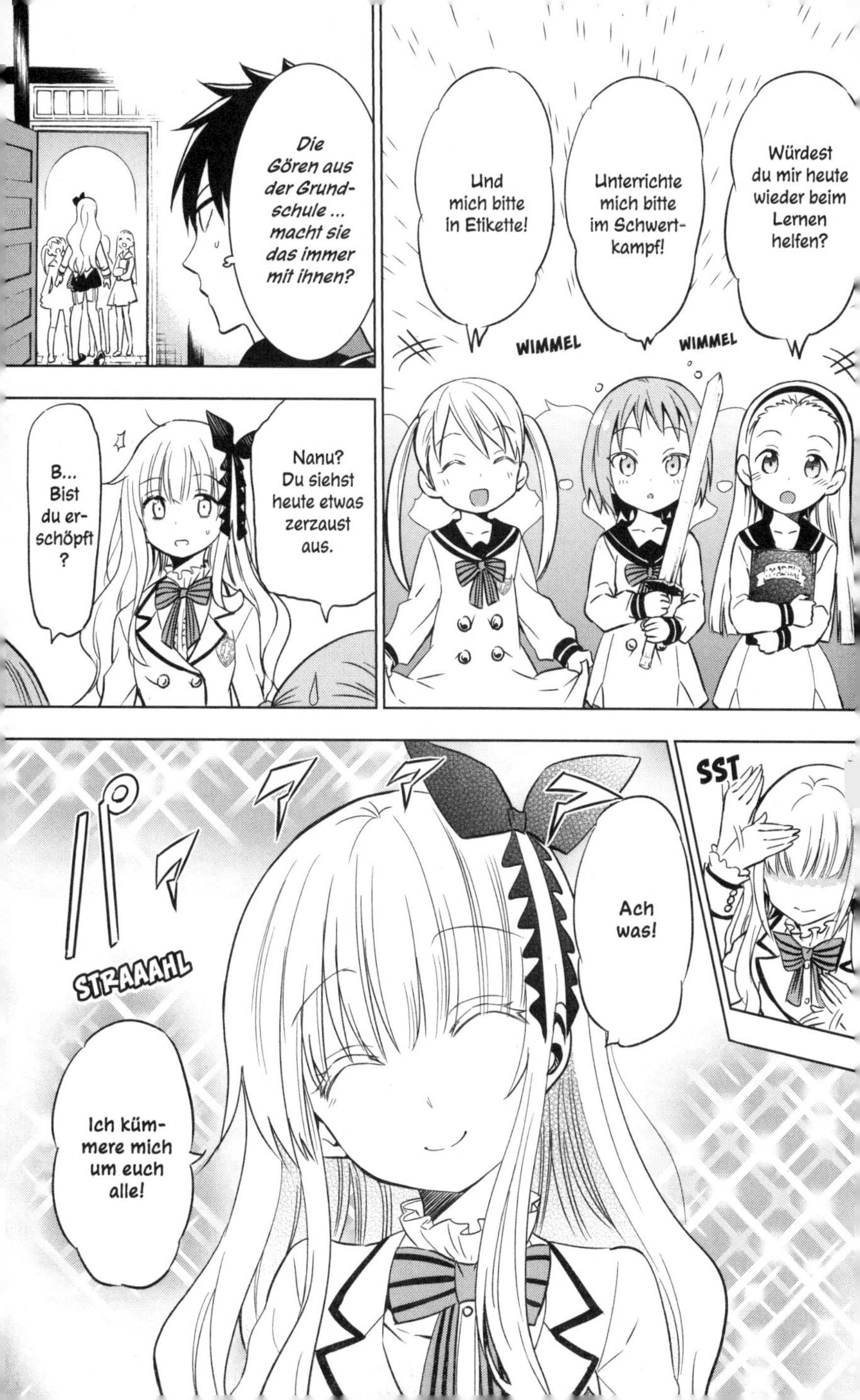
Würdest du mir heute wieder beim Lernen helfen?
Unterrichte mich bitte im Schwertkampf!
Und mich bitte in Etikette!
WIMMEL
WIMMEL
Die Gören aus der Grundschule ... macht sie das immer mit ihnen?
Nanu? Du siehst heute etwas zerzaust aus.
B... Bist du erschöpft?
SST
Ach was!
STRAAAHL
Ich kümmere mich um euch alle!

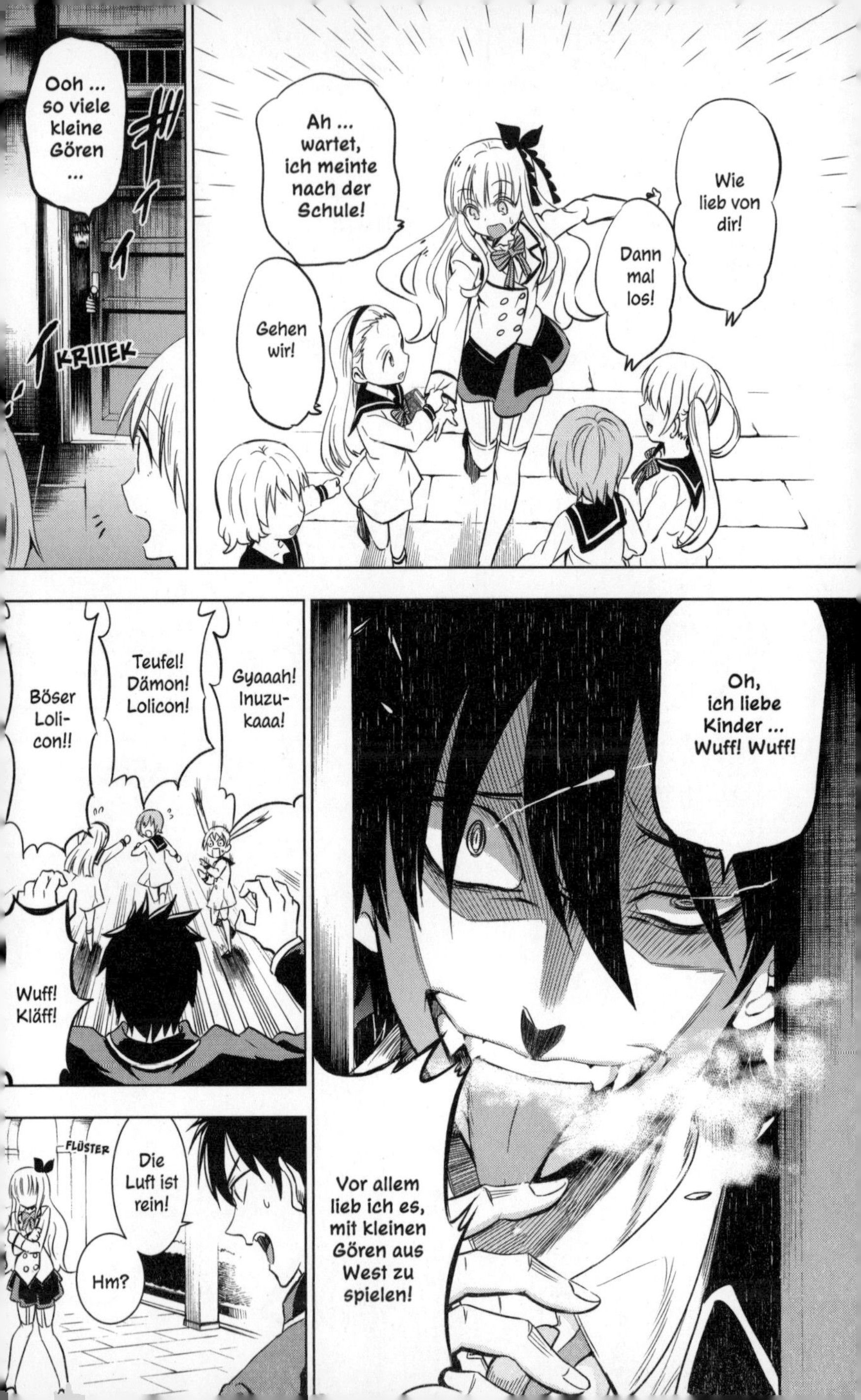
Wie lieb von dir!
Dann mal los!
Ah ... wartet, ich meinte nach der Schule!
Gehen wir!
Ooh ... so viele kleine Gören ...
KRIIIEK
Oh, ich liebe Kinder ... Wuff! Wuff!
Vor allem lieb ich es, mit kleinen Gören aus West zu spielen!
Gyaaah! Inuzu-kaaa!
Teufel! Dämon! Lolicon!
Böser Loli-con!!
Wuff! Kläff!
FLÜSTER
Die Luft ist rein!
Hm?

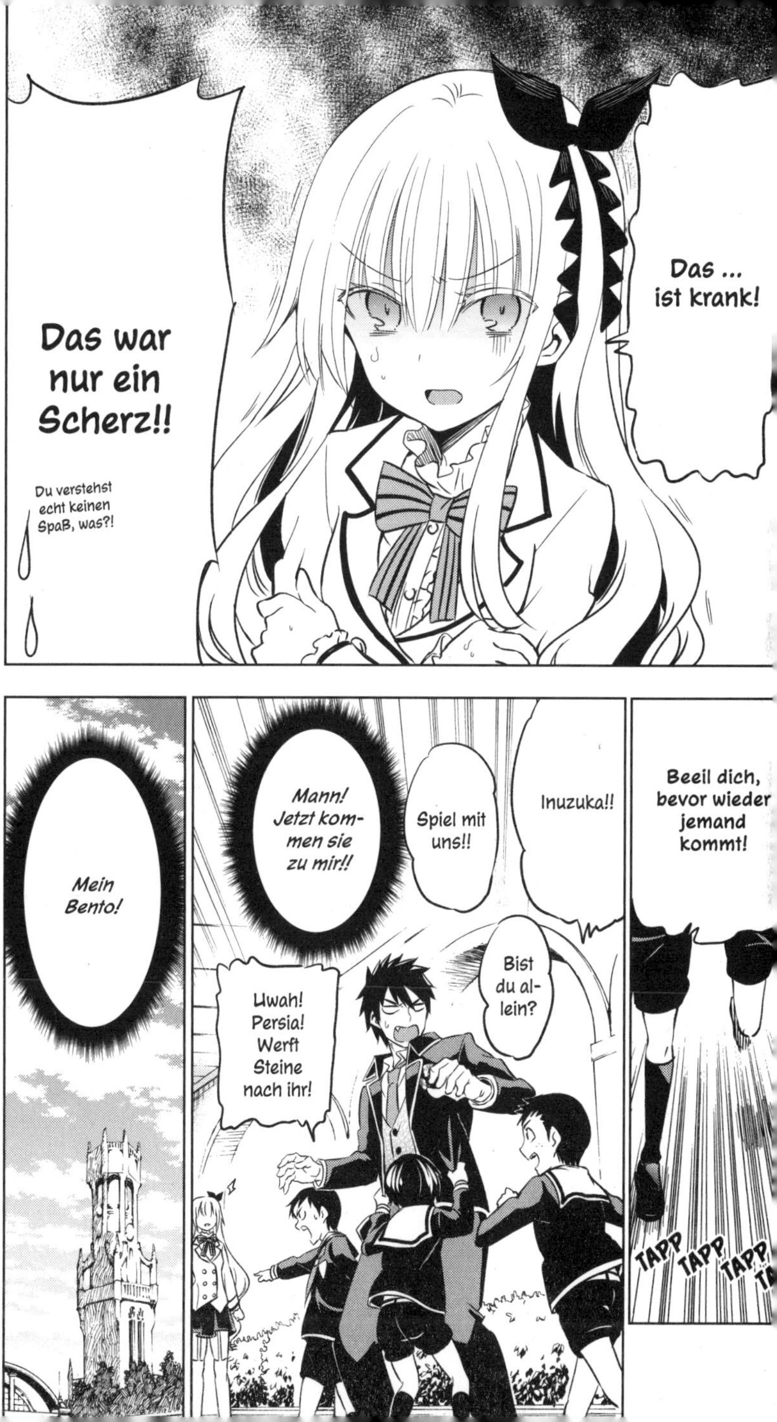
Das ... ist krank!
Das war nur ein Scherz!!
Du verstehst echt keinen Spaß, was?!
Beeil dich, bevor wieder jemand kommt!
TAPP TAPP TAPP
Inuzuka!!
Spiel mit uns!!
Bist du allein?
Mann! Jetzt kommen sie zu mir!!
Uwah! Persia! Werft Steine nach ihr!
Mein Bento!

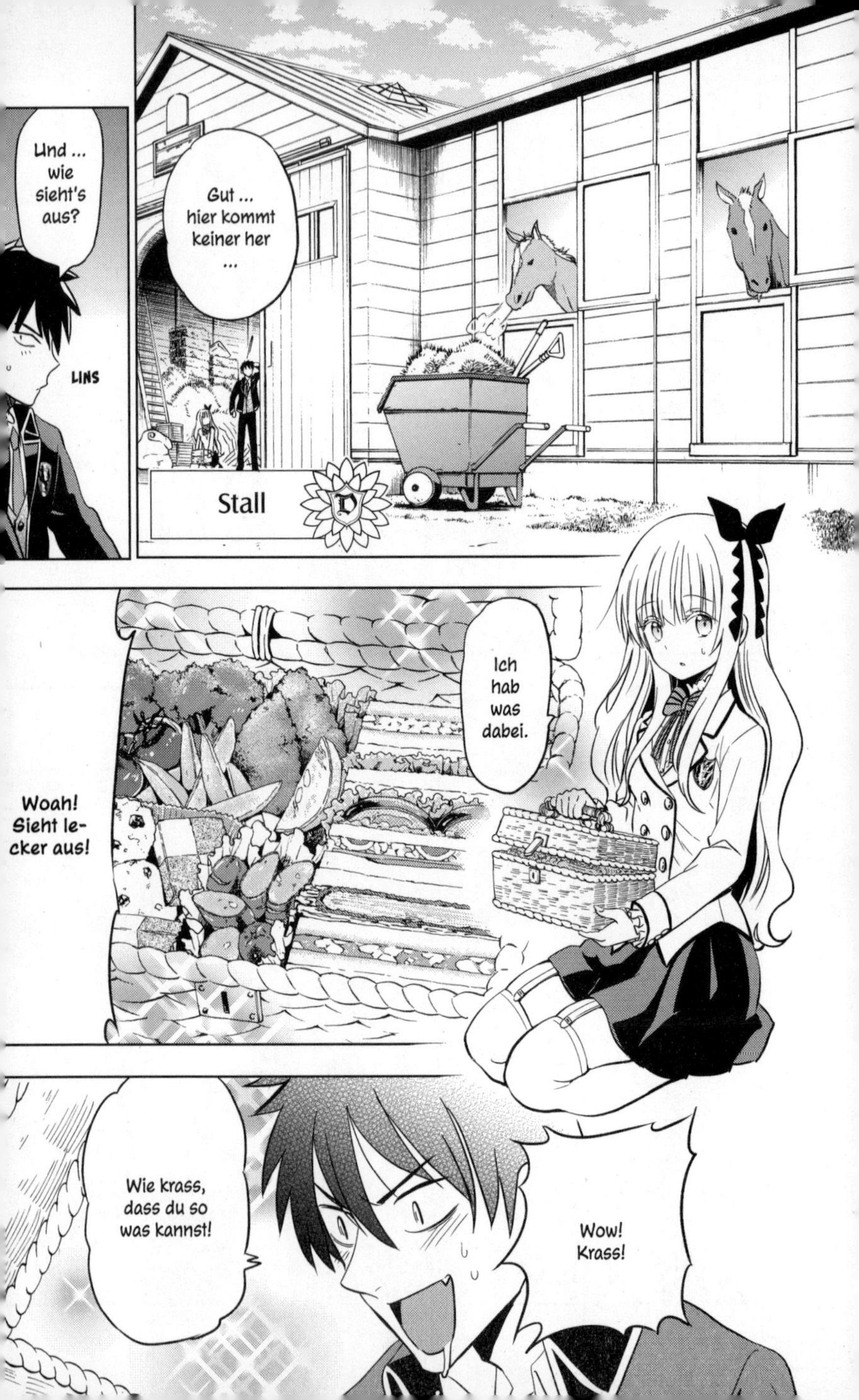
Stall
Gut ... hier kommt keiner her ...
Und ... wie sieht's aus?
LINS
Ich hab was dabei.
Woah! Sieht lecker aus!
Wow! Krass!
Wie krass, dass du so was kannst!

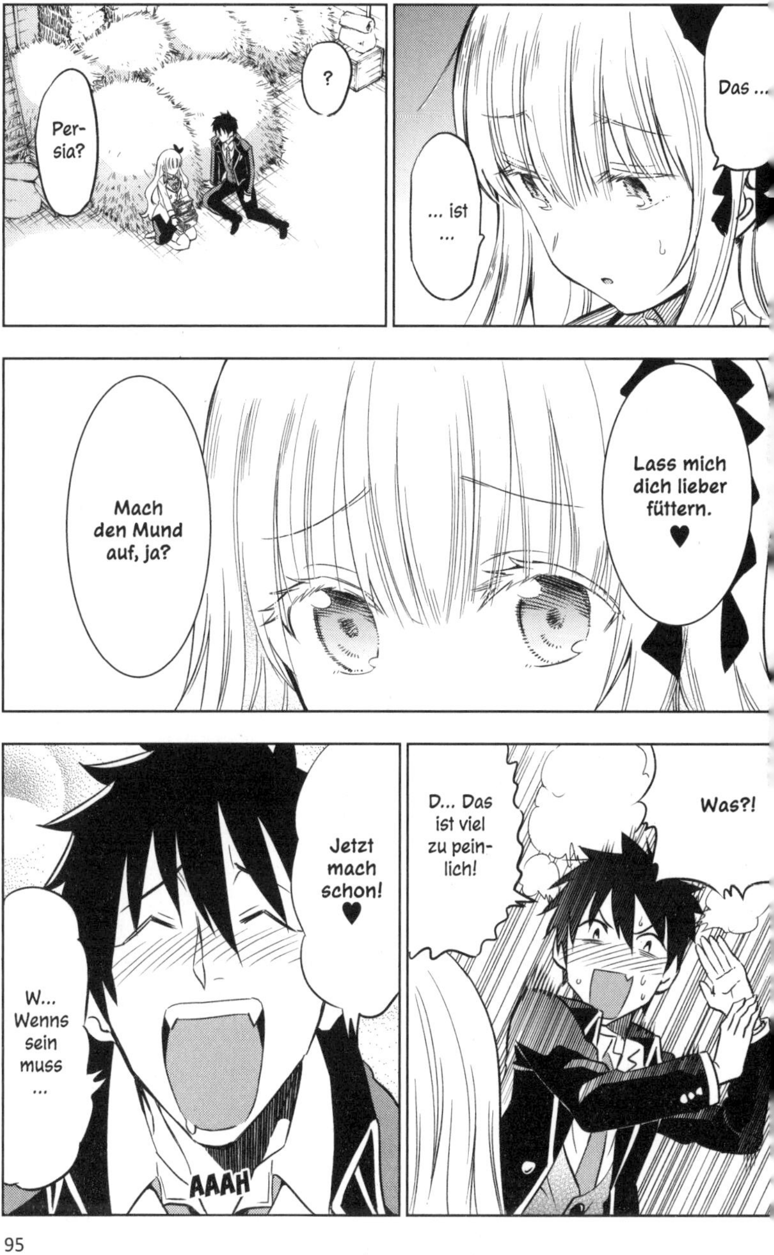
Das ...
... ist ...
?
Per-sia?
Lass mich dich lieber füttern. ♥
Mach den Mund auf, ja?
Was?!
D... Das ist viel zu pein-lich!
Jetzt mach schon! ♥
W... Wenns sein muss ...
AAAH

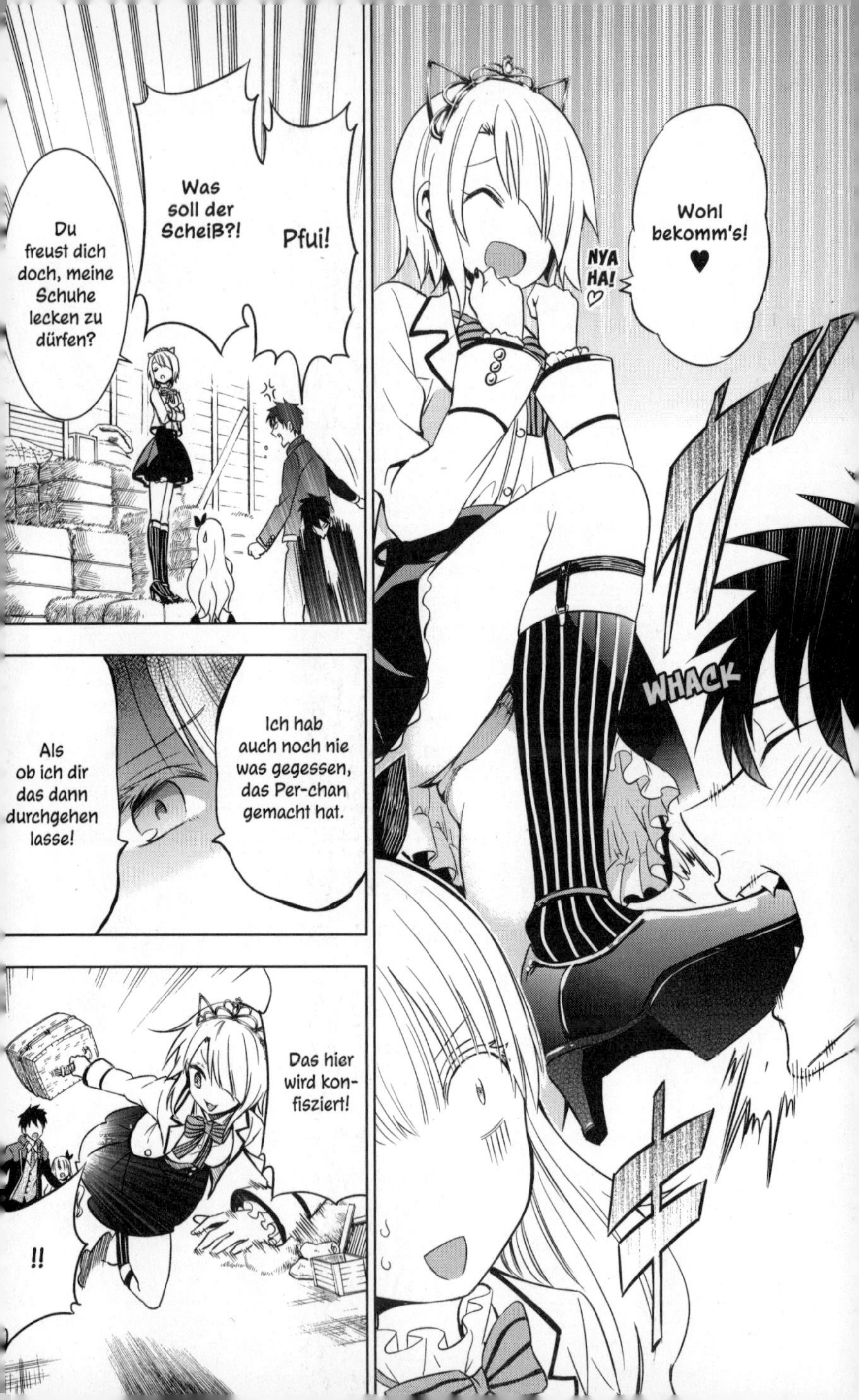
NYA HA!
Wohl bekomm's! ♥
WHACK
Pfui!
Was soll der Scheiß?!
Du freust dich doch, meine Schuhe lecken zu dürfen?
Ich hab auch noch nie was gegessen, das Per-chan gemacht hat.
Als ob ich dir das dann durchgehen lasse!
Das hier wird konfisziert!
!!

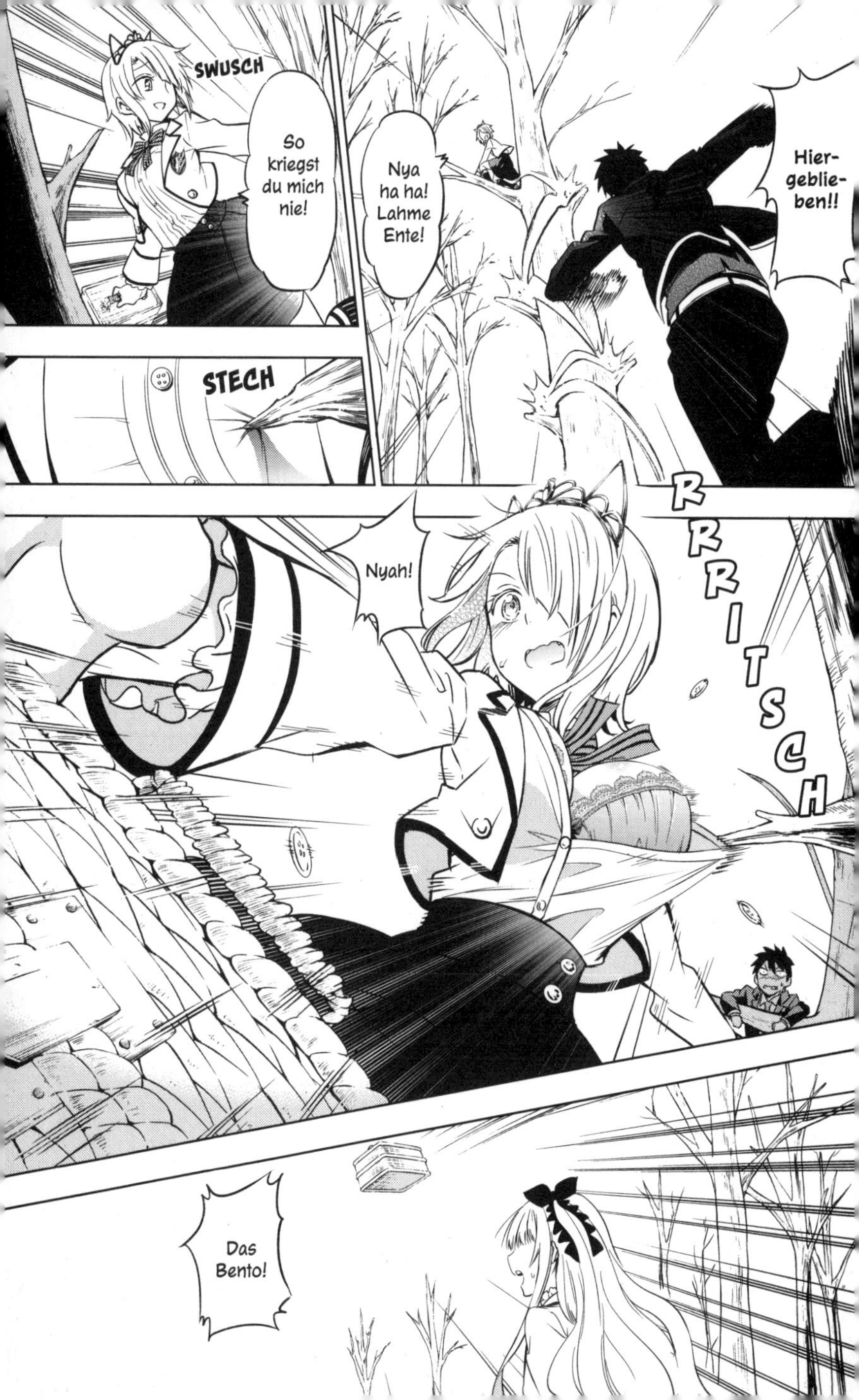
Hier-
geblie-
ben!!
Nya ha ha! Lahme Ente!
SWUSCH
So kriegst du mich nie!
STECH
RRRITSCH
Nyah!
Das Bento!

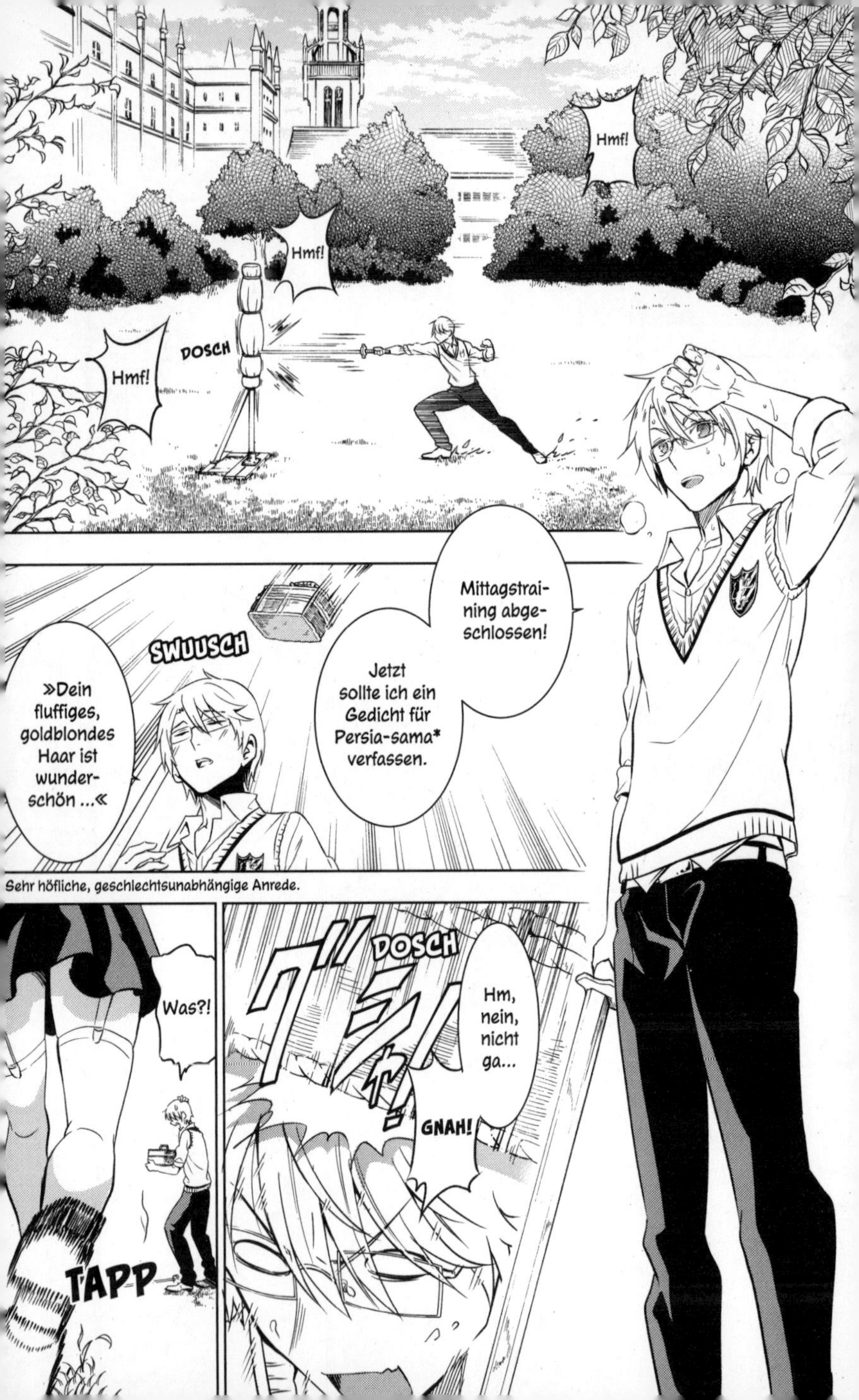

Sehr höfliche, geschlechtsunabhängige Anrede.

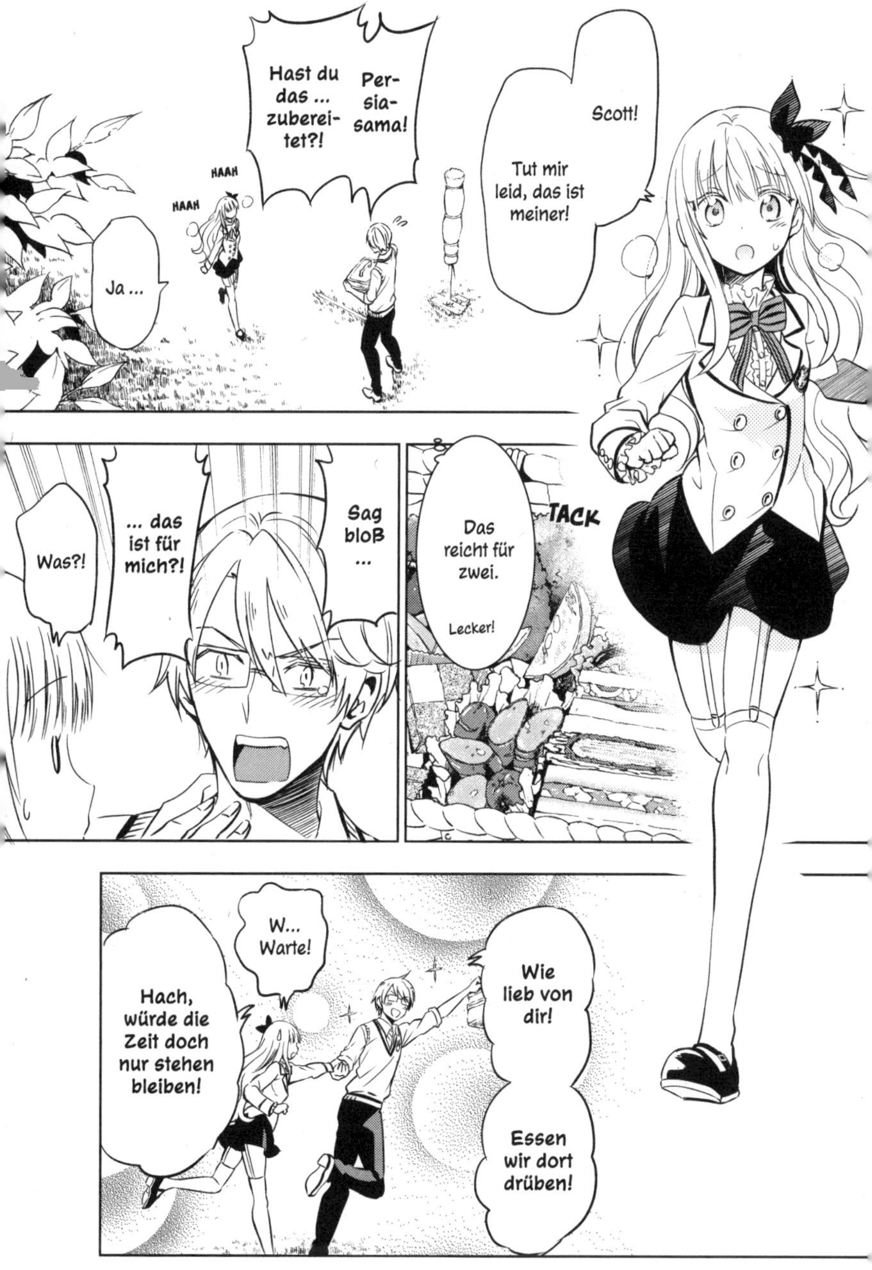
Scott!
Tut mir leid, das ist meiner!
Per-sia-sama!
Hast du das ... zubereitet?!
HAAH
HAAH
Ja ...
TACK
Das reicht für zwei.
Lecker!
Sag bloß ...
... das ist für mich?!
Was?!
Wie lieb von dir!
Essen wir dort drüben!
W... Warte!
Hach, würde die Zeit doch nur stehen bleiben!

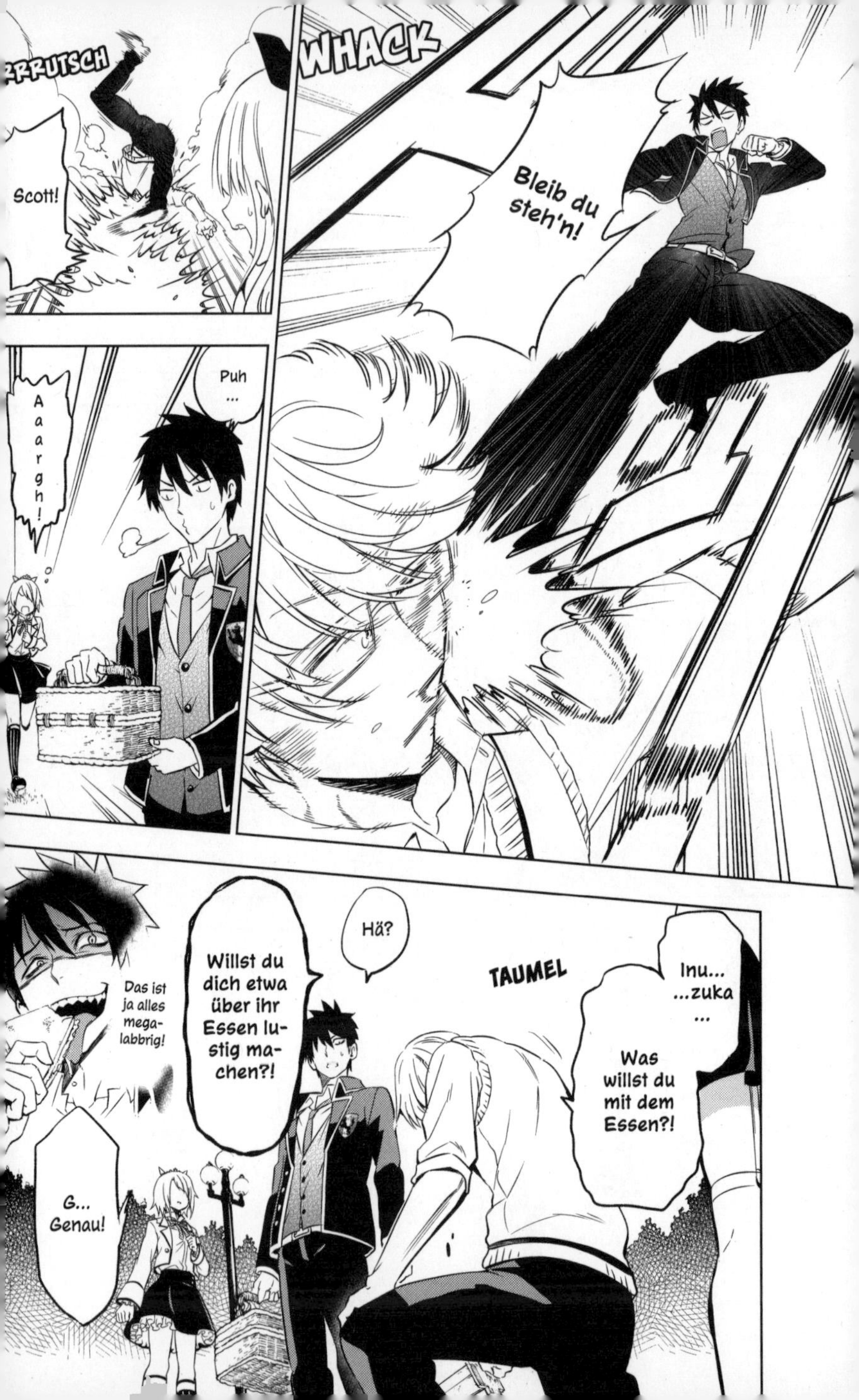
WHACK
Bleib du steh'n!
RRUTSCH
Scott!
Puh ...
Aaaargh!
TAUMEL
Inu... ...zuka ...
Was willst du mit dem Essen?!
Hä?
Willst du dich etwa über ihr Essen lustig machen?!
Das ist ja alles mega-labbrig!
G... Genau!

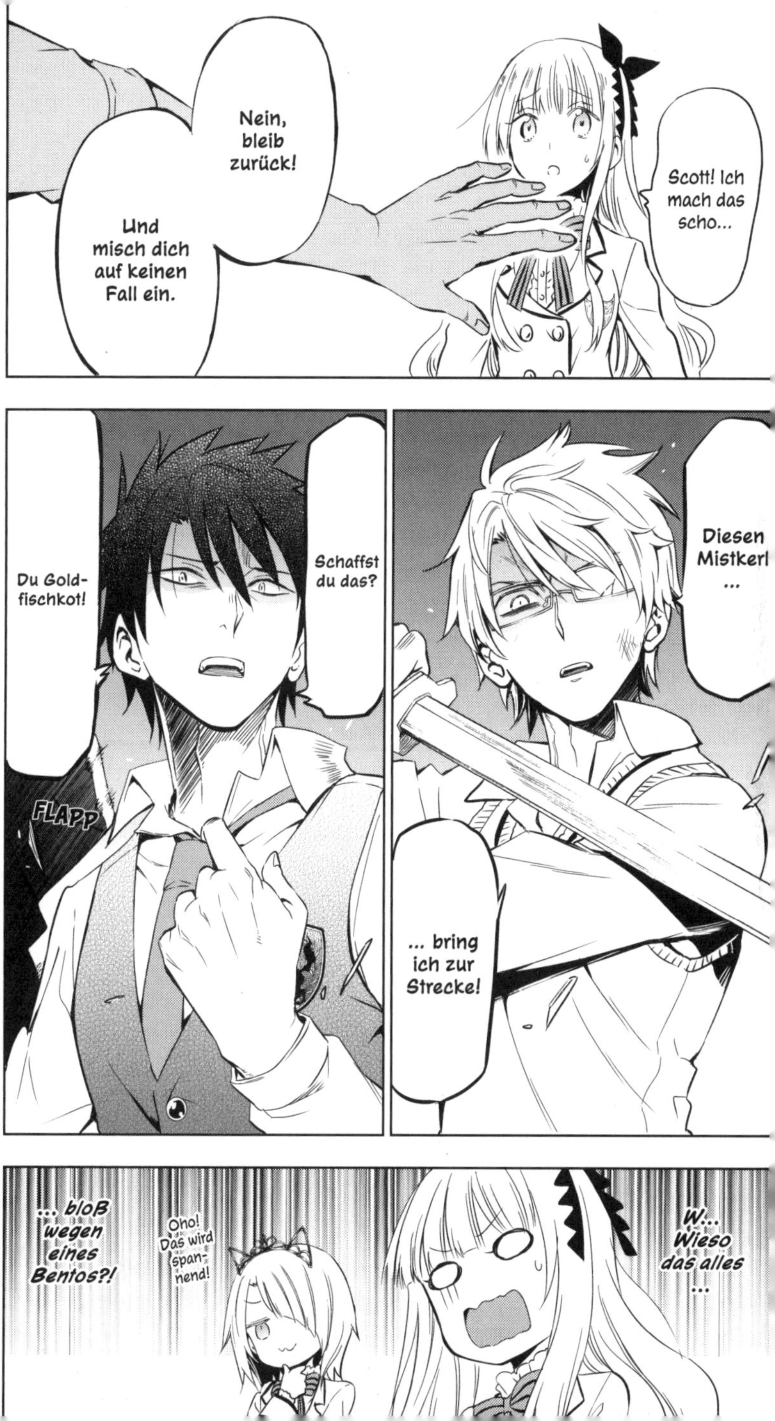
Scott! Ich mach das scho...
Nein, bleib zurück!
Und misch dich auf keinen Fall ein.
Diesen Mistkerl ...
... bring ich zur Strecke!
Schaffst du das?
Du Goldfischkot!
FLAPP
W... Wieso das alles ...
Oho! Das wird spannend!
... bloß wegen eines Bentos?!

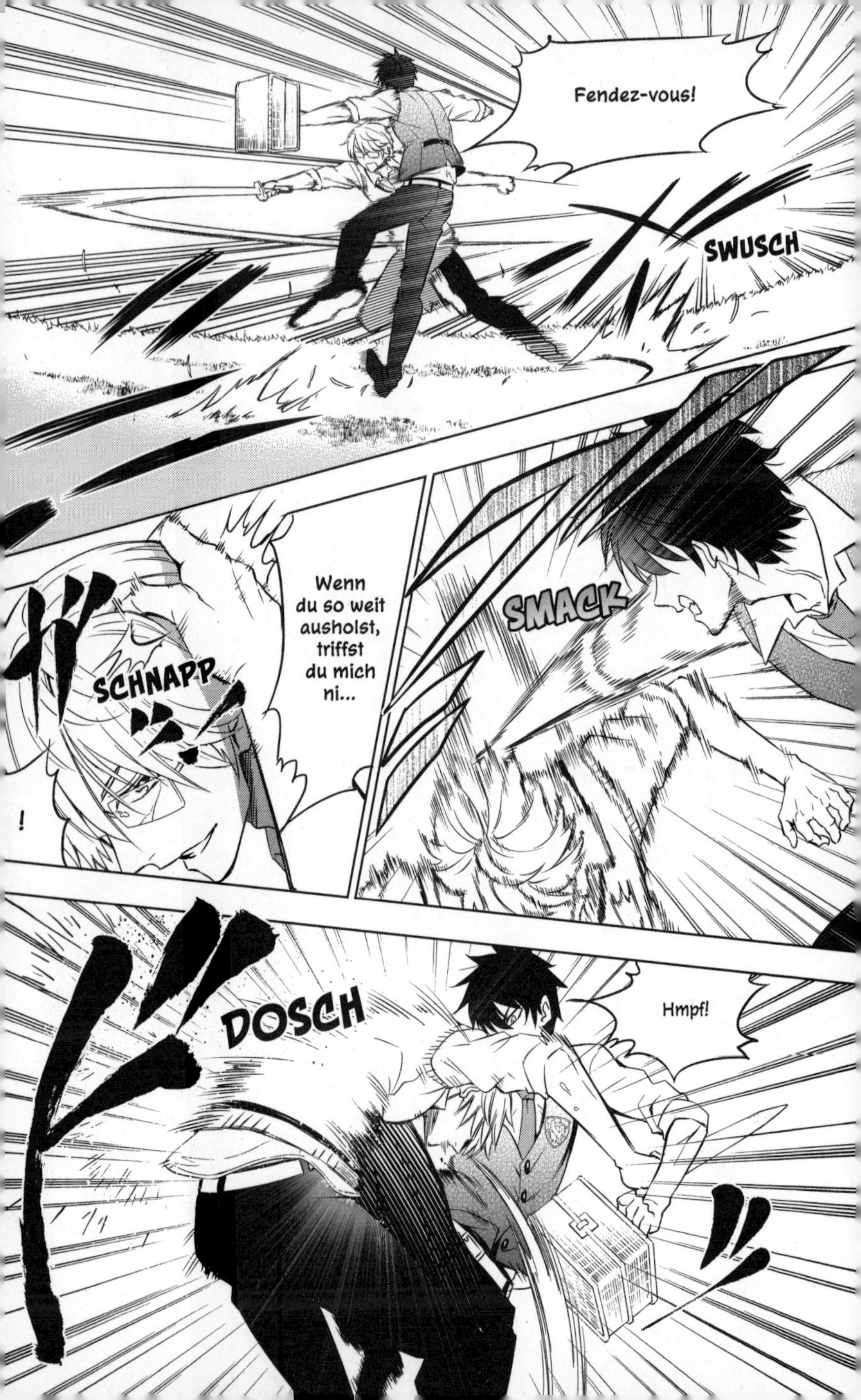
Fendez-vous!
SWUSCH
SMACK
Wenn du so weit ausholst, triffst du mich ni...
SCHNAPP
!
Hmpf!
DOSCH

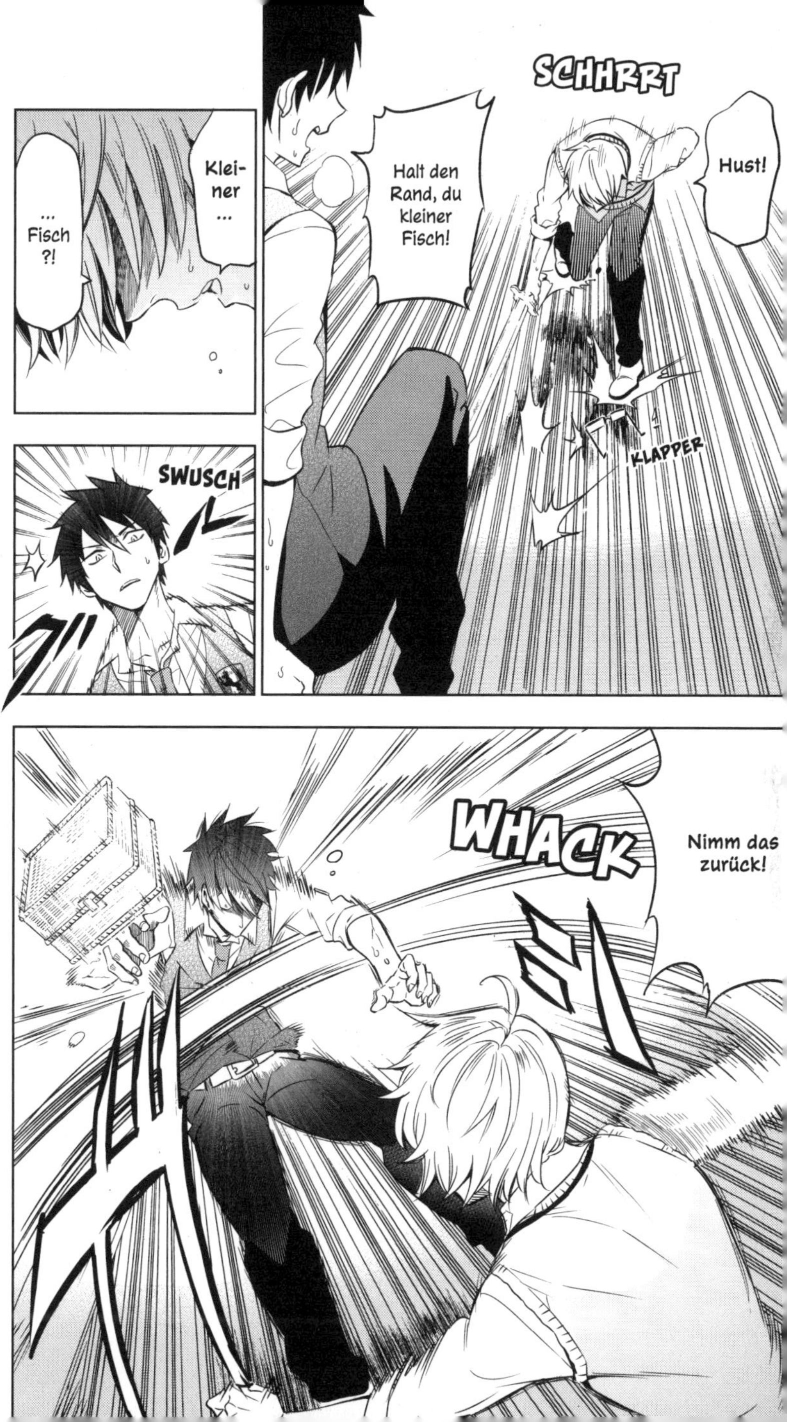
SCHHRRT
Hust!
Halt den Rand, du kleiner Fisch!
KLAPPER
Klei- ner ...
... Fisch ?!
SWUSCH
WHACK
Nimm das zurück!

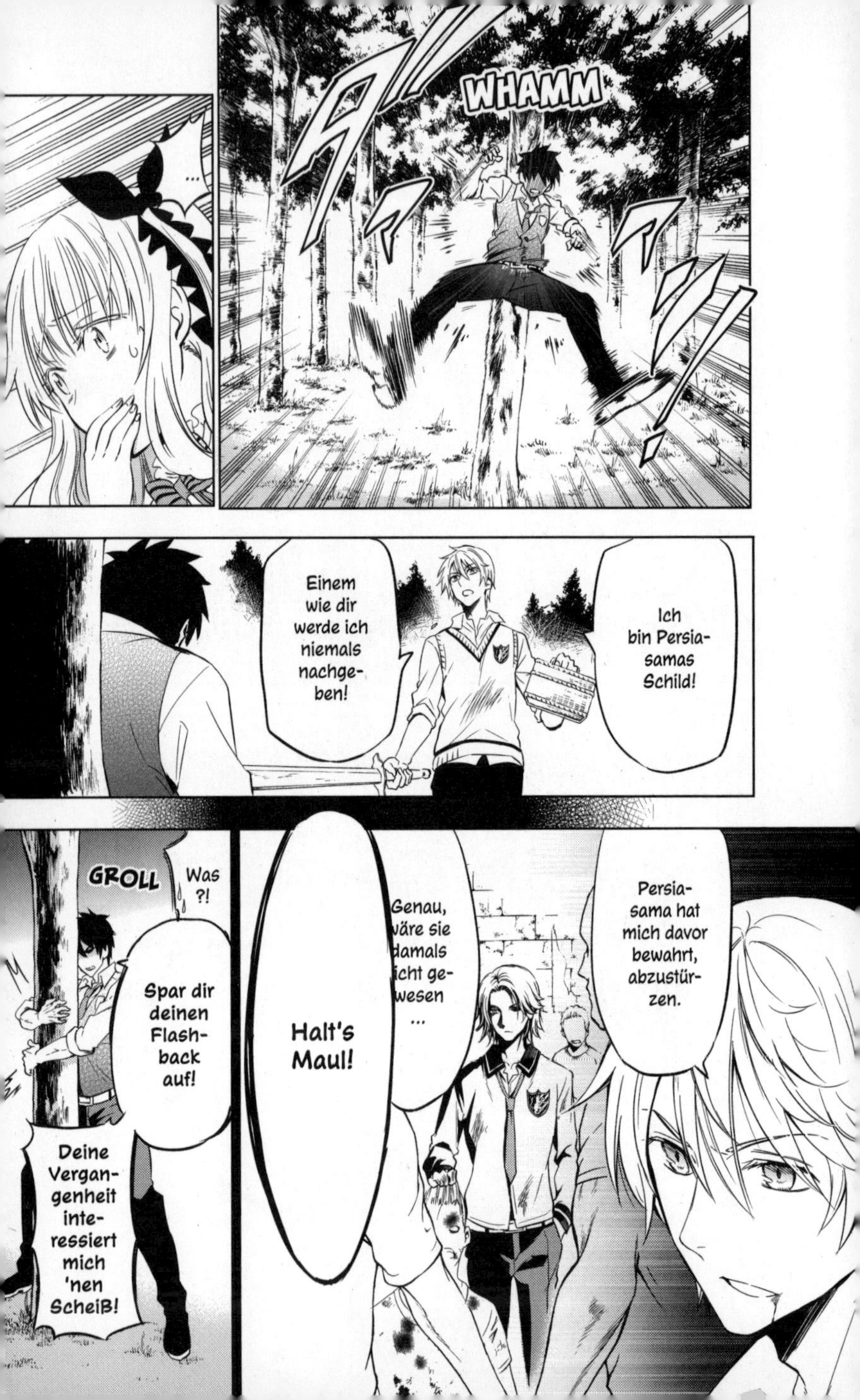
WHAMM
...
Ich bin Persia-samas Schild!
Einem wie dir werde ich niemals nachgegeben!
Persia-sama hat mich davor bewahrt, abzustürzen.
Genau, wäre sie damals nicht gewesen ...
Halt's Maul!
Was ?!
GROLL
Spar dir deinen Flashback auf!
Deine Vergangenheit interessiert mich 'nen Scheiß!

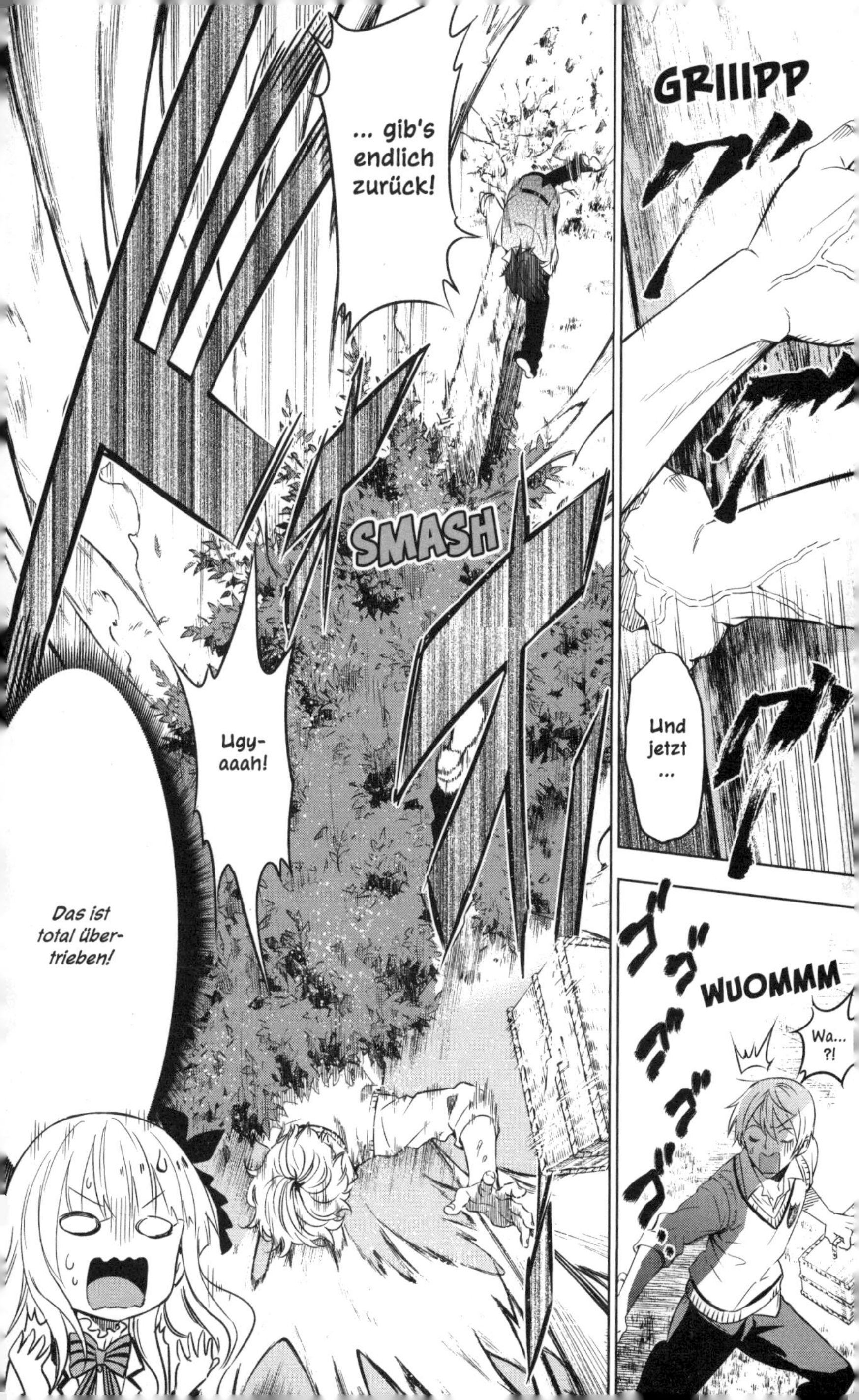
GRIIIPP
Und jetzt ...
... gib's endlich zurück!
SMASH
Ugy-aaah!
WUOMMM
Wa...?!
Das ist total über-trieben!

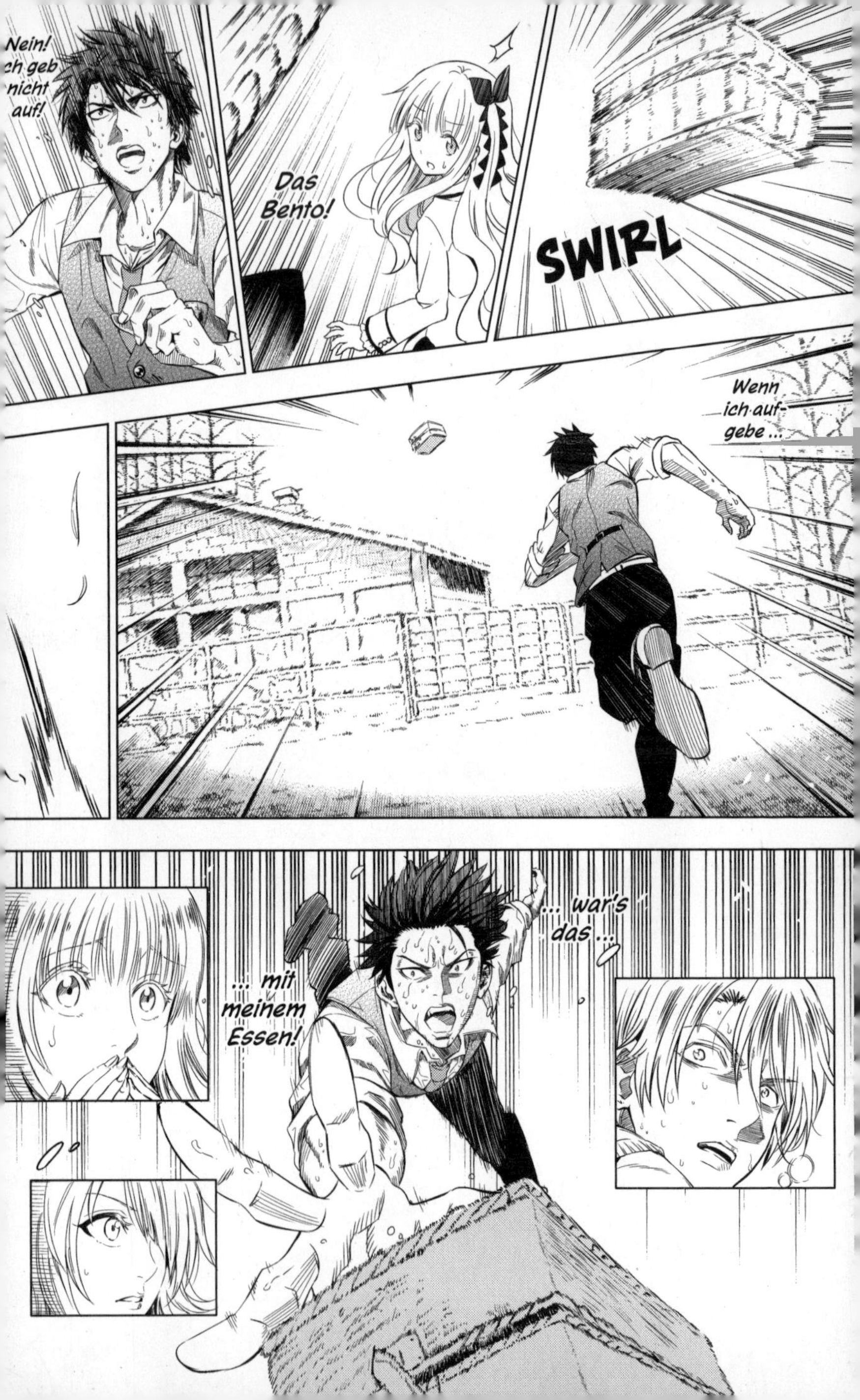
SWIRL
Das Bento!
Nein! Ich geb nicht auf!
Wenn ich aufgebe ...
... war's das ...
... mit meinem Essen!

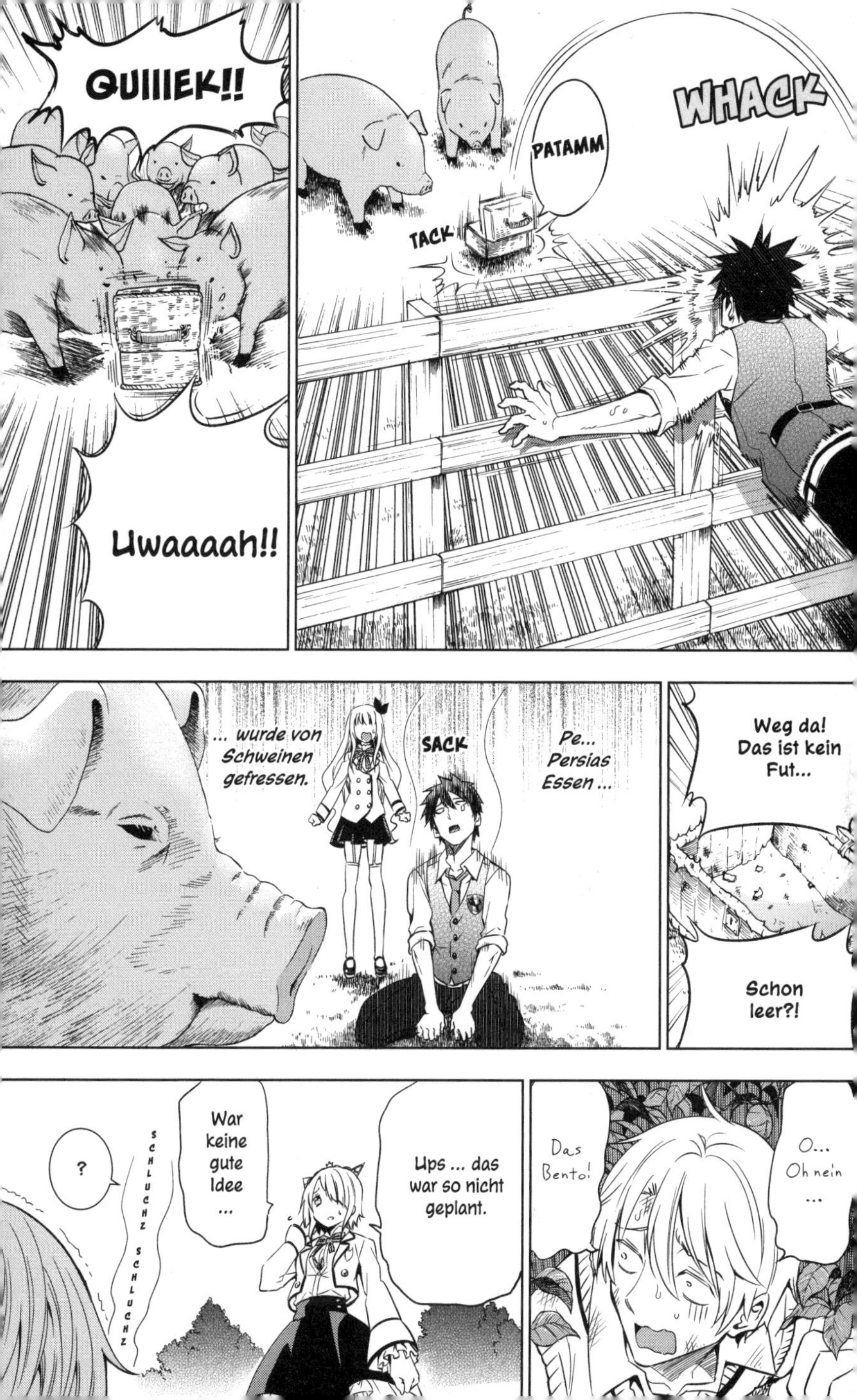
WHACK
PATAMM
TACK
QUIIIEK!!
Uwaaaah!!
Weg da! Das ist kein Fut...
Schon leer?!
Pe... Persias Essen ...
SACK
... wurde von Schweinen gefressen.
O... Oh nein ...
Das Bento!
Ups ... das war so nicht geplant.
War keine gute Idee ...
SCHLUCHZ SCHLUCHZ
?

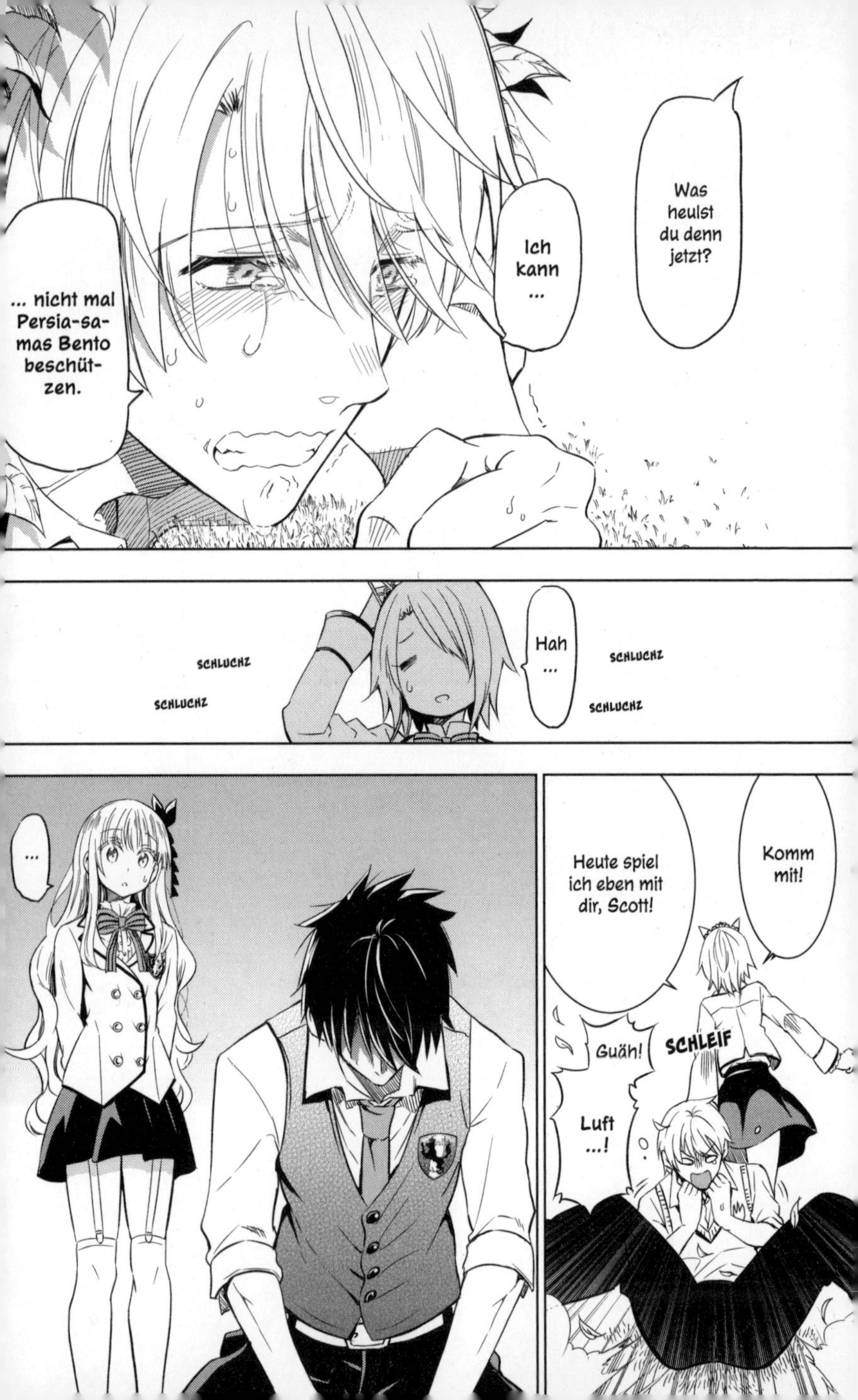
Was heulst du denn jetzt?
Ich kann ...
... nicht mal Persia-samas Bento beschützen.
SCHLUCHZ
Hah ...
SCHLUCHZ
SCHLUCHZ
SCHLUCHZ
Komm mit!
Heute spiel ich eben mit dir, Scott!
SCHLEIF
Guäh!
Luft ...!
...

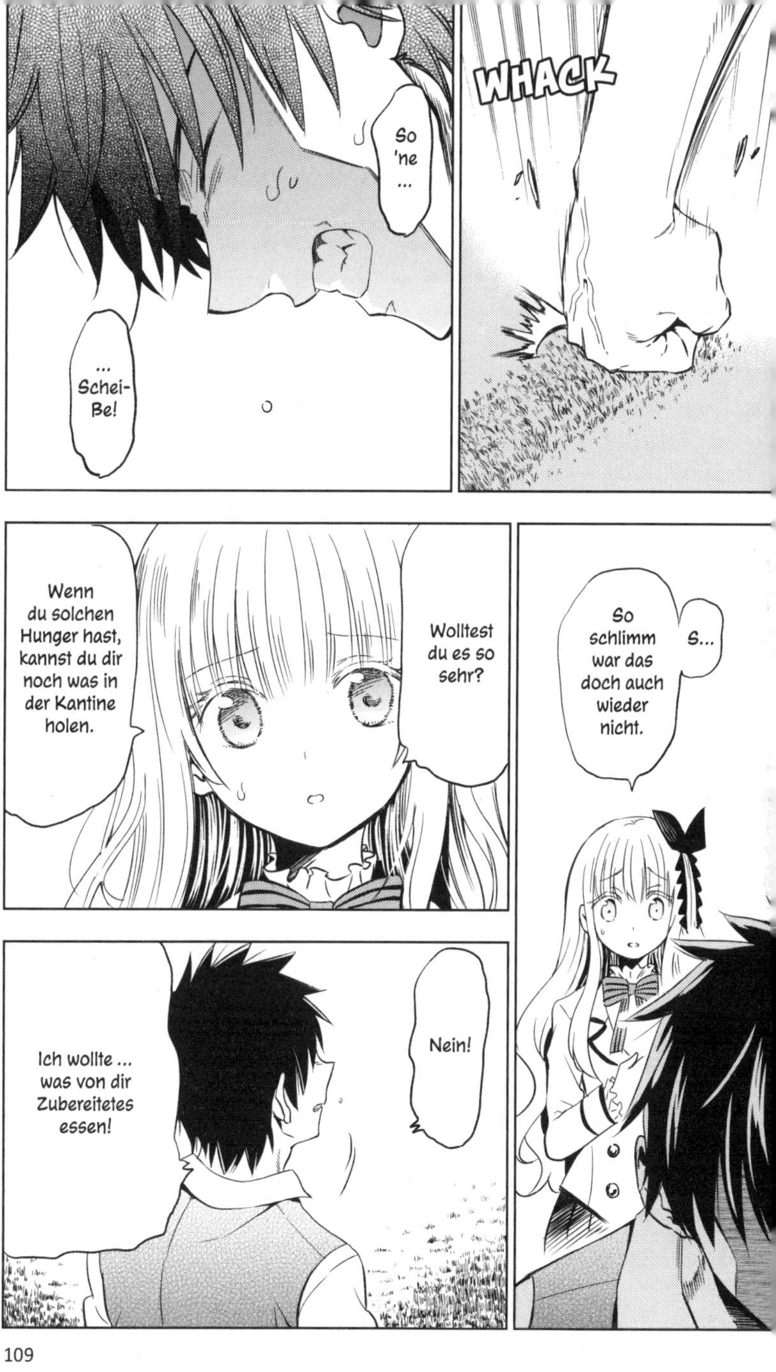
WHACK
So 'ne ...
... Schei-ße!
S...
So schlimm war das doch auch wieder nicht.
Wolltest du es so sehr?
Wenn du solchen Hunger hast, kannst du dir noch was in der Kantine holen.
Nein!
Ich wollte ... was von dir Zubereitetes essen!

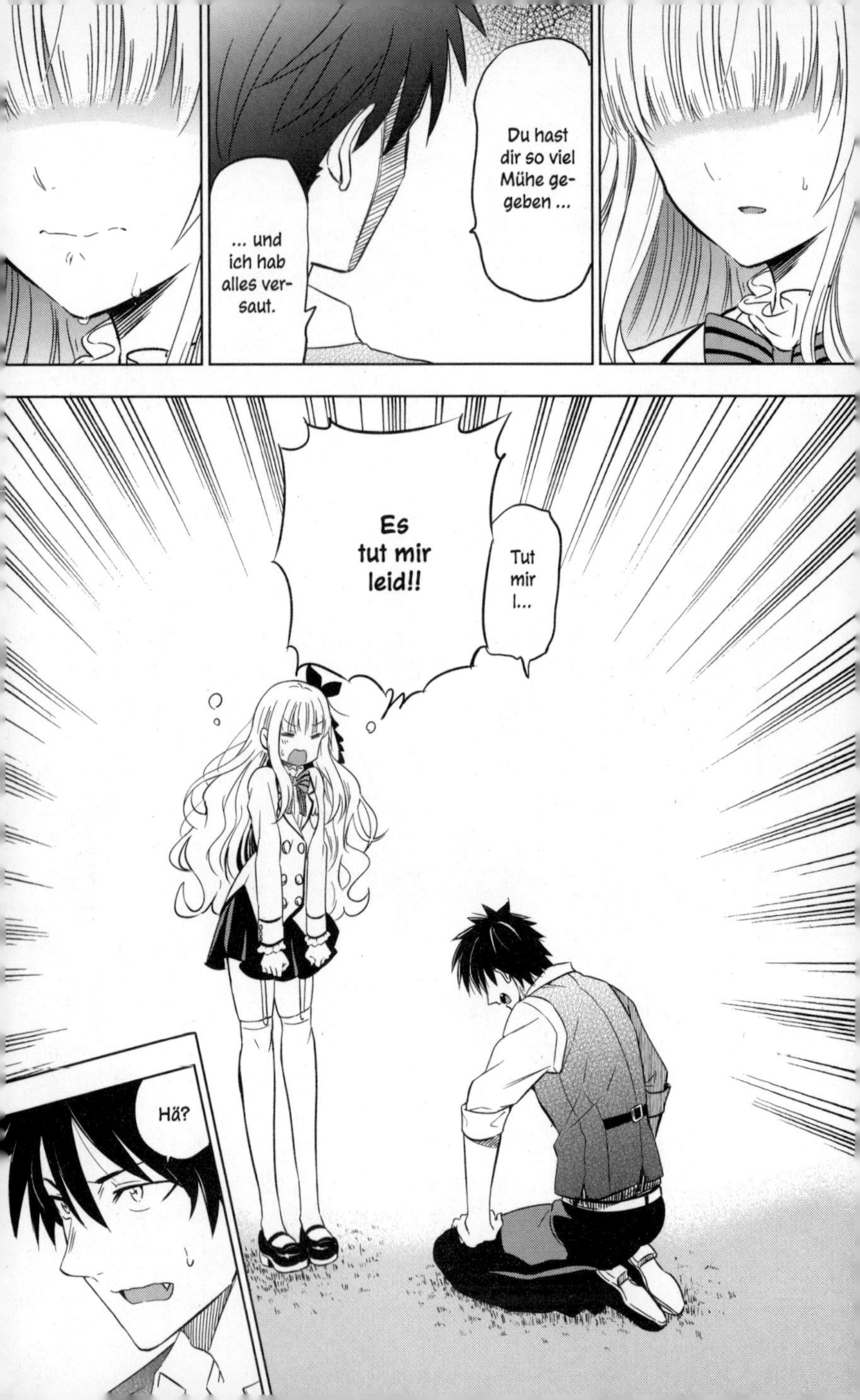

Du hast dir so viel Mühe gegeben ...
... und ich hab alles versaut.
Tut mir l...
Es tut mir leid!!
Hä?

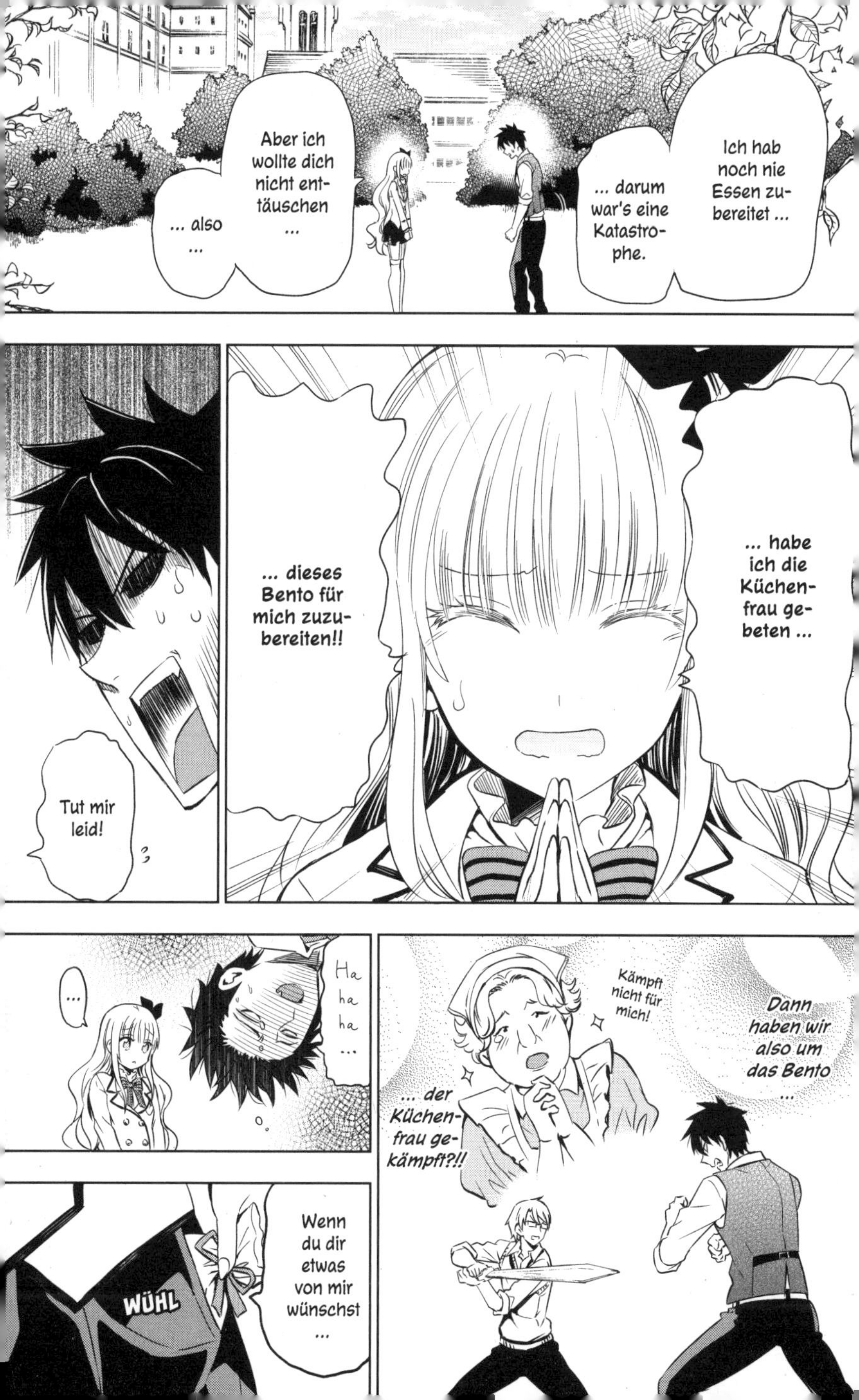

Ich hab noch nie Essen zubereitet ...
... darum war's eine Katastrophe.
Aber ich wollte dich nicht enttäuschen ...
... also ...
... habe ich die Küchenfrau gebeten ...
... dieses Bento für mich zuzubereiten!!
Tut mir leid!
Dann haben wir also um das Bento ...
Kämpft nicht für mich!
... der Küchenfrau gekämpft?!!
Ha ha ha ...
...
Wenn du dir etwas von mir wünschst ...
WÜHL

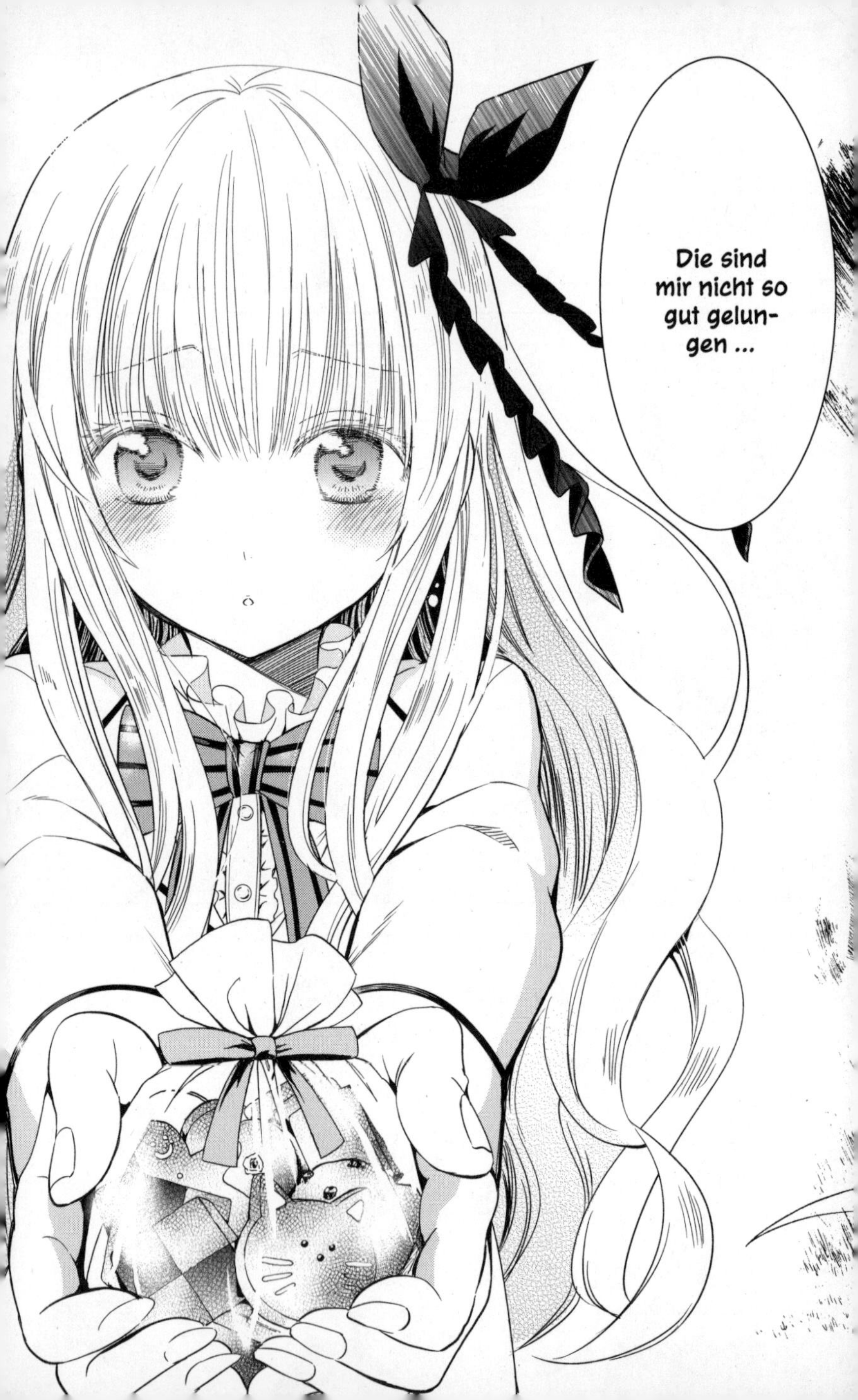
Die sind mir nicht so gut gelun-gen ...

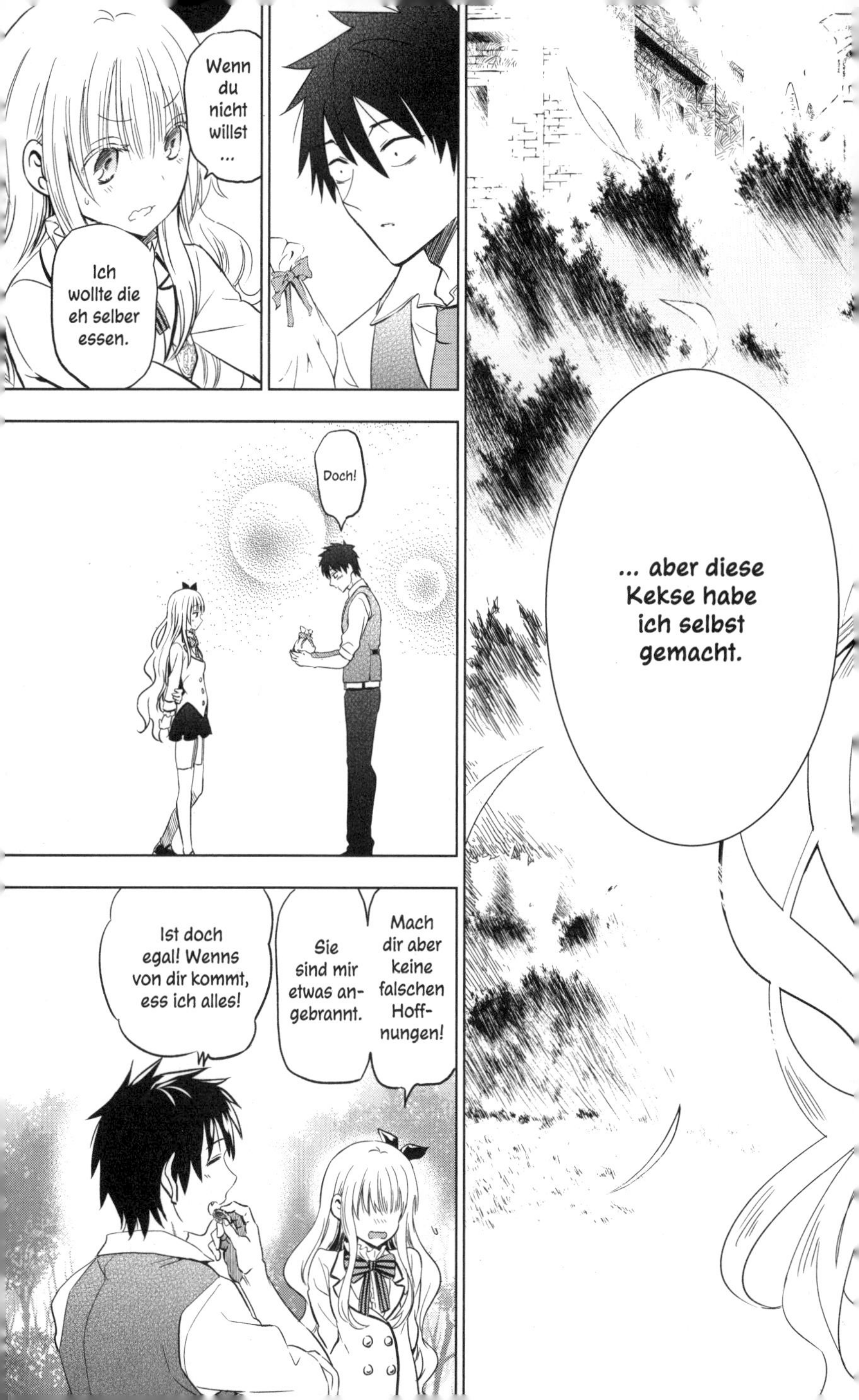
... aber diese Kekse habe ich selbst gemacht.
Wenn du nicht willst ...
Ich wollte die eh selber essen.
Doch!
Mach dir aber keine falschen Hoff- nungen!
Sie sind mir etwas an- gebrannt.
Ist doch egal! Wenns von dir kommt, ess ich alles!

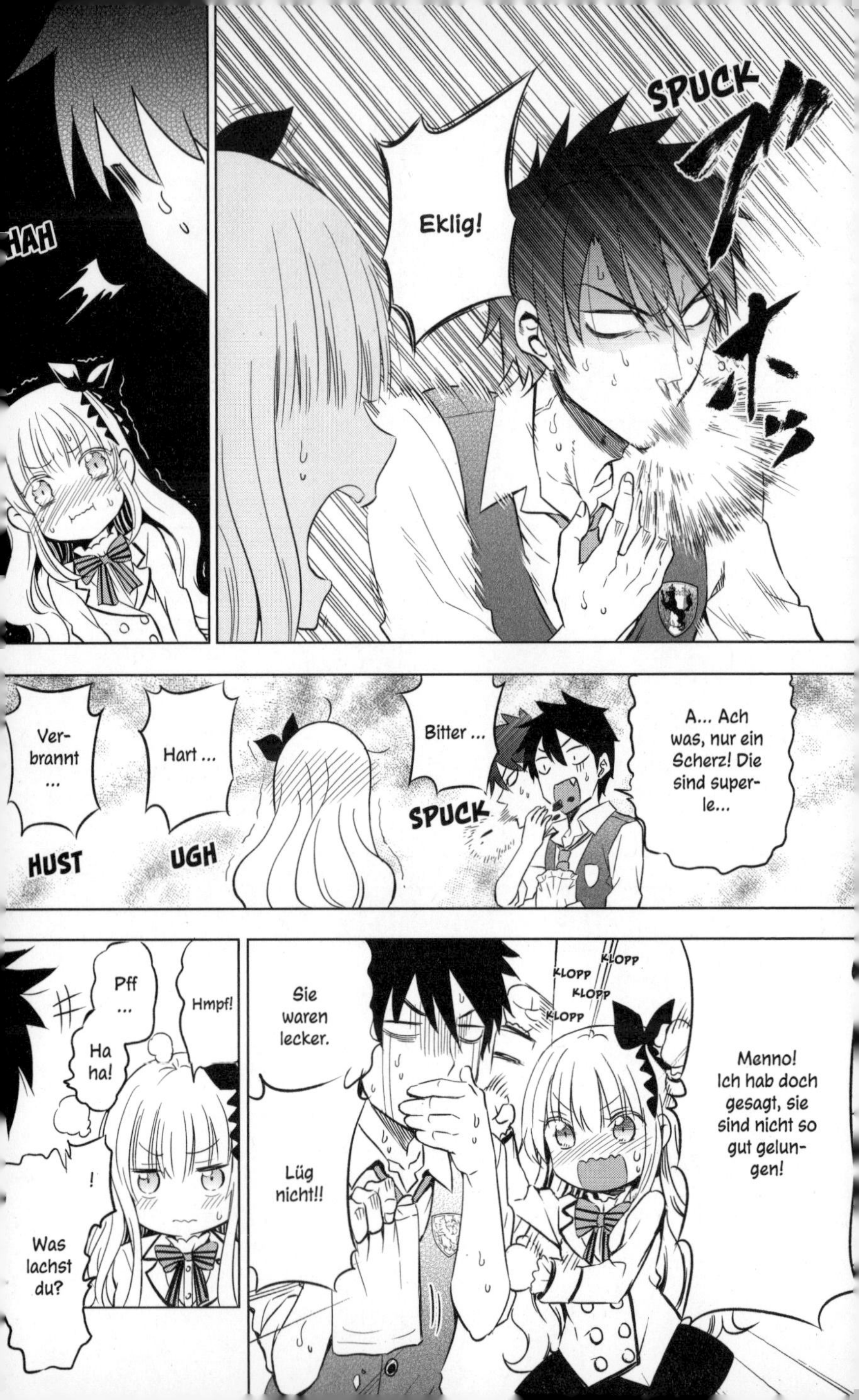
SPUCK
Eklig!
HAH
A... Ach was, nur ein Scherz! Die sind super-le...
Bitter ...
SPUCK
Hart ...
UGH
Verbrannt ...
HUST
Menno! Ich hab doch gesagt, sie sind nicht so gut gelungen!
KLOPP
KLOPP
KLOPP
KLOPP
Sie waren lecker.
Lüg nicht!!
Hmpf!
Pff ...
Ha ha!
!
Was lachst du?

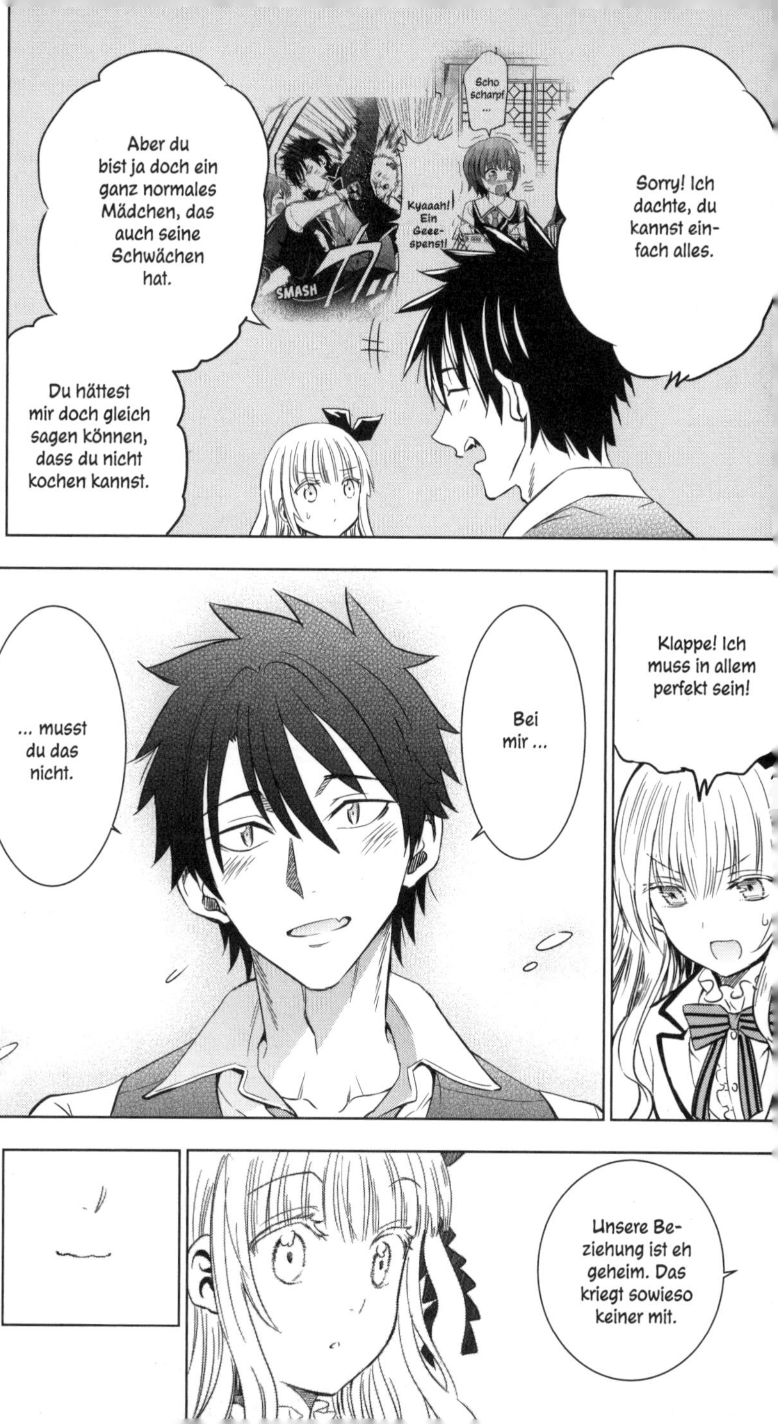
Sorry! Ich dachte, du kannst einfach alles.
Scho scharpf ...
Kyaaah! Ein Geee-spenst!
SMASH
Aber du bist ja doch ein ganz normales Mädchen, das auch seine Schwächen hat.
Du hättest mir doch gleich sagen können, dass du nicht kochen kannst.
Klappe! Ich muss in allem perfekt sein!
Bei mir ...
... musst du das nicht.
Unsere Beziehung ist eh geheim. Das kriegt sowieso keiner mit.

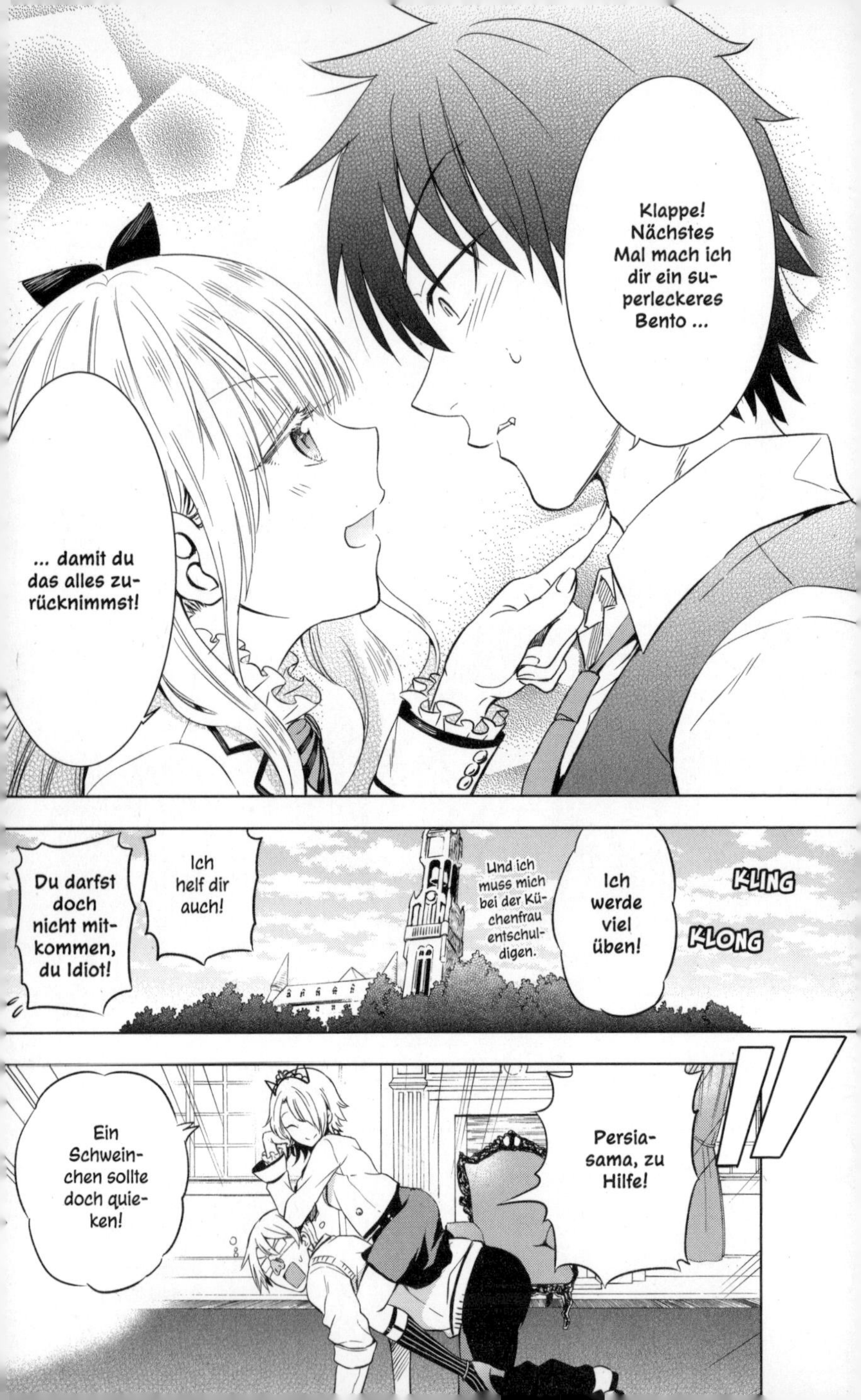
Klappe! Nächstes Mal mach ich dir ein superleckeres Bento ...
... damit du das alles zurücknimmst!
KLING
KLONG
Ich werde viel üben!
Und ich muss mich bei der Küchenfrau entschuldigen.
Ich helf dir auch!
Du darfst doch nicht mitkommen, du Idiot!
Persia-sama, zu Hilfe!
Ein Schweinchen sollte doch quieken!

9. Szene
Romio und das Sportfest

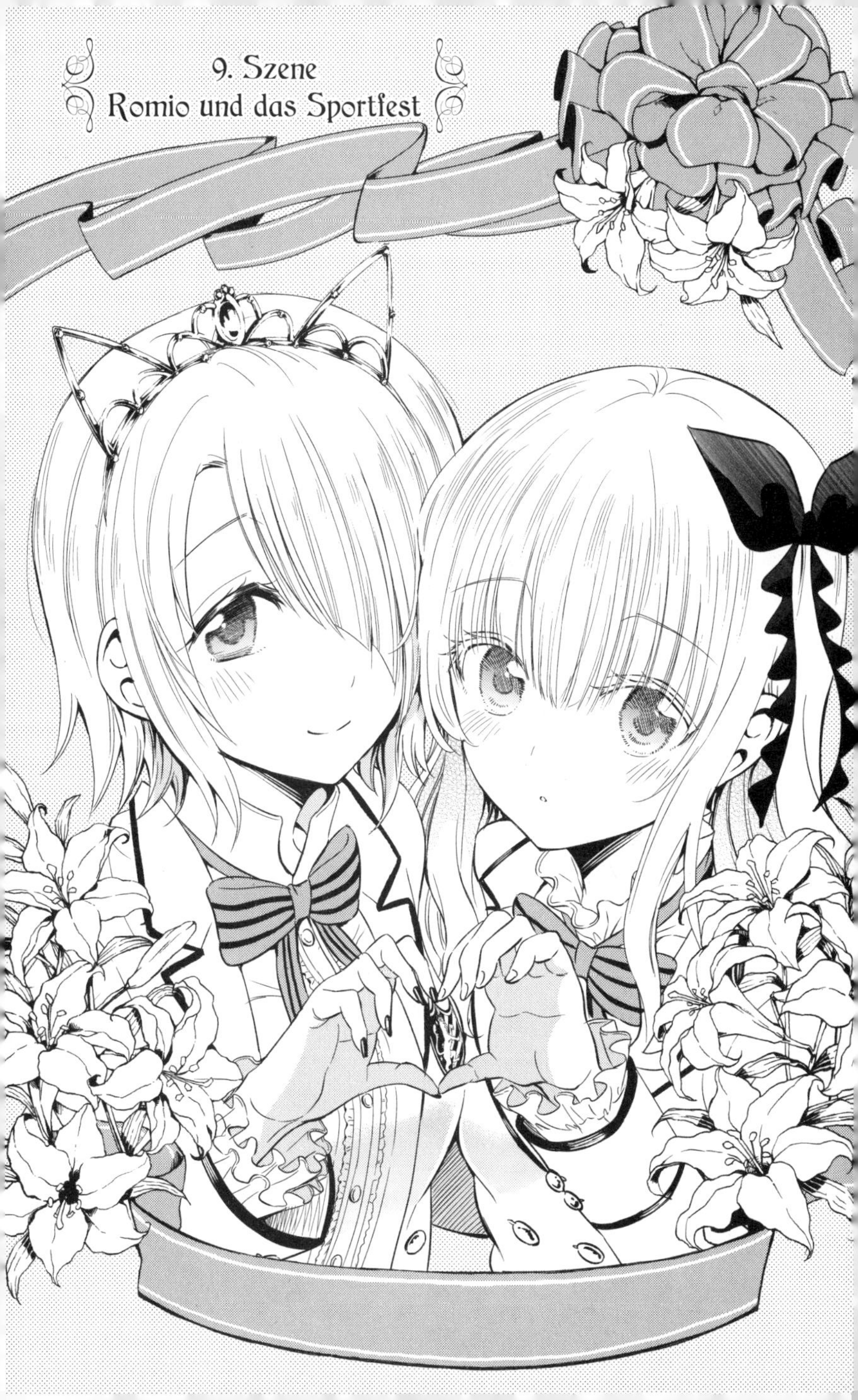

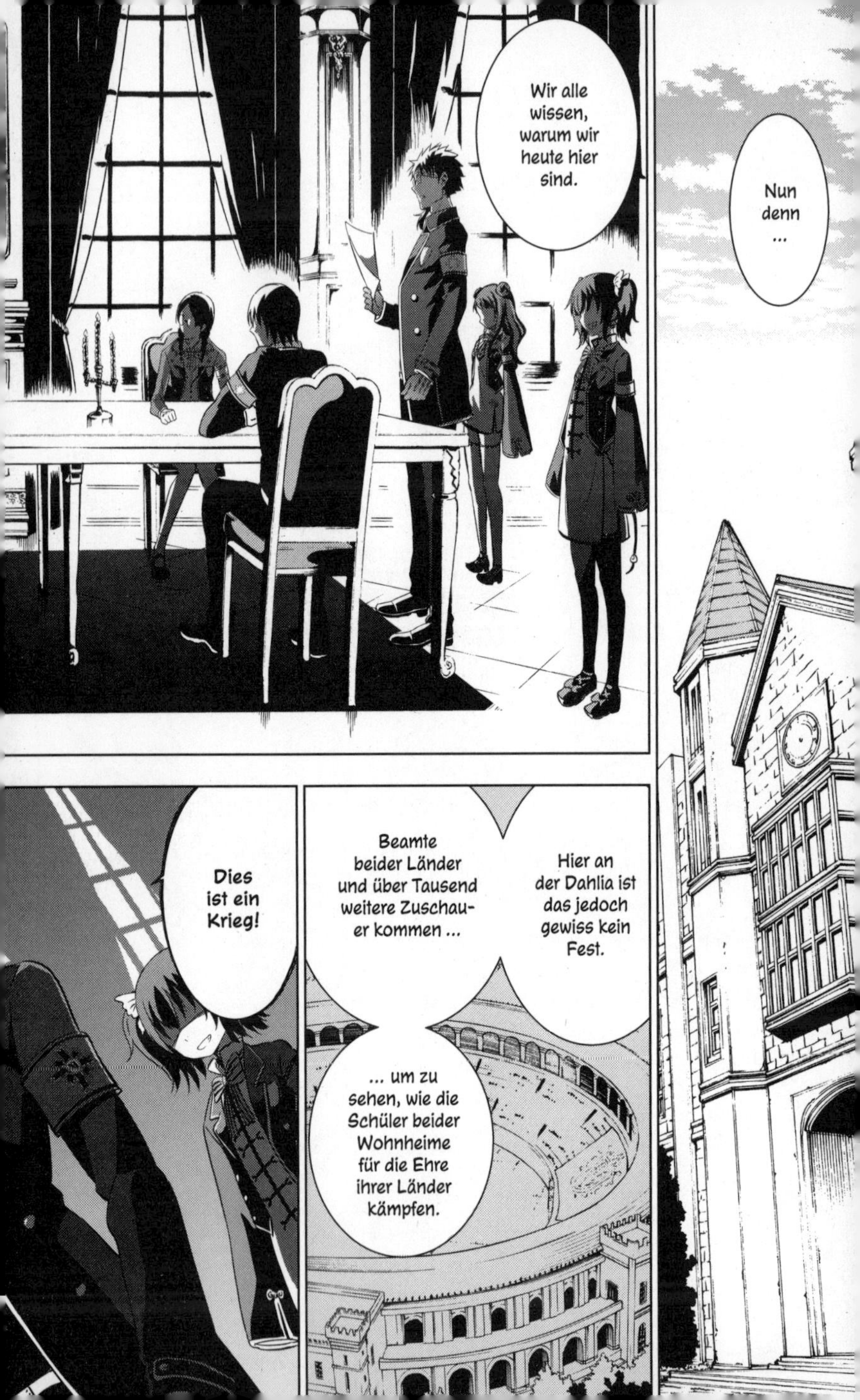
Nun denn ...
Wir alle wissen, warum wir heute hier sind.
Hier an der Dahlia ist das jedoch gewiss kein Fest.
Beamte beider Länder und über Tausend weitere Zuschauer kommen ...
... um zu sehen, wie die Schüler beider Wohnheime für die Ehre ihrer Länder kämpfen.
Dies ist ein Krieg!

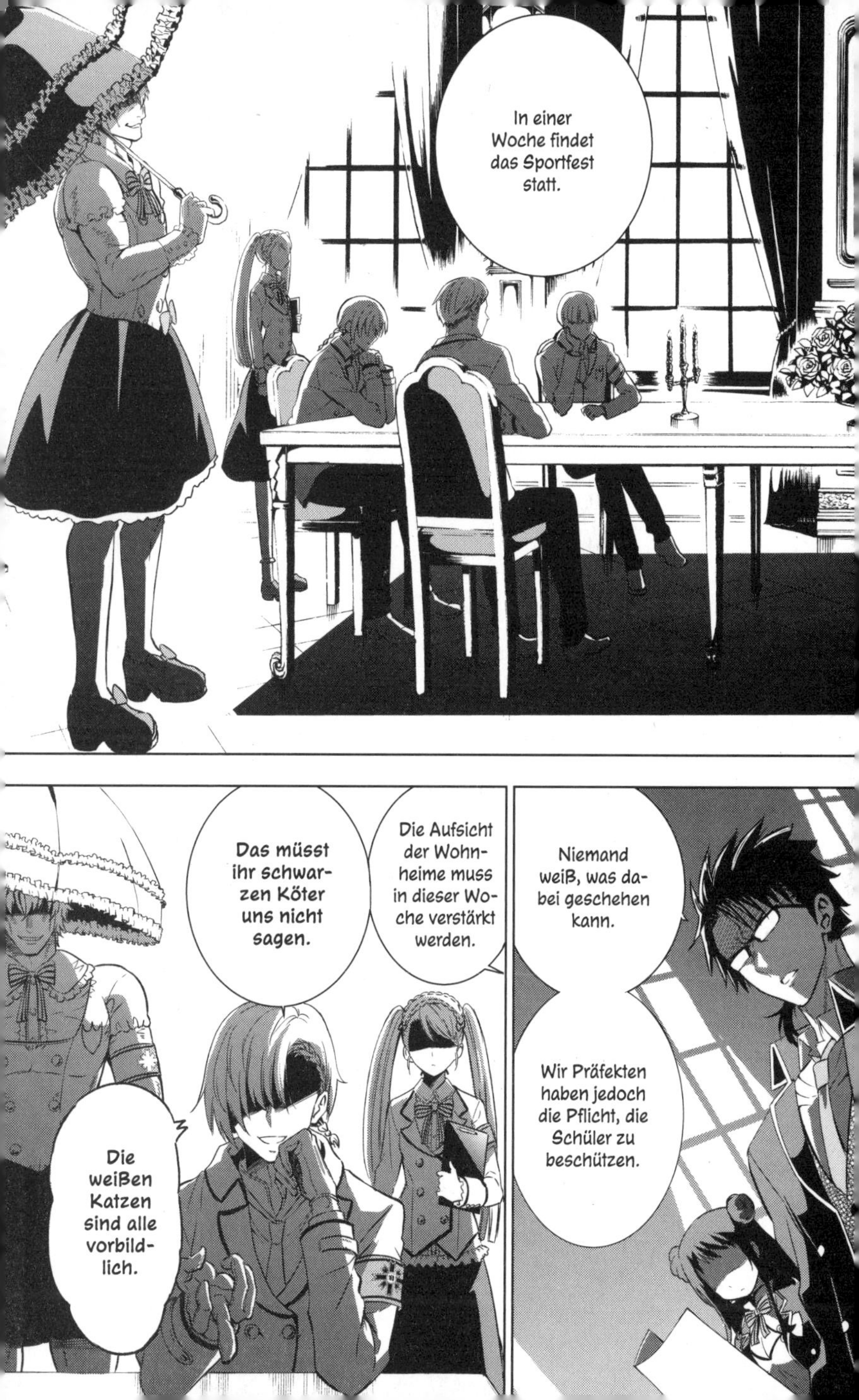

In einer Woche findet das Sportfest statt.
Niemand weiß, was dabei geschehen kann.
Wir Präfekten haben jedoch die Pflicht, die Schüler zu beschützen.
Die Aufsicht der Wohnheime muss in dieser Woche verstärkt werden.
Das müsst ihr schwarzen Köter uns nicht sagen.
Die weißen Katzen sind alle vorbildlich.

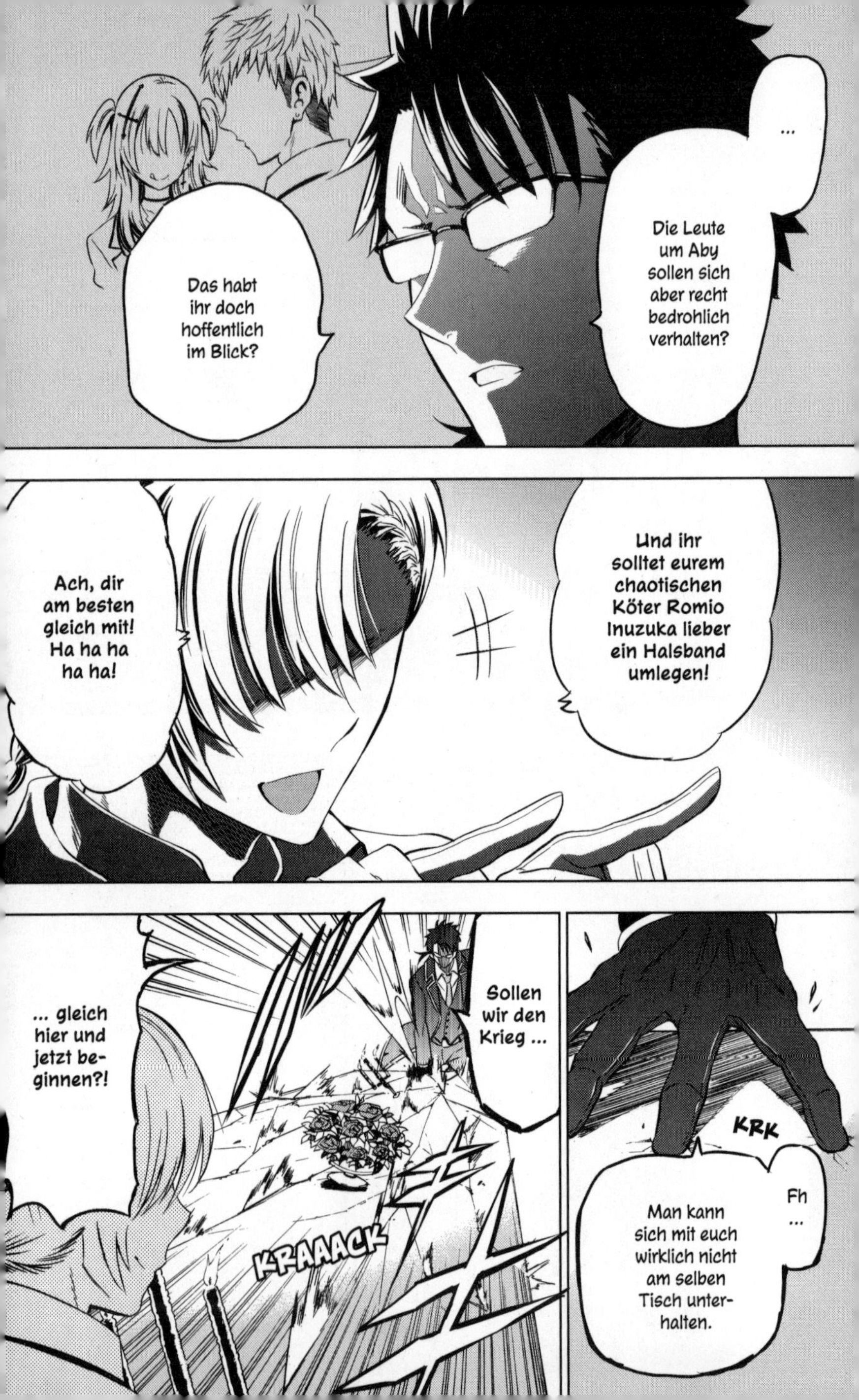
...
Die Leute um Aby sollen sich aber recht bedrohlich verhalten?
Das habt ihr doch hoffentlich im Blick?
Und ihr solltet eurem chaotischen Köter Romio Inuzuka lieber ein Halsband umlegen!
Ach, dir am besten gleich mit! Ha ha ha ha ha!
KRK
Fh ...
Man kann sich mit euch wirklich nicht am selben Tisch unterhalten.
Sollen wir den Krieg ...
... gleich hier und jetzt beginnen?!
KRAAACK

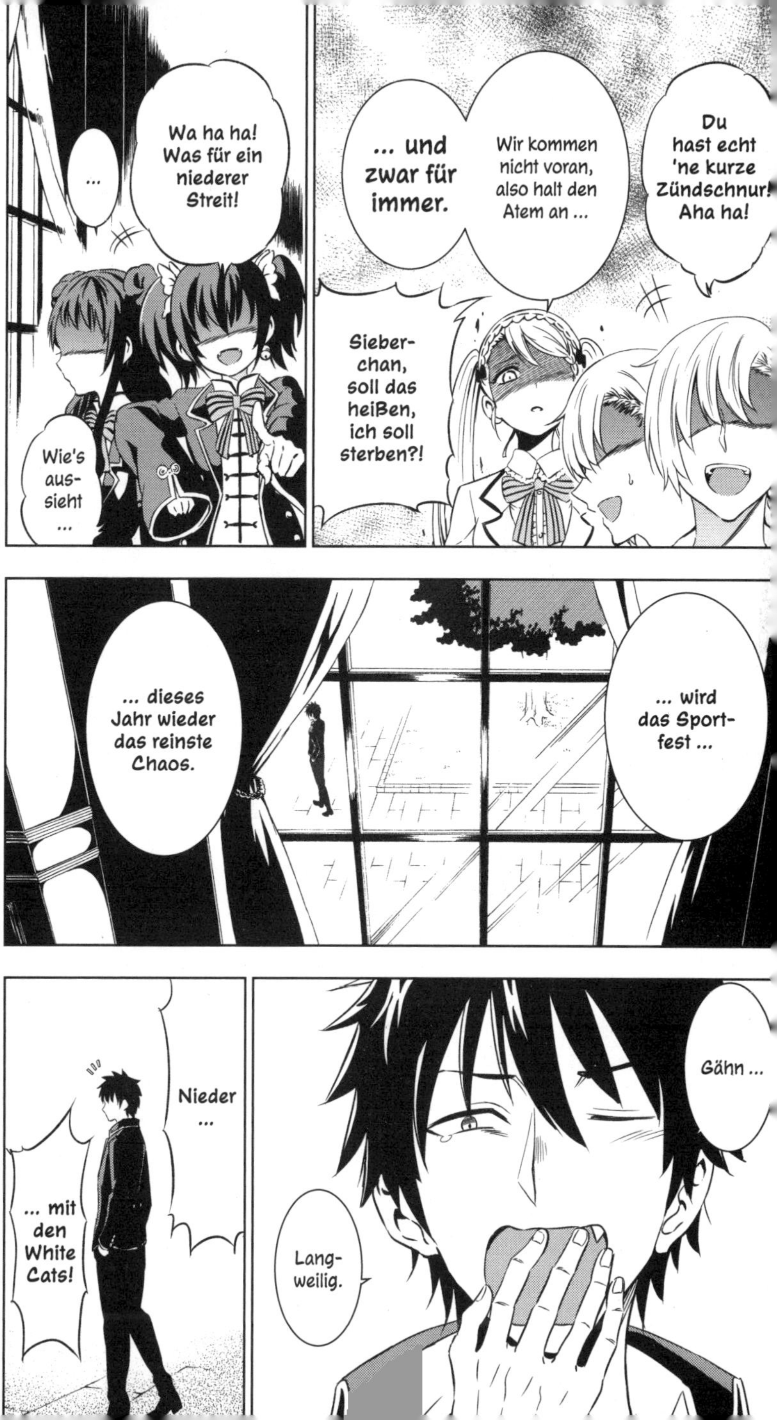
Du hast echt 'ne kurze Zündschnur! Aha ha!
Wir kommen nicht voran, also halt den Atem an ...
... und zwar für immer.
Sieber-chan, soll das heißen, ich soll sterben?!
Wa ha ha! Was für ein niederer Streit!
...
Wie's aus-sieht ...
... wird das Sport-fest ...
... dieses Jahr wieder das reinste Chaos.
Gähn ...
Lang-weilig.
Nieder ...
... mit den White Cats!

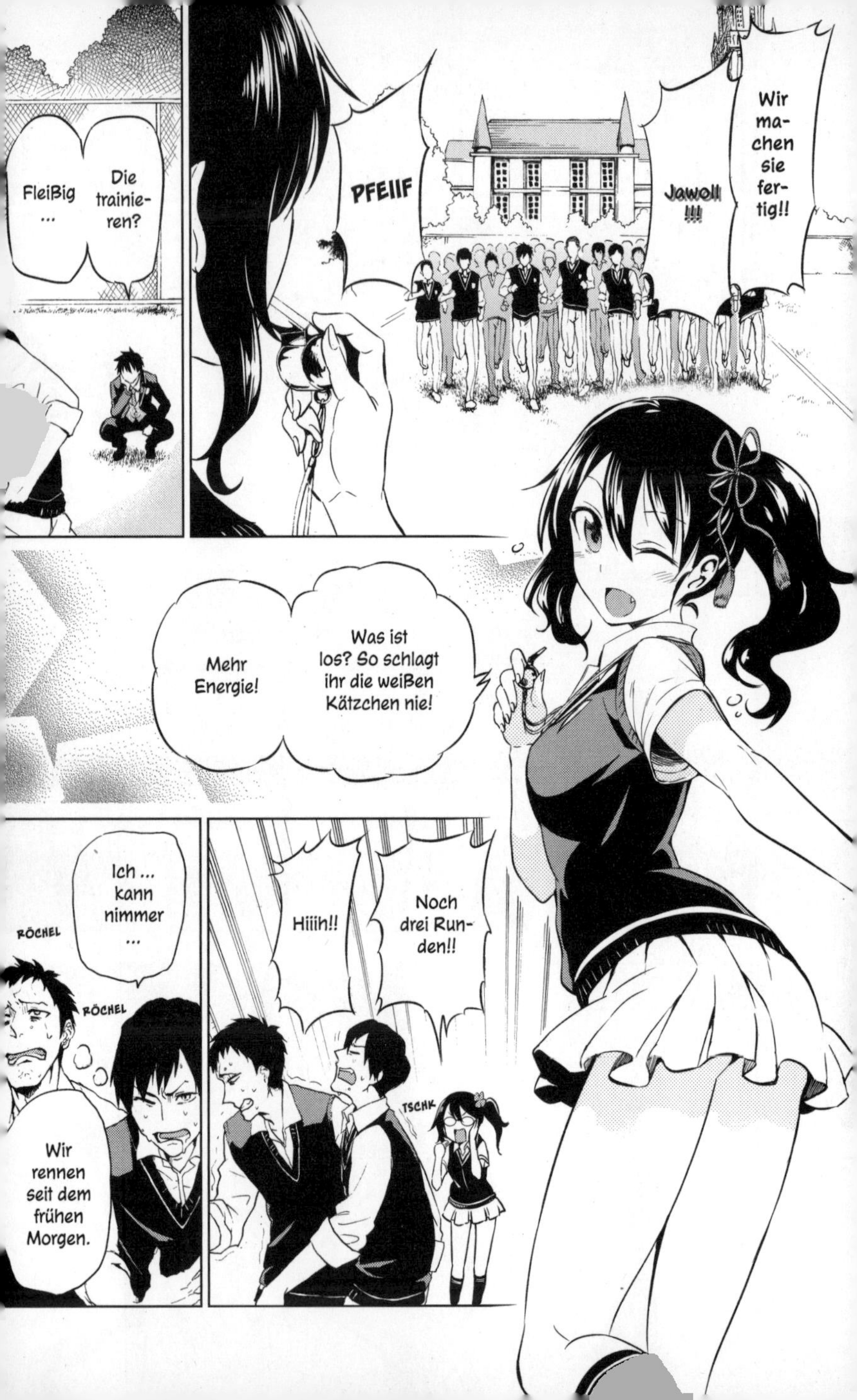
Wir machen sie fertig!!
Jawoll !!!
PFEIIF
Die trainieren?
Fleißig ...
Was ist los? So schlagt ihr die weißen Kätzchen nie!
Mehr Energie!
Noch drei Runden!!
Hiiih!!
TSCHK
Ich ... kann nimmer ...
RÖCHEL
RÖCHEL
Wir rennen seit dem frühen Morgen.

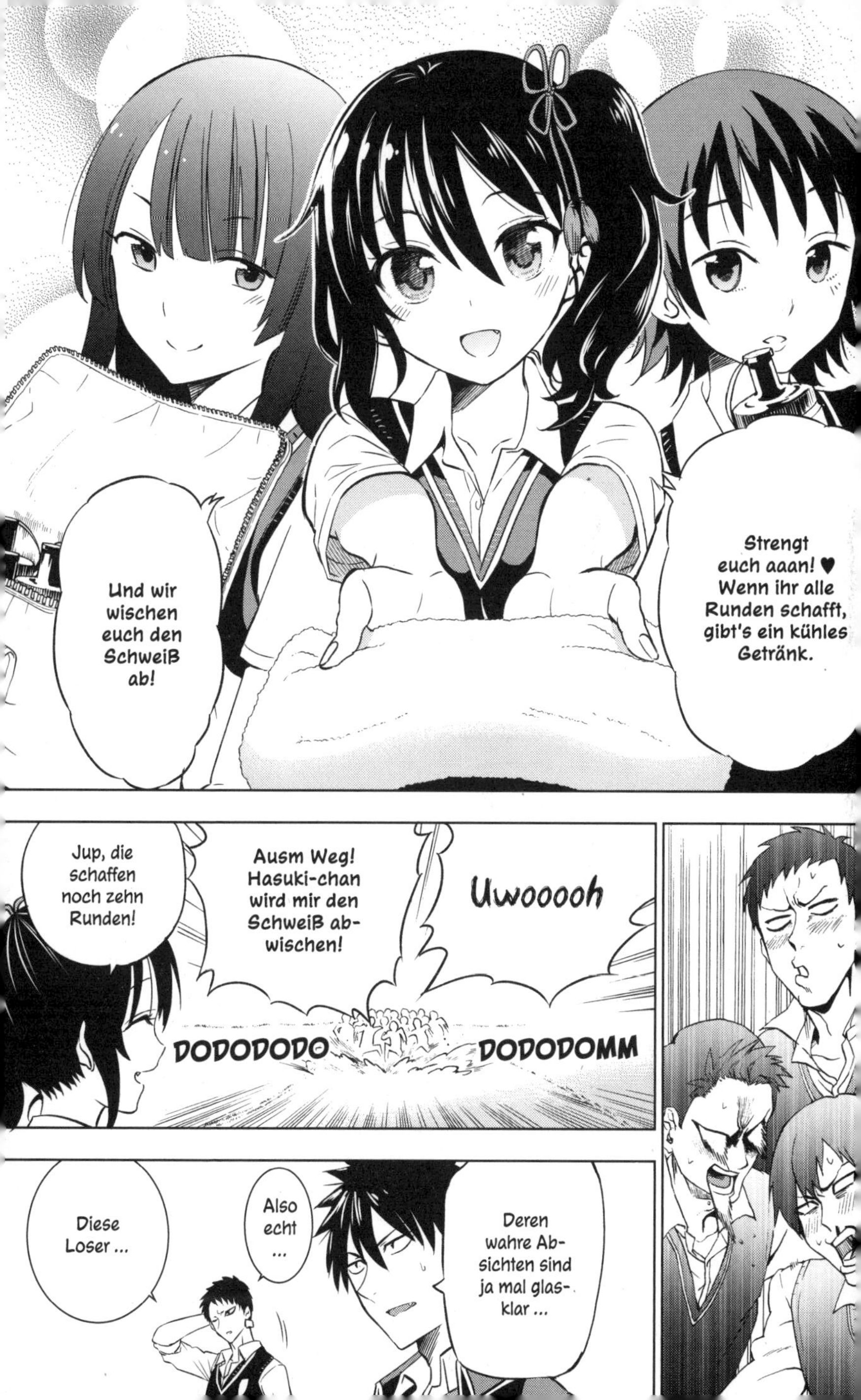

Strengt euch aaan! ♥ Wenn ihr alle Runden schafft, gibt's ein kühles Getränk.
Und wir wischen euch den Schweiß ab!
Uwoooh
Ausm Weg! Hasuki-chan wird mir den Schweiß ab-wischen!
DODODODO DODODOMM
Jup, die schaffen noch zehn Runden!
Deren wahre Ab-sichten sind ja mal glas-klar ...
Also echt ...
Diese Loser ...

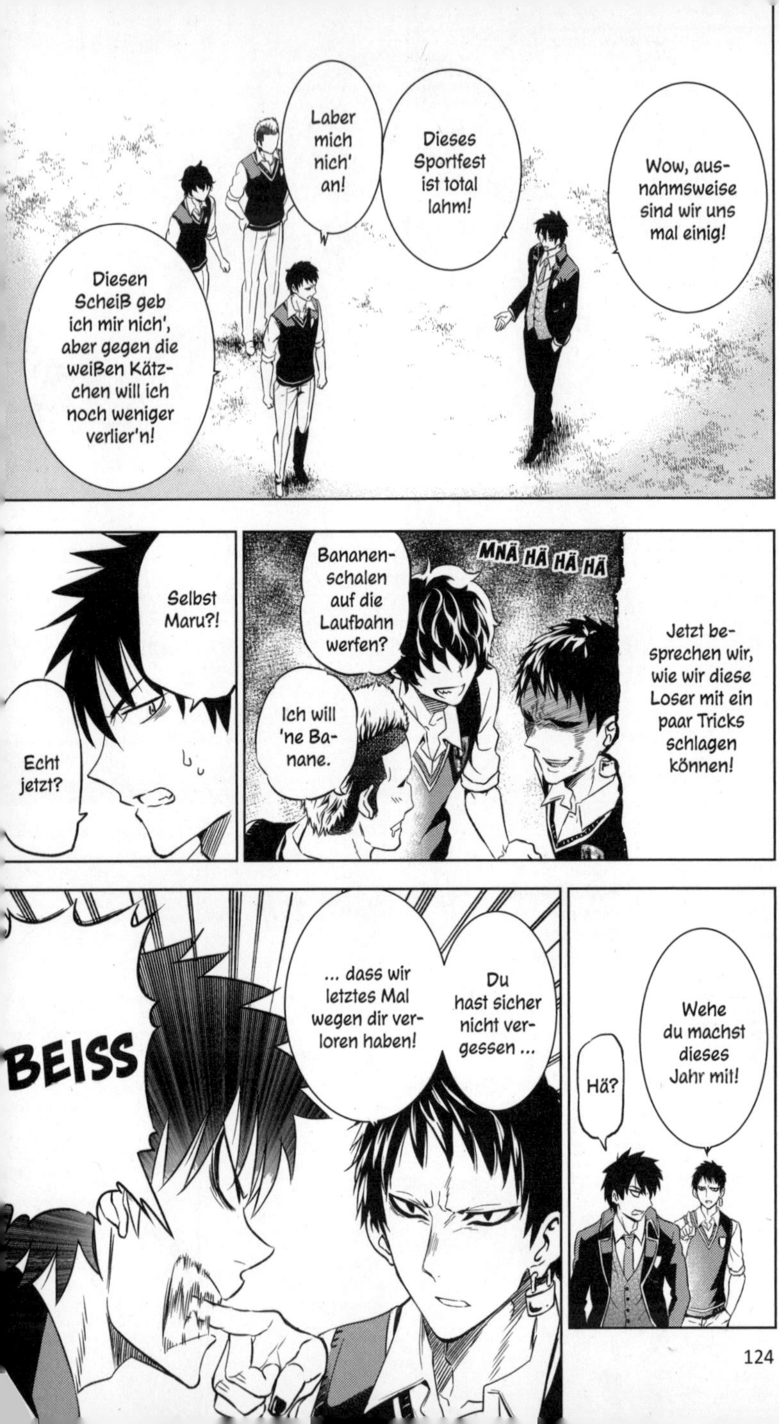

Wow, ausnahmsweise sind wir uns mal einig!
Dieses Sportfest ist total lahm!
Laber mich nich' an!
Diesen Scheiß geb ich mir nich', aber gegen die weißen Kätzchen will ich noch weniger verlier'n!
Jetzt besprechen wir, wie wir diese Loser mit ein paar Tricks schlagen können!
MNÄ HÄ HÄ HÄ
Bananenschalen auf die Laufbahn werfen?
Ich will 'ne Banane.
Selbst Maru?!
Echt jetzt?
Wehe du machst dieses Jahr mit!
Hä?
Du hast sicher nicht vergessen ...
... dass wir letztes Mal wegen dir verloren haben!
BEISS

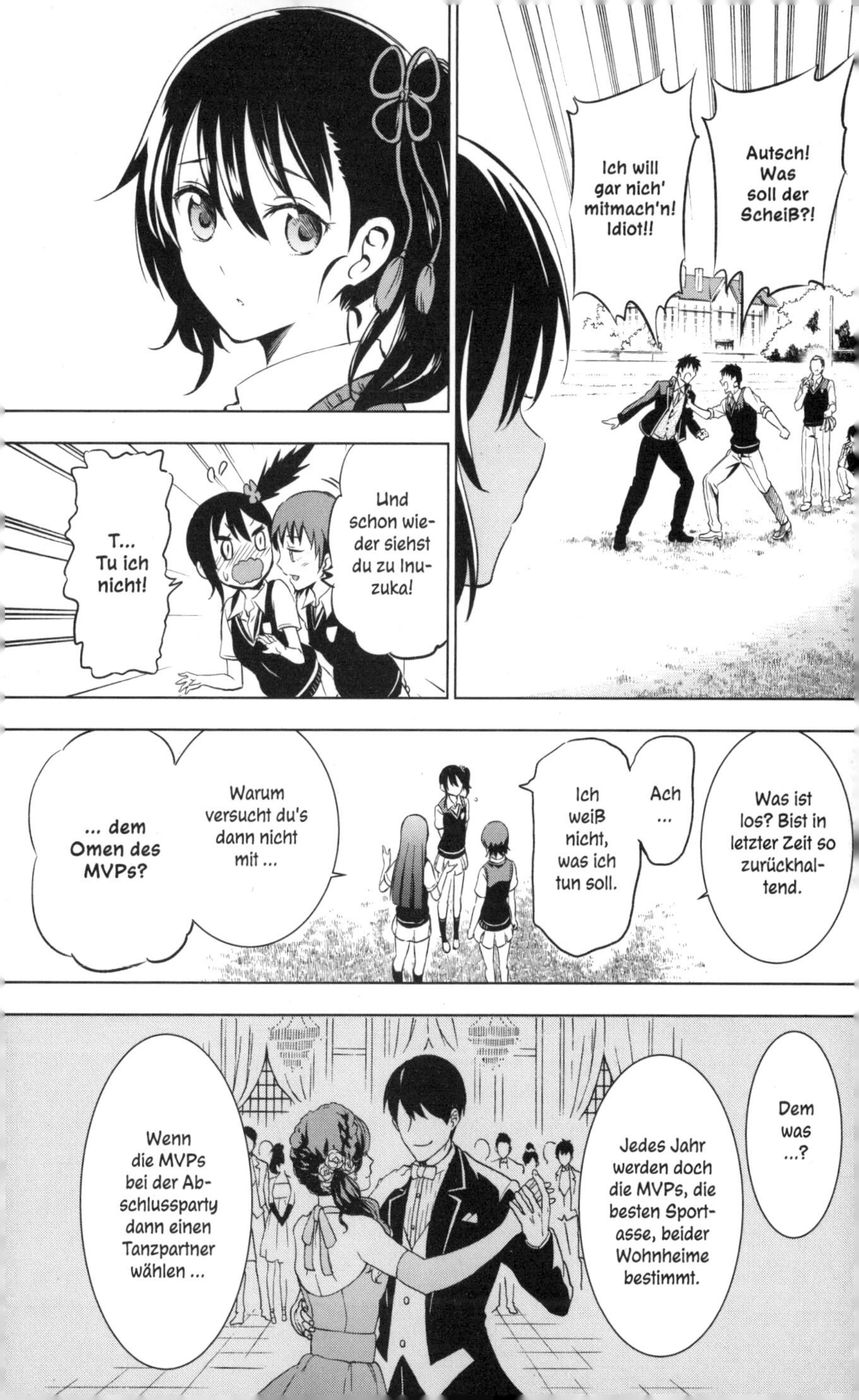

Autsch! Was soll der Scheiß?!
Ich will gar nich' mitmach'n! Idiot!!
Und schon wieder siehst du zu Inuzuka!
T... Tu ich nicht!
Was ist los? Bist in letzter Zeit so zurückhaltend.
Ach ...
Ich weiß nicht, was ich tun soll.
Warum versucht du's dann nicht mit ...
... dem Omen des MVPs?
Dem was ...?
Jedes Jahr werden doch die MVPs, die besten Sportasse, beider Wohnheime bestimmt.
Wenn die MVPs bei der Abschlussparty dann einen Tanzpartner wählen ...

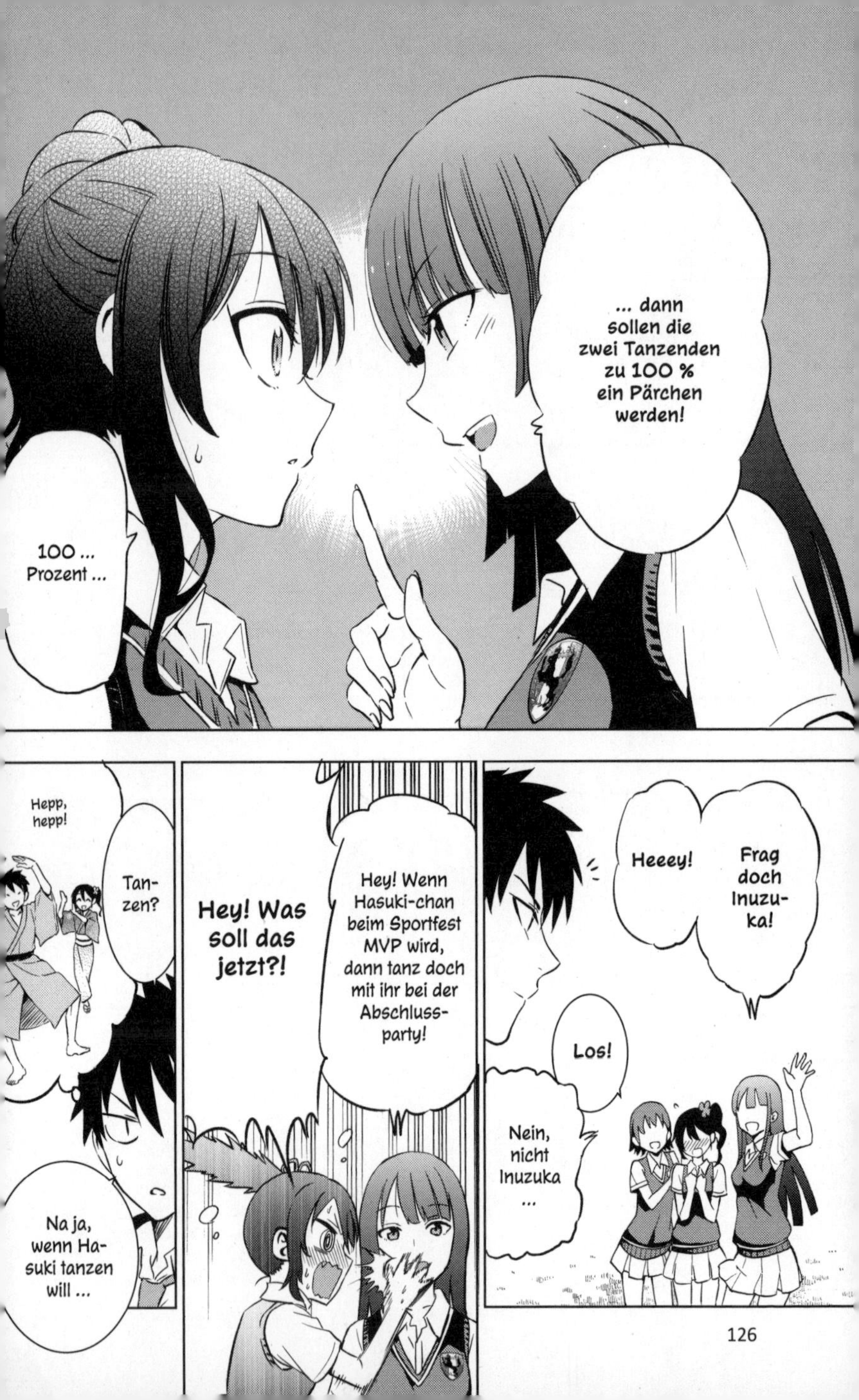
... dann sollen die zwei Tanzenden zu 100 % ein Pärchen werden!
100 ... Prozent ...
Frag doch Inuzuka!
Heeey!
Los!
Nein, nicht Inuzuka ...
Hey! Wenn Hasuki-chan beim Sportfest MVP wird, dann tanz doch mit ihr bei der Abschlussparty!
Hey! Was soll das jetzt?!
Tanzen?
Hepp, hepp!
Na ja, wenn Hasuki tanzen will ...

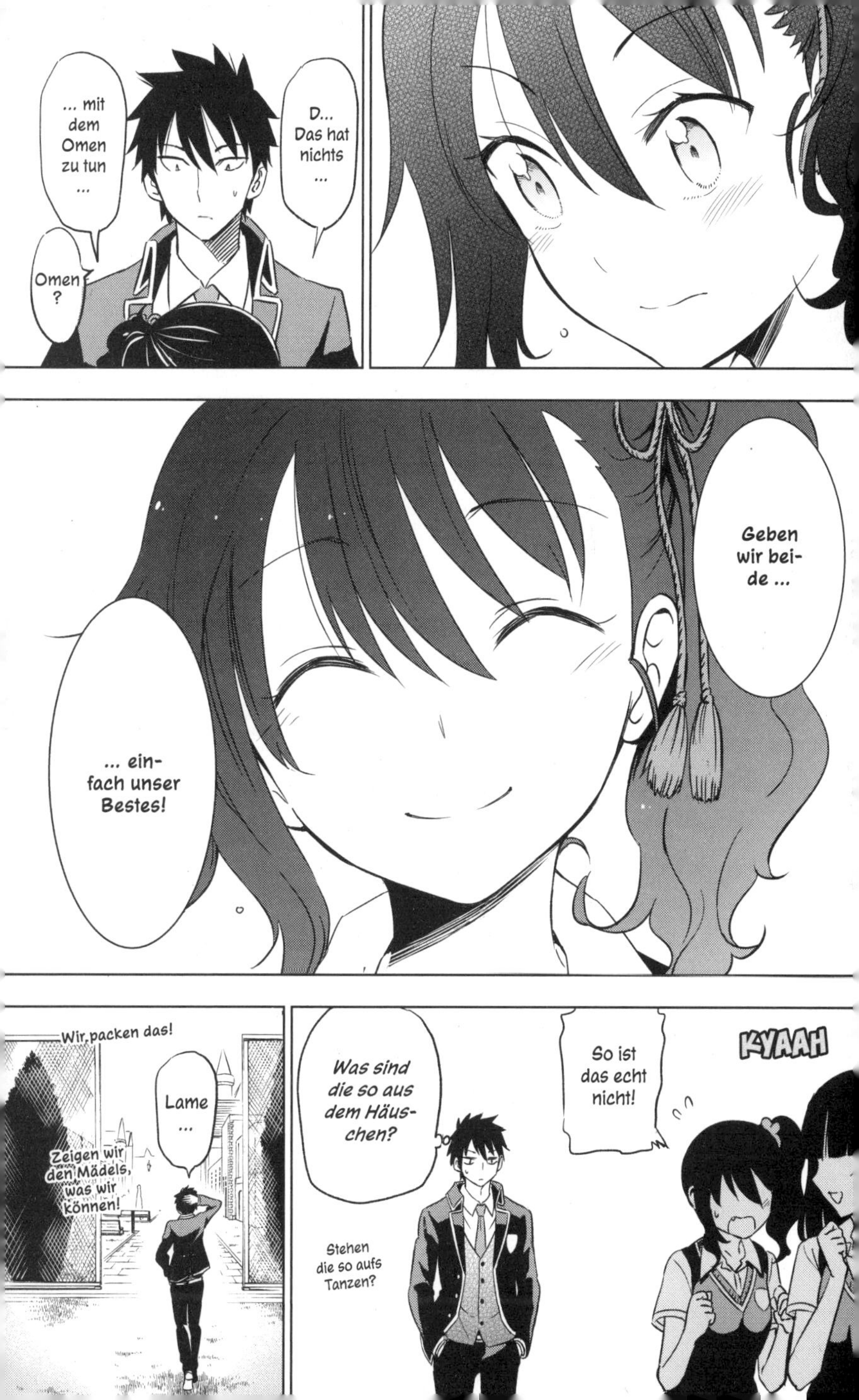
D... Das hat nichts ...
... mit dem Omen zu tun ...
Omen ?
Geben wir beide ...
... einfach unser Bestes!
KYAAH
So ist das echt nicht!
Was sind die so aus dem Häuschen?
Stehen die so aufs Tanzen?
Wir packen das!
Lame ...
Zeigen wir den Mädels, was wir können!

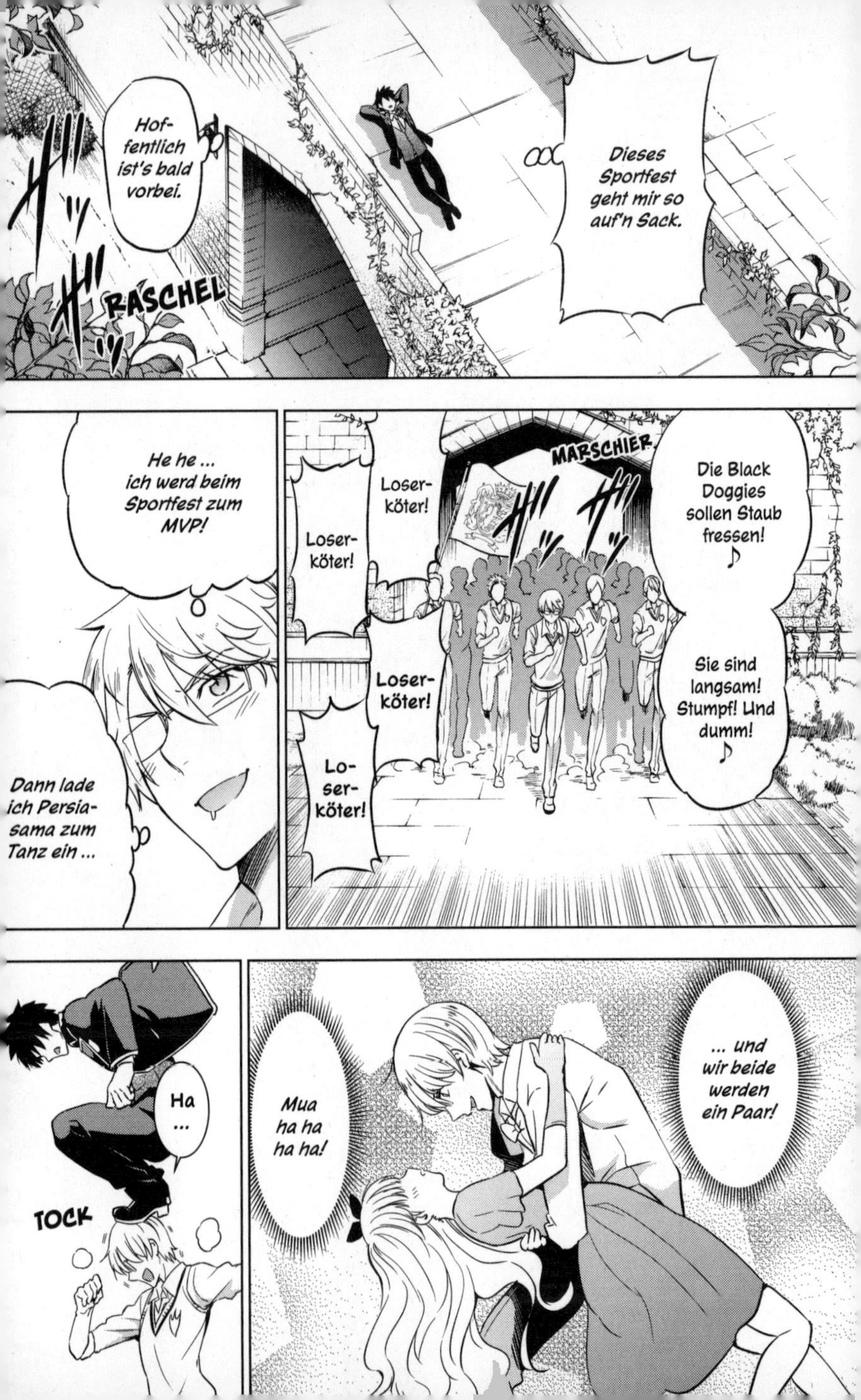
Dieses Sportfest geht mir so auf'n Sack.
Hof-fentlich ist's bald vorbei.
RASCHEL
Die Black Doggies sollen Staub fressen! ♪
Sie sind langsam! Stumpf! Und dumm! ♪
MARSCHIER
Loser-köter!
Loser-köter!
Loser-köter!
Lo-ser-köter!
He he ... ich werd beim Sportfest zum MVP!
Dann lade ich Persia-sama zum Tanz ein ...
... und wir beide werden ein Paar!
Mua ha ha ha ha!
Ha ...
TOCK

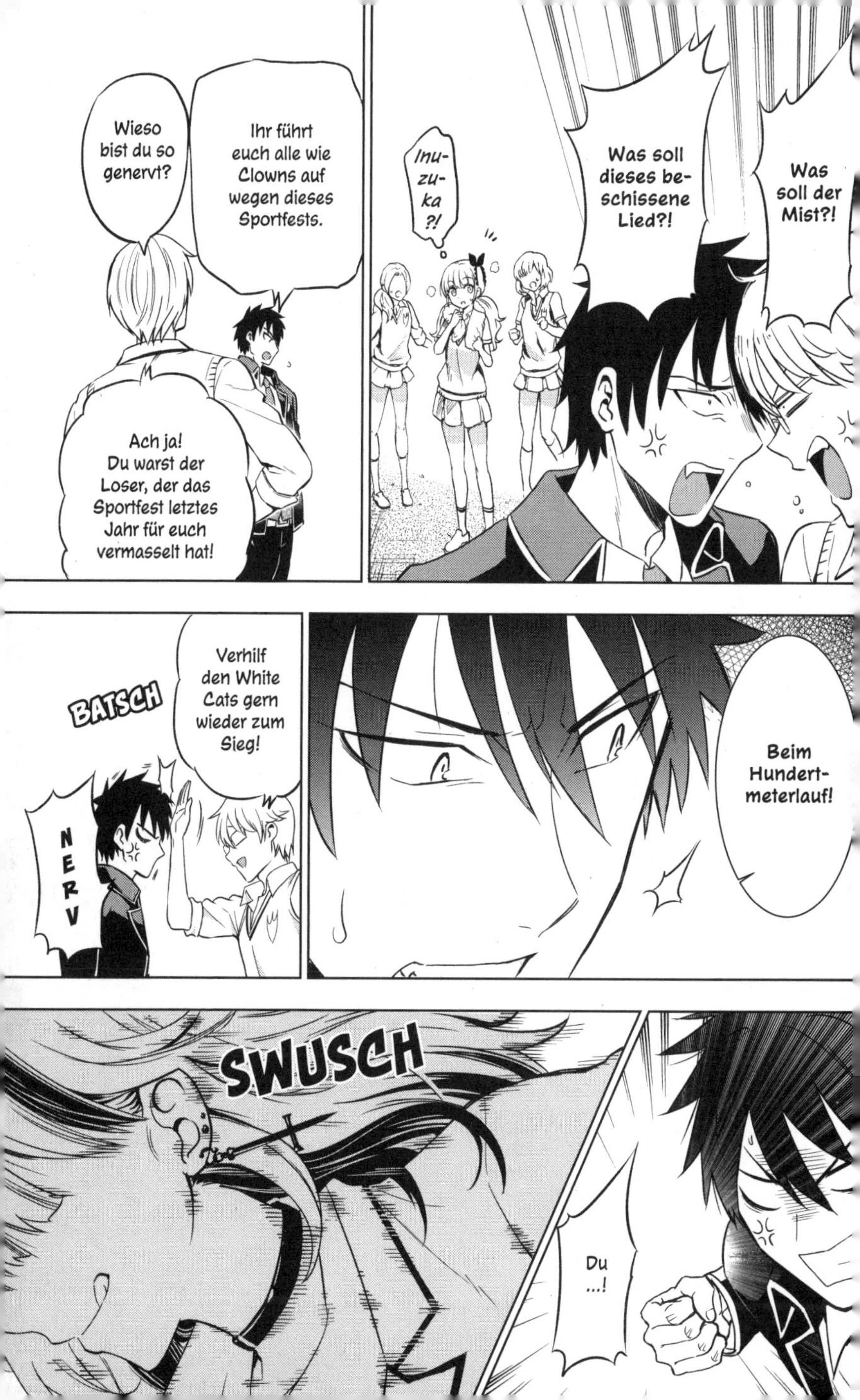

Was soll der Mist?!
Was soll dieses beschissene Lied?!
Inuzuka?!
Ihr führt euch alle wie Clowns auf wegen dieses Sportfests.
Wieso bist du so genervt?
Ach ja! Du warst der Loser, der das Sportfest letztes Jahr für euch vermasselt hat!
Beim Hundertmeterlauf!
Verhilf den White Cats gern wieder zum Sieg!
BATSCH
NERV
Du ...!
SWUSCH

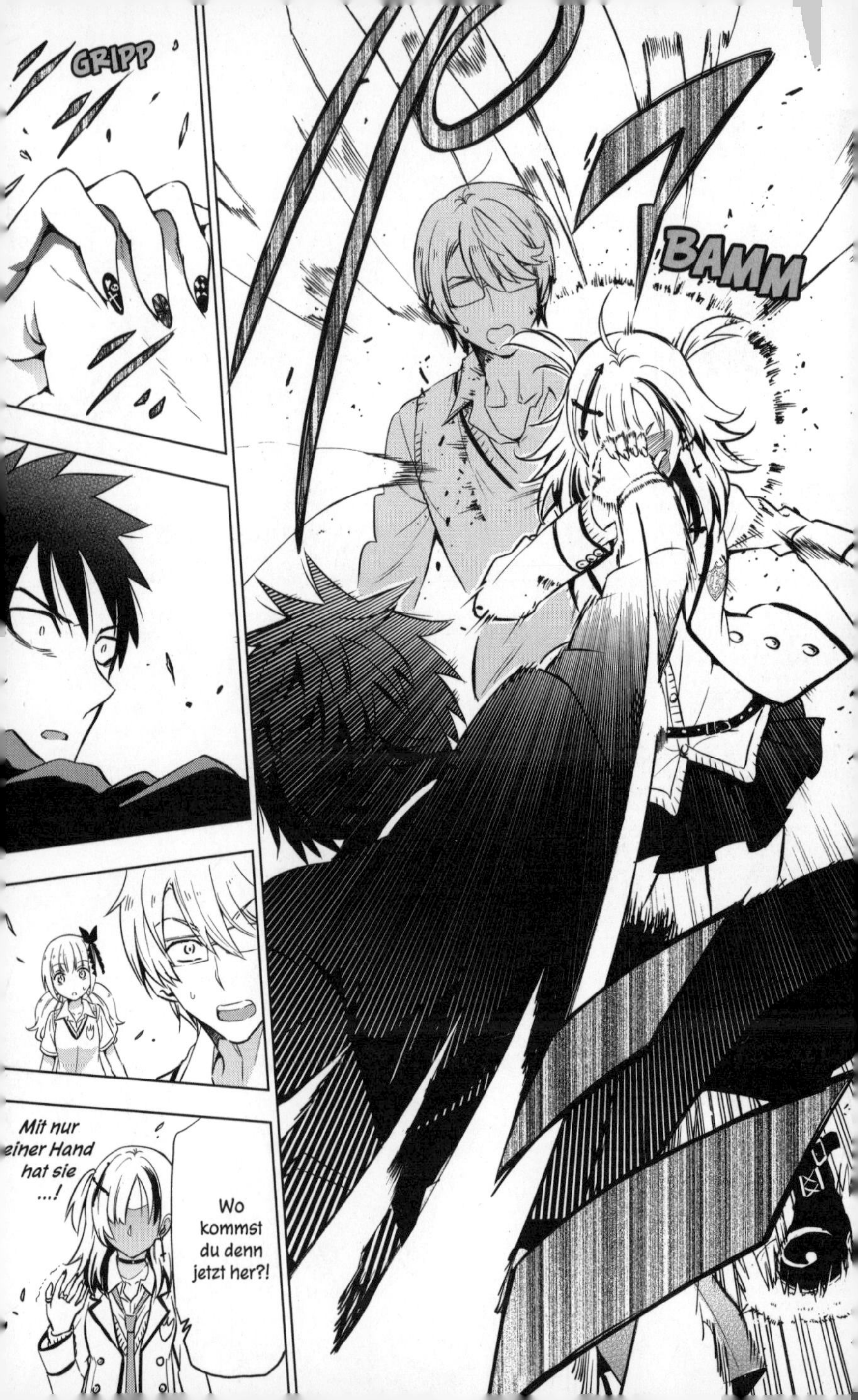
BAMM
GRIPP
Wo kommst du denn jetzt her?!
Mit nur einer Hand hat sie ...!

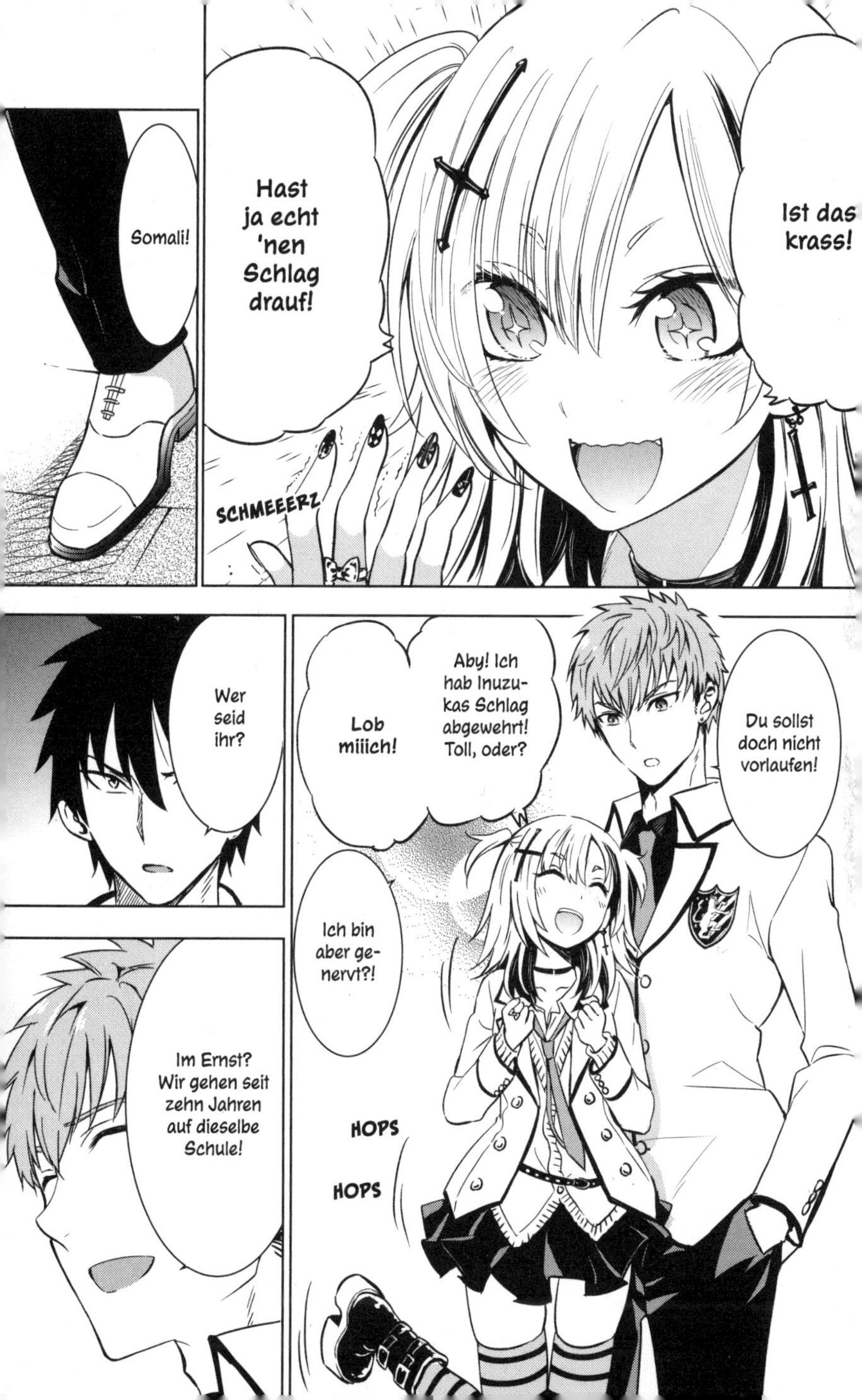
Ist das krass!
Hast ja echt 'nen Schlag drauf!
SCHMEEERZ
Somali!
Du sollst doch nicht vorlaufen!
Aby! Ich hab Inuzukas Schlag abgewehrt! Toll, oder?
Lob miiich!
Ich bin aber genervt?!
HOPS
HOPS
Wer seid ihr?
Im Ernst? Wir gehen seit zehn Jahren auf dieselbe Schule!

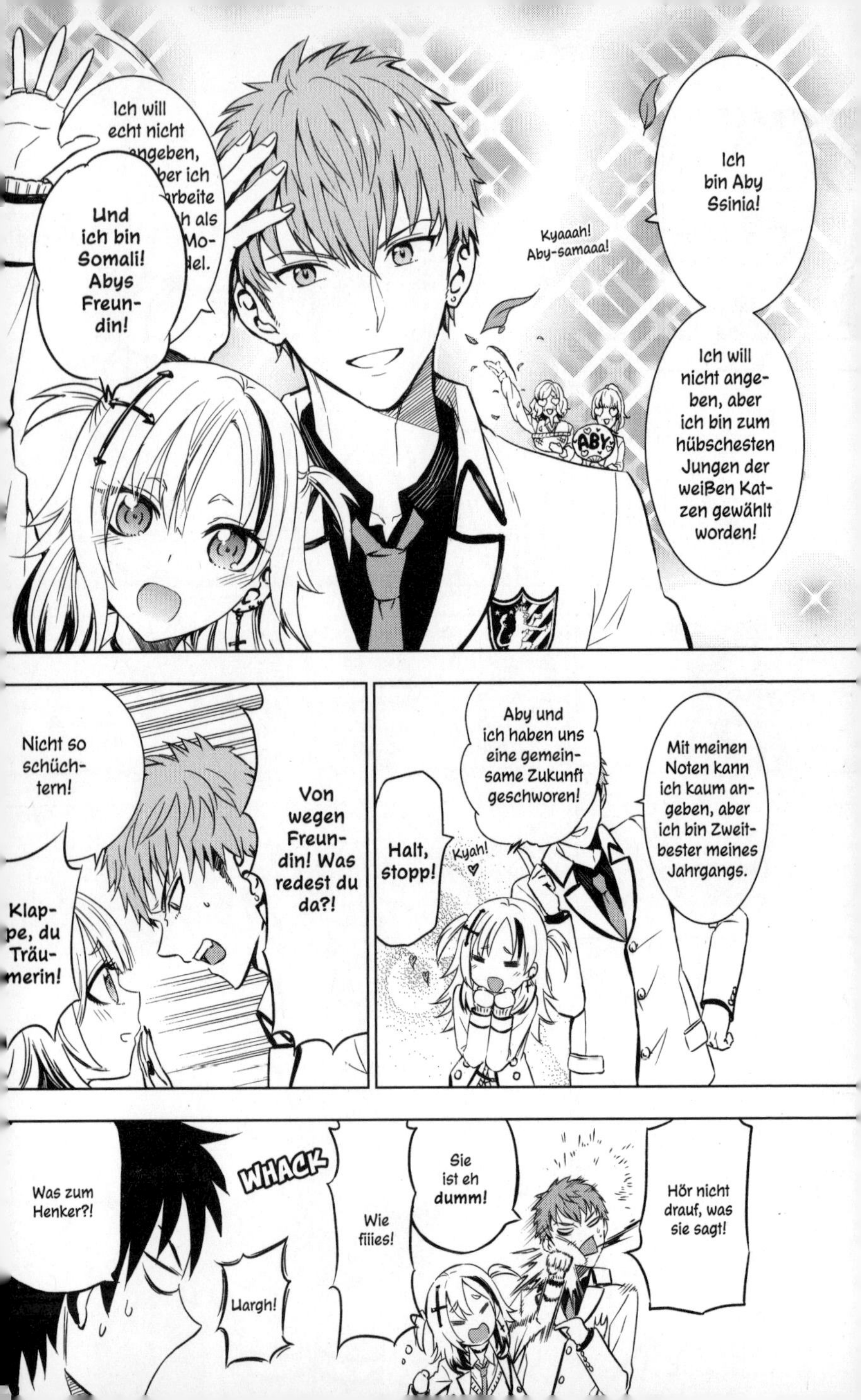
Ich bin Aby Ssinia!
Ich will nicht angeben, aber ich bin zum hübschesten Jungen der weißen Katzen gewählt worden!
Kyaaah! Aby-samaaa!
Ich will echt nicht ngeben, ber ich arbeite h als Mo-del.
Und ich bin Somali! Abys Freundin!
Mit meinen Noten kann ich kaum angeben, aber ich bin Zweitbester meines Jahrgangs.
Aby und ich haben uns eine gemeinsame Zukunft geschworen!
Kyah!
Halt, stopp!
Von wegen Freundin! Was redest du da?!
Nicht so schüchtern!
Klappe, du Träumerin!
Hör nicht drauf, was sie sagt!
Sie ist eh dumm!
Wie fiiies!
WHACK
Uargh!
Was zum Henker?!

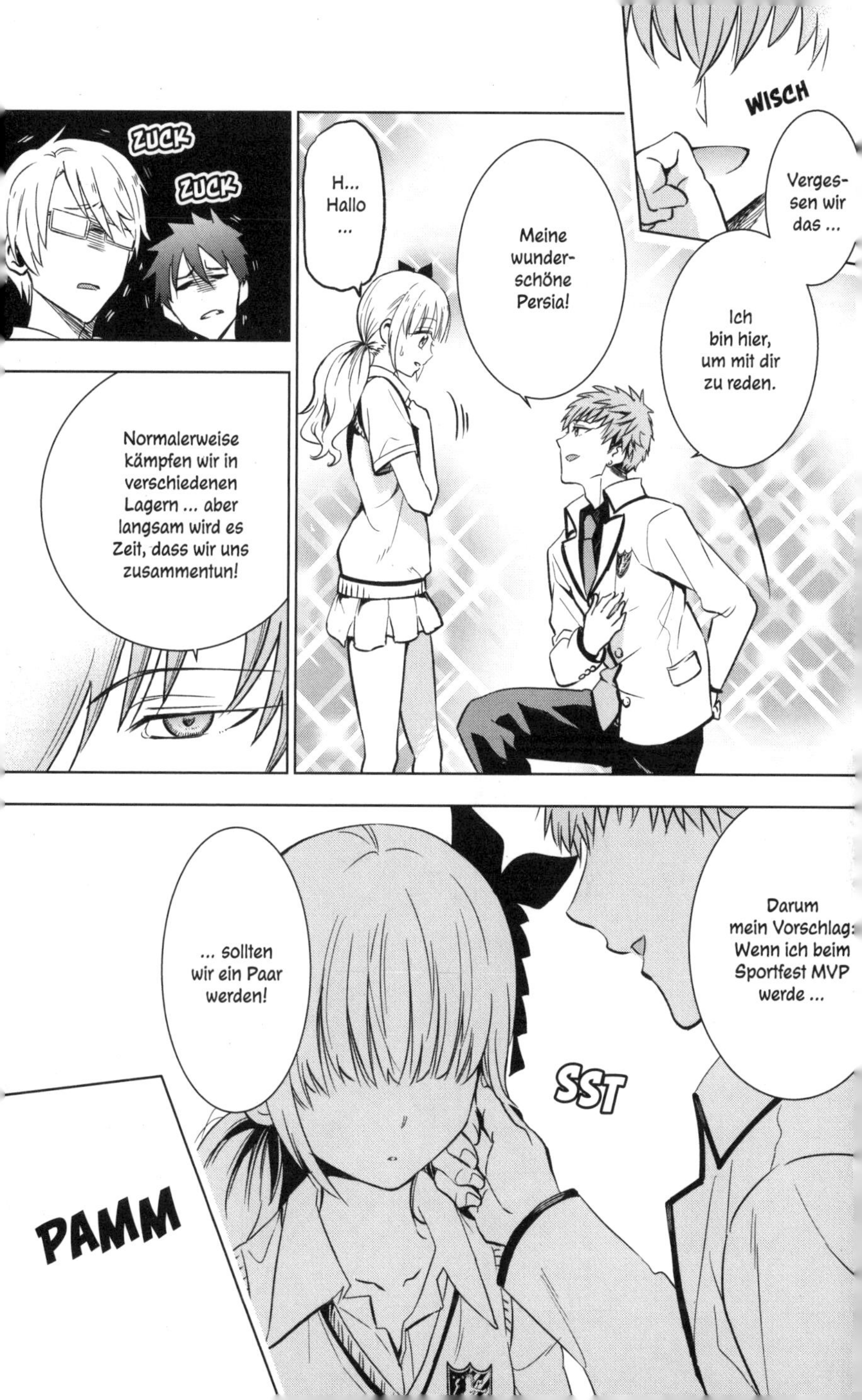
WISCH
Verges-sen wir das …
Ich bin hier, um mit dir zu reden.
Meine wunder-schöne Persia!
H… Hallo …
ZUCK
ZUCK
Normalerweise kämpfen wir in verschiedenen Lagern … aber langsam wird es Zeit, dass wir uns zusammentun!
Darum mein Vorschlag: Wenn ich beim Sportfest MVP werde …
SST
… sollten wir ein Paar werden!
PAMM

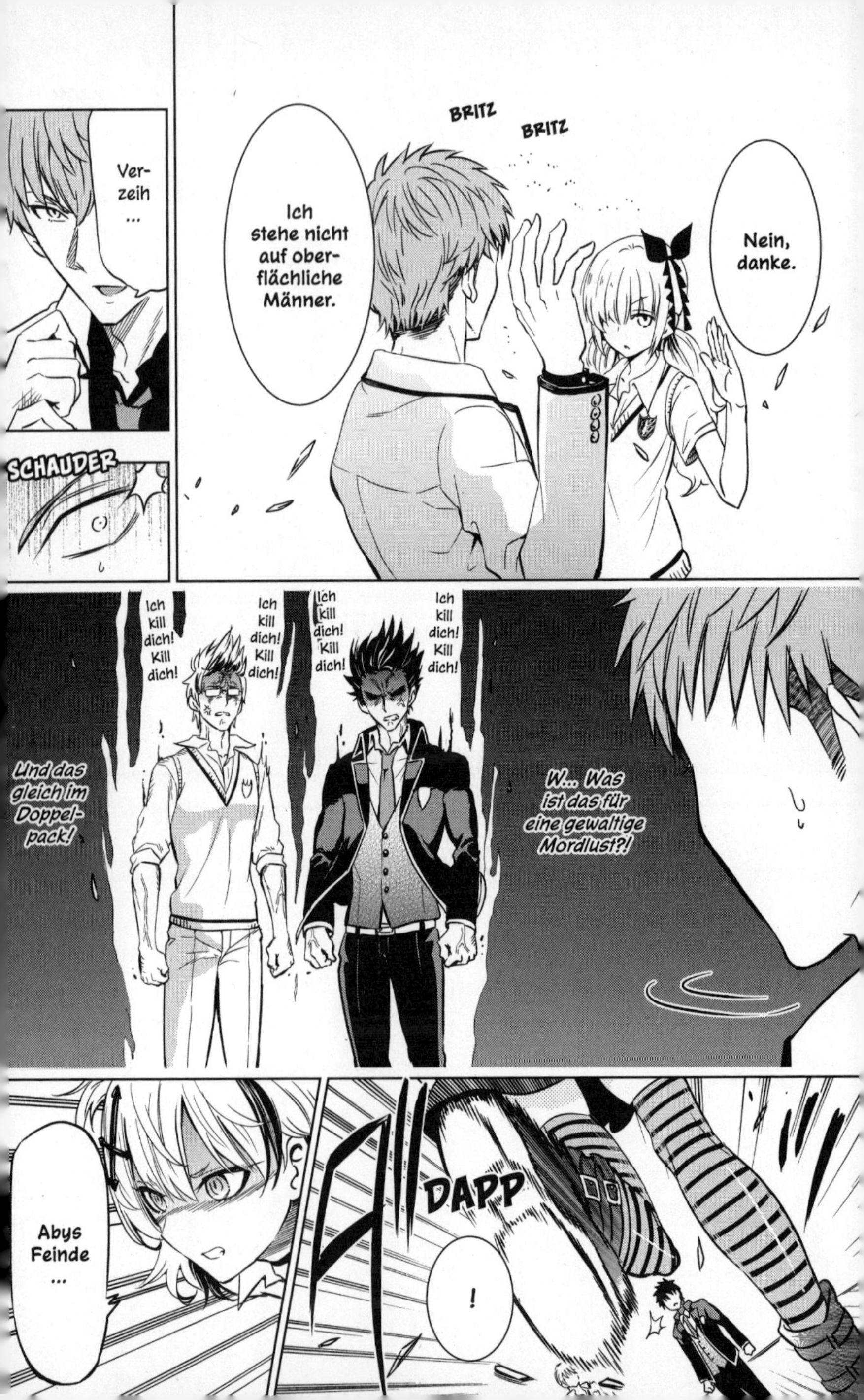
BRITZ
BRITZ
Nein, danke.
Ich stehe nicht auf oberflächliche Männer.
Verzeih ...
SCHAUDER
W... Was ist das für eine gewaltige Mordlust?!
Ich kill dich! Kill dich!
Ich kill dich! Kill dich!
Ich kill dich! Kill dich!
Ich kill dich! Kill dich!
Und das gleich im Doppelpack!
DAPP
!
Abys Feinde ...

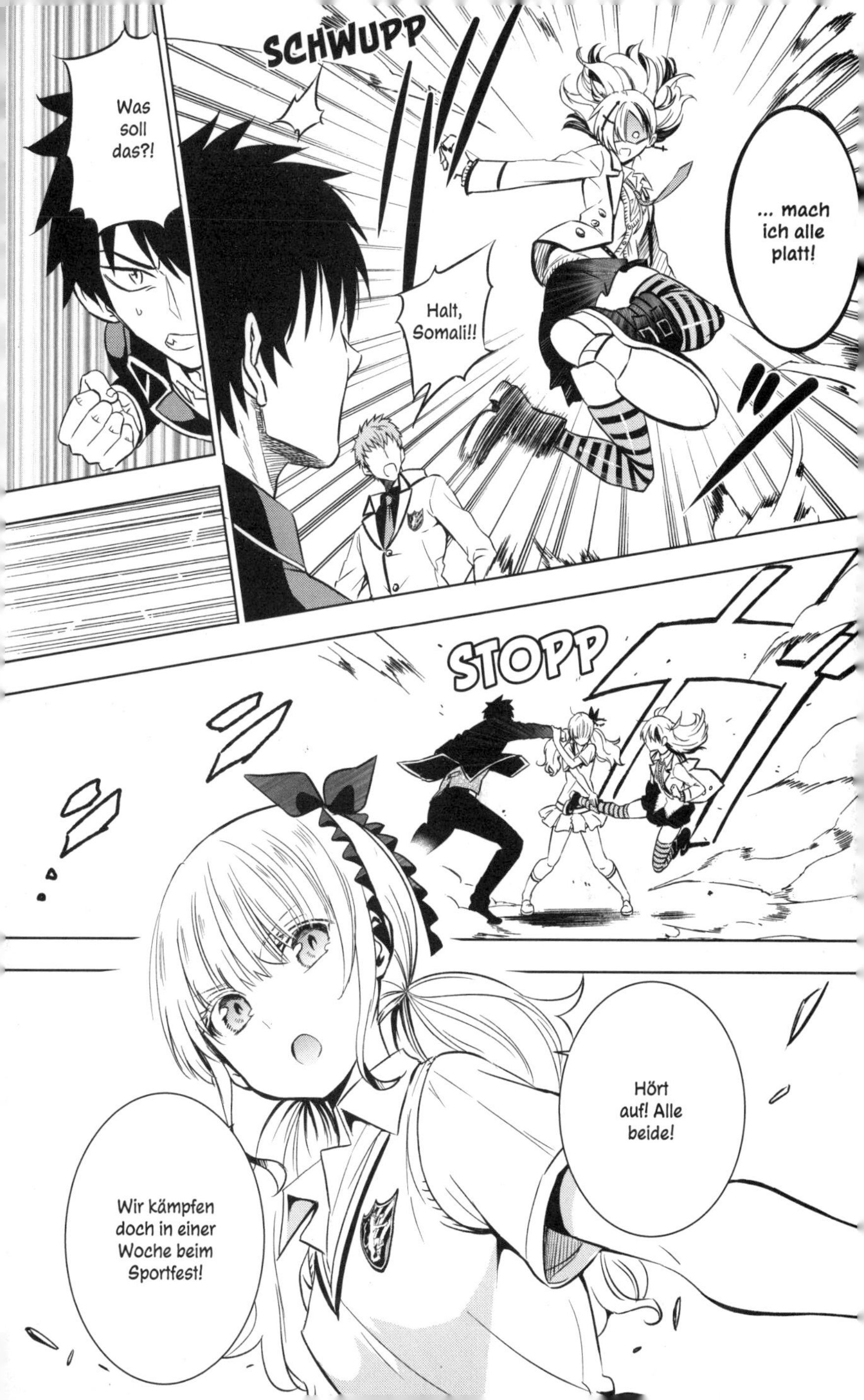
SCHWUPP
... mach ich alle platt!
Halt, Somali!!
Was soll das?!
STOPP
Hört auf! Alle beide!
Wir kämpfen doch in einer Woche beim Sportfest!

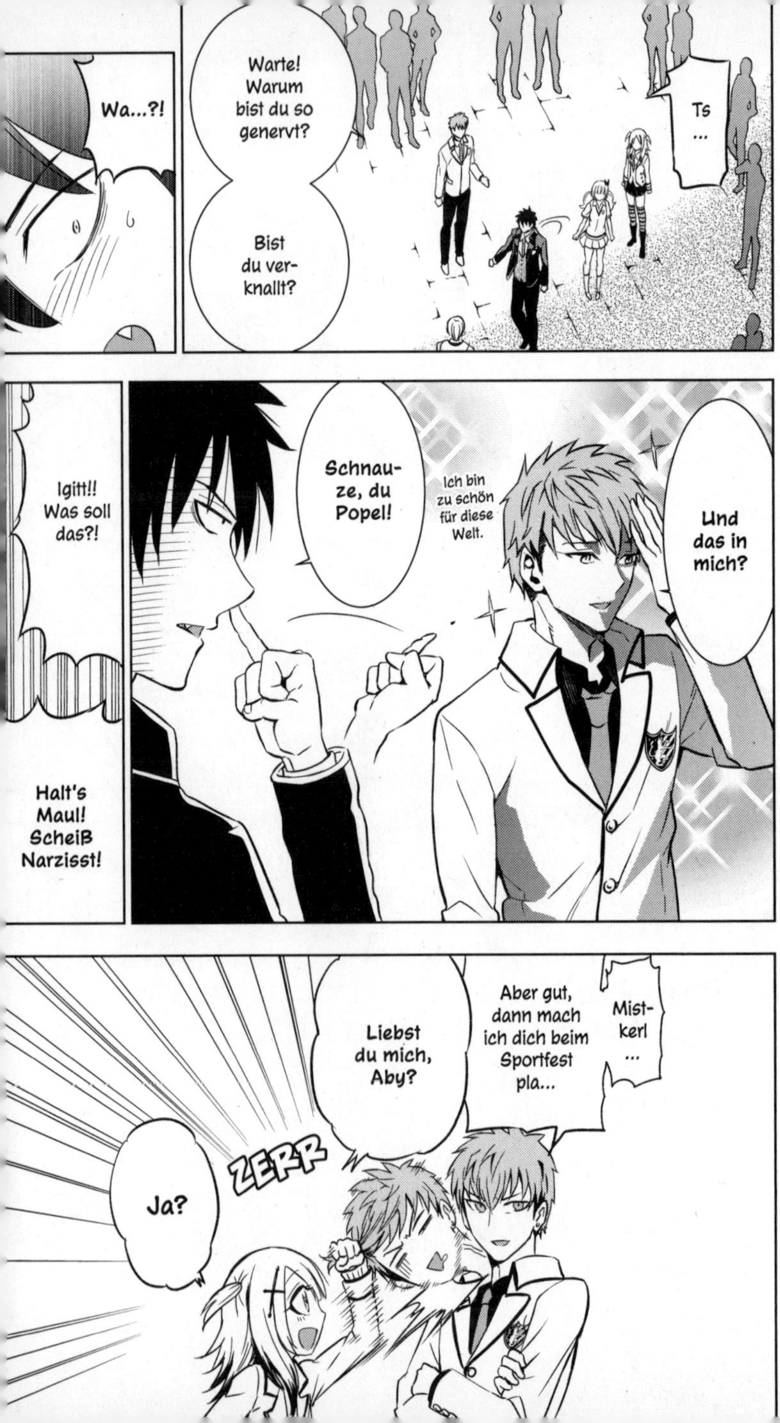

Ts
...
Warte! Warum bist du so genervt?
Bist du verknallt?
Wa...?!
Und das in mich?
Ich bin zu schön für diese Welt.
Schnauze, du Popel!
Igitt!! Was soll das?!
Halt's Maul! Scheiß Narzisst!
Mist- kerl ...
Aber gut, dann mach ich dich beim Sportfest pla...
Liebst du mich, Aby?
ZERR
Ja?

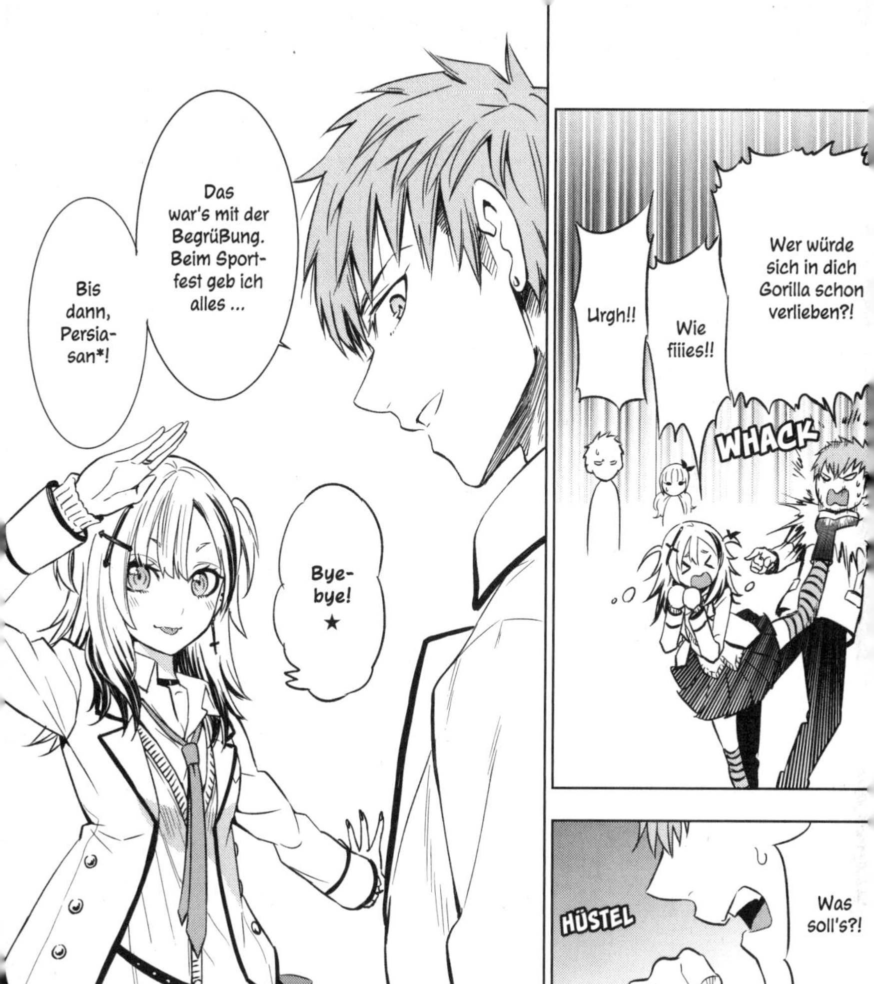

* Höfliche, geschlechtsunabhängige Anrede.

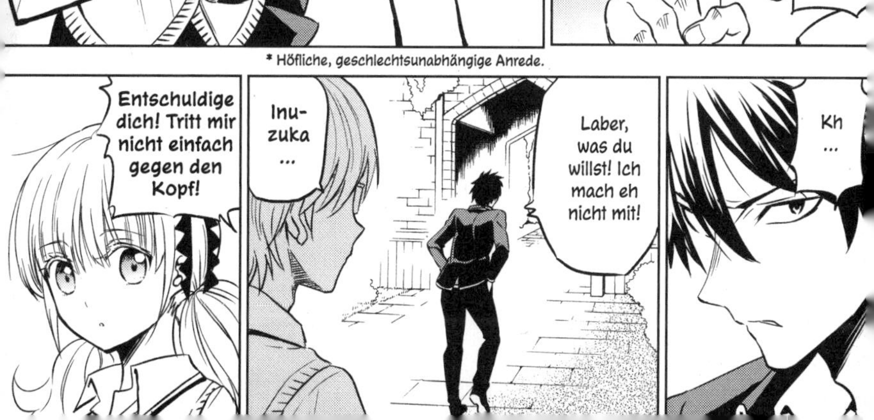

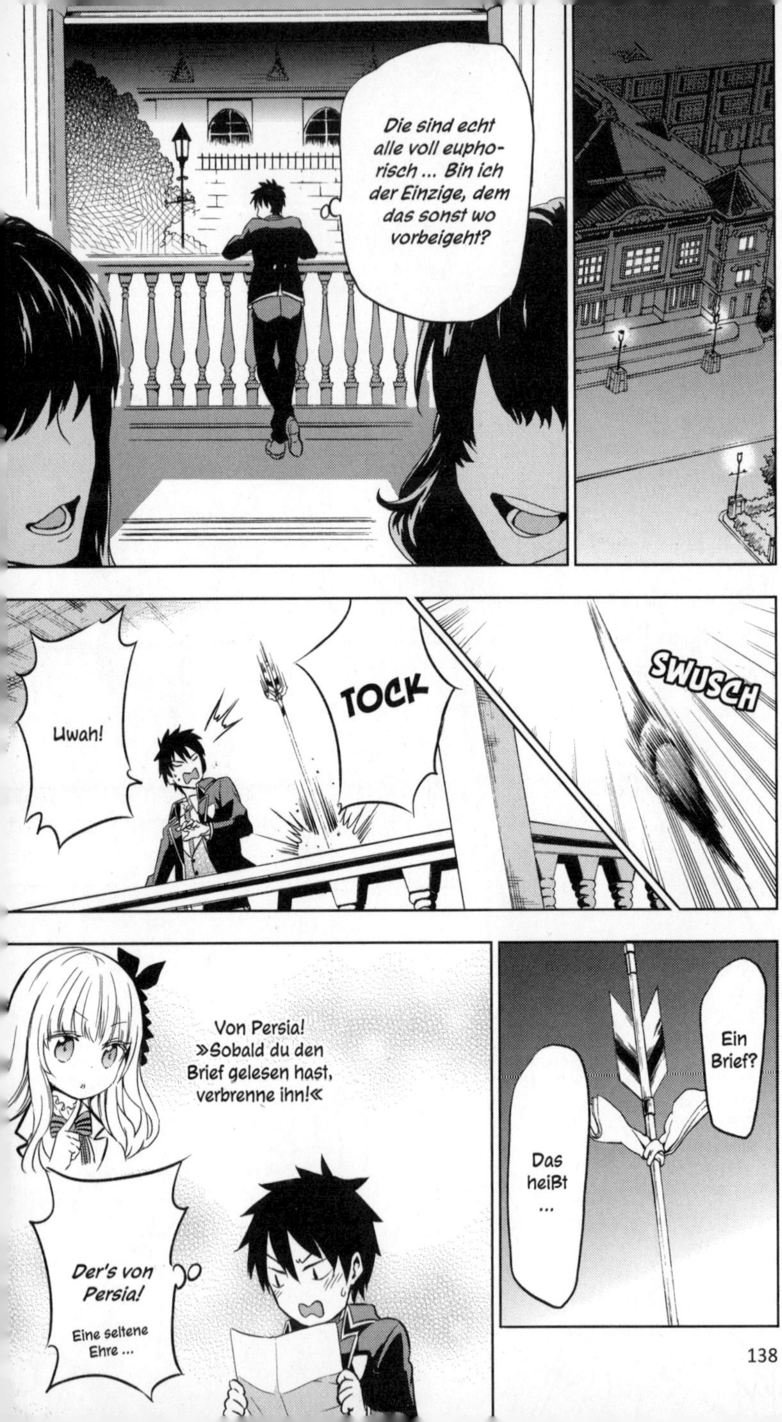
Die sind echt alle voll euphorisch ... Bin ich der Einzige, dem das sonst wo vorbeigeht?
SWUSCH
TOCK
Uwah!
Ein Brief?
Das heißt ...
Von Persia! »Sobald du den Brief gelesen hast, verbrenne ihn!«
Der's von Persia!
Eine seltene Ehre ...

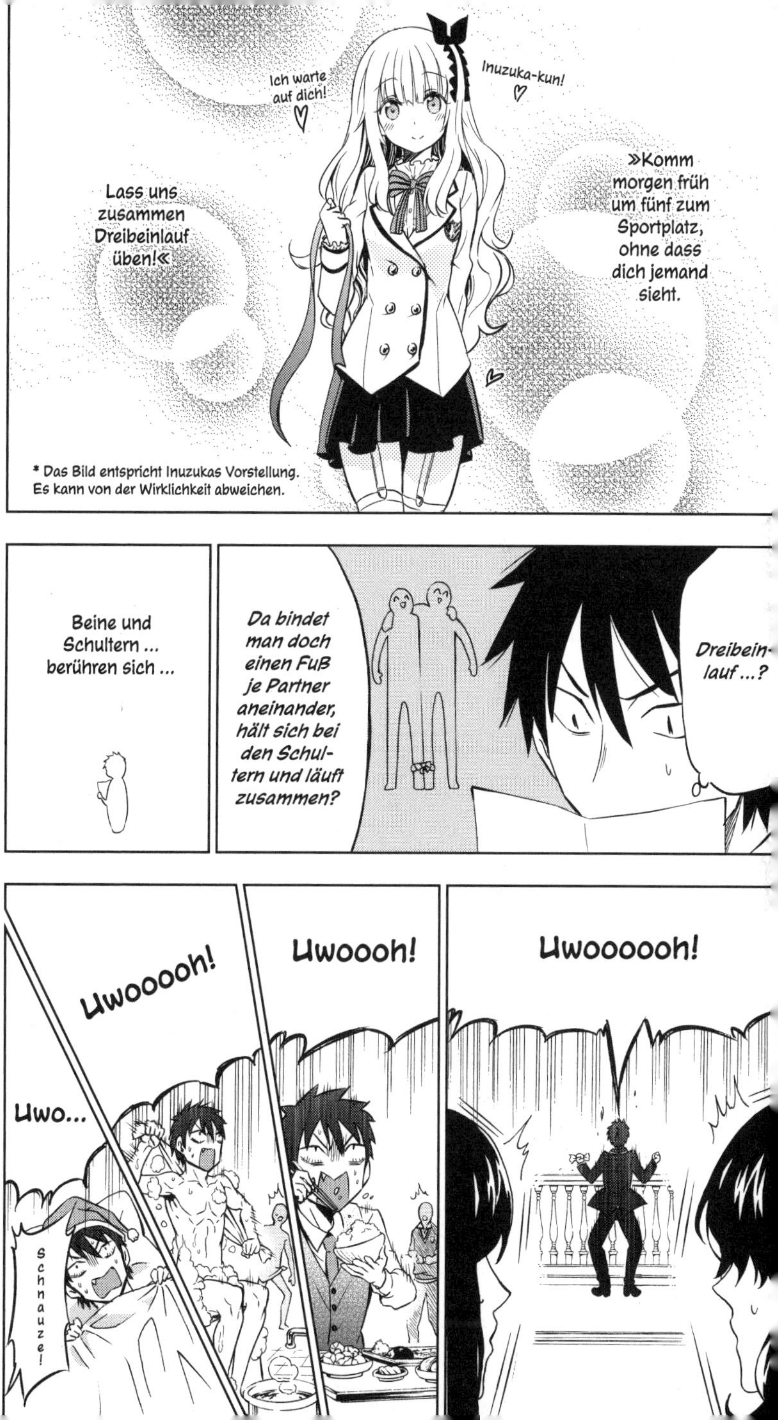
Inuzuka-kun!
Ich warte auf dich!
»Komm morgen früh um fünf zum Sportplatz, ohne dass dich jemand sieht.
Lass uns zusammen Dreibeinlauf üben!«
* Das Bild entspricht Inuzukas Vorstellung. Es kann von der Wirklichkeit abweichen.
Dreibein-lauf ...?
Da bindet man doch einen Fuß je Partner aneinander, hält sich bei den Schultern und läuft zusammen?
Beine und Schultern ... berühren sich ...
Uwoooooh!
Uwoooh!
Uwooooh!
Uwo...
Schnauze!

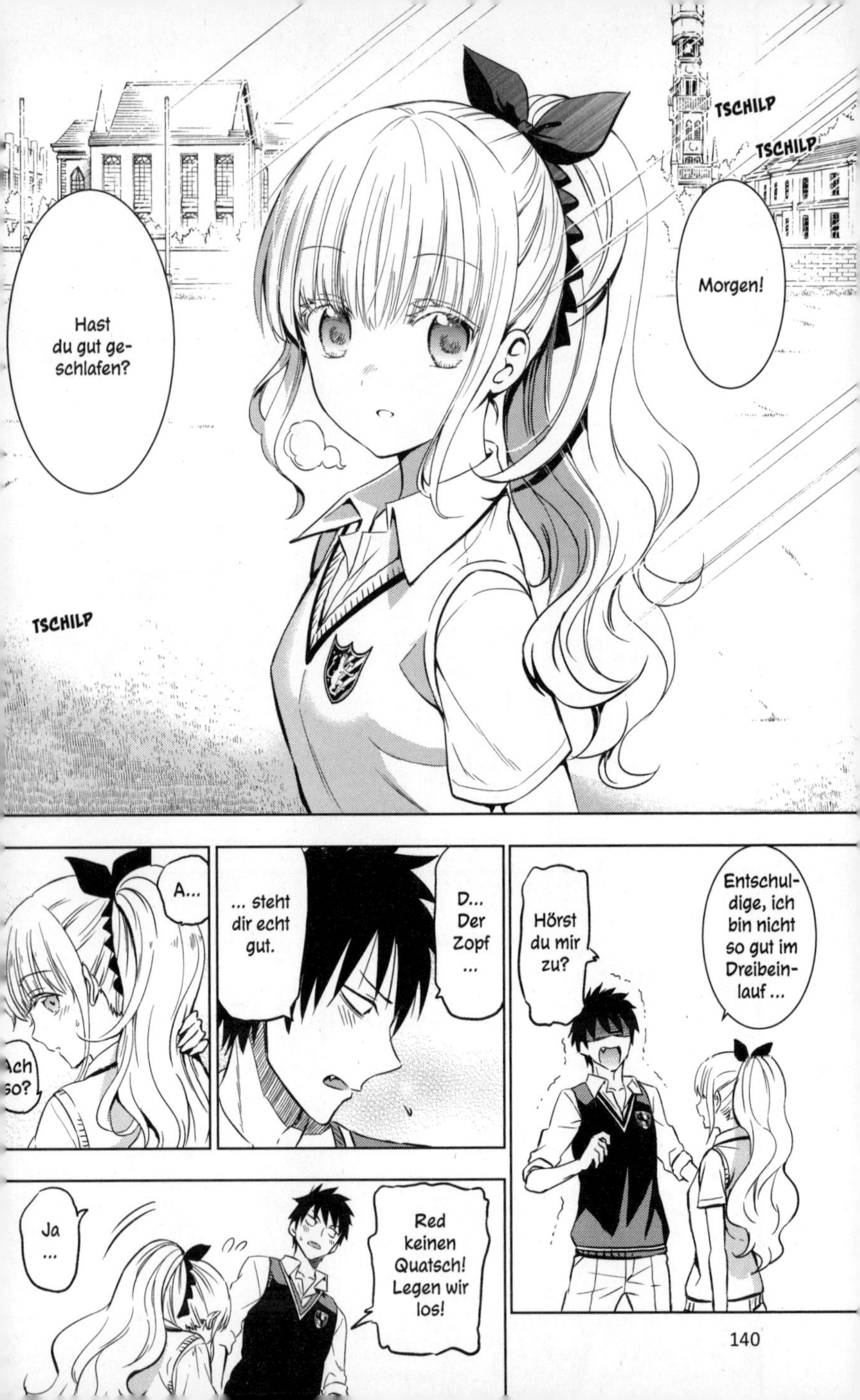
TSCHILP
TSCHILP
Morgen!
Hast du gut geschlafen?
TSCHILP
Entschuldige, ich bin nicht so gut im Dreibeinlauf ...
Hörst du mir zu?
D... Der Zopf ...
... steht dir echt gut.
A...
Ach so?
Red keinen Quatsch! Legen wir los!
Ja ...

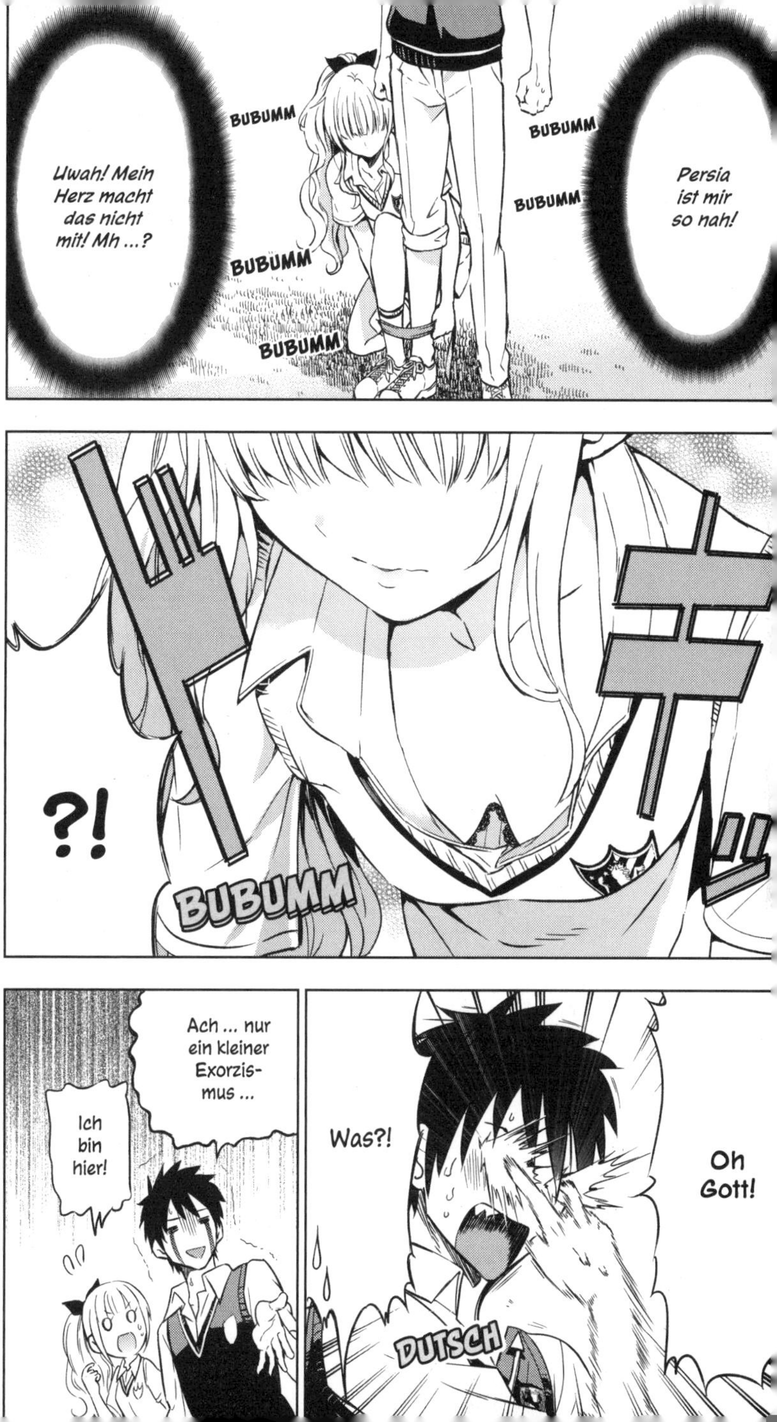

Persia ist mir so nah!
BUBUMM
BUBUMM
BUBUMM
Uwah! Mein Herz macht das nicht mit! Mh ...?
BUBUMM
BUBUMM
?!
BUBUMM
Oh Gott!
Was?!
DUTSCH
Ach ... nur ein kleiner Exorzismus ...
Ich bin hier!

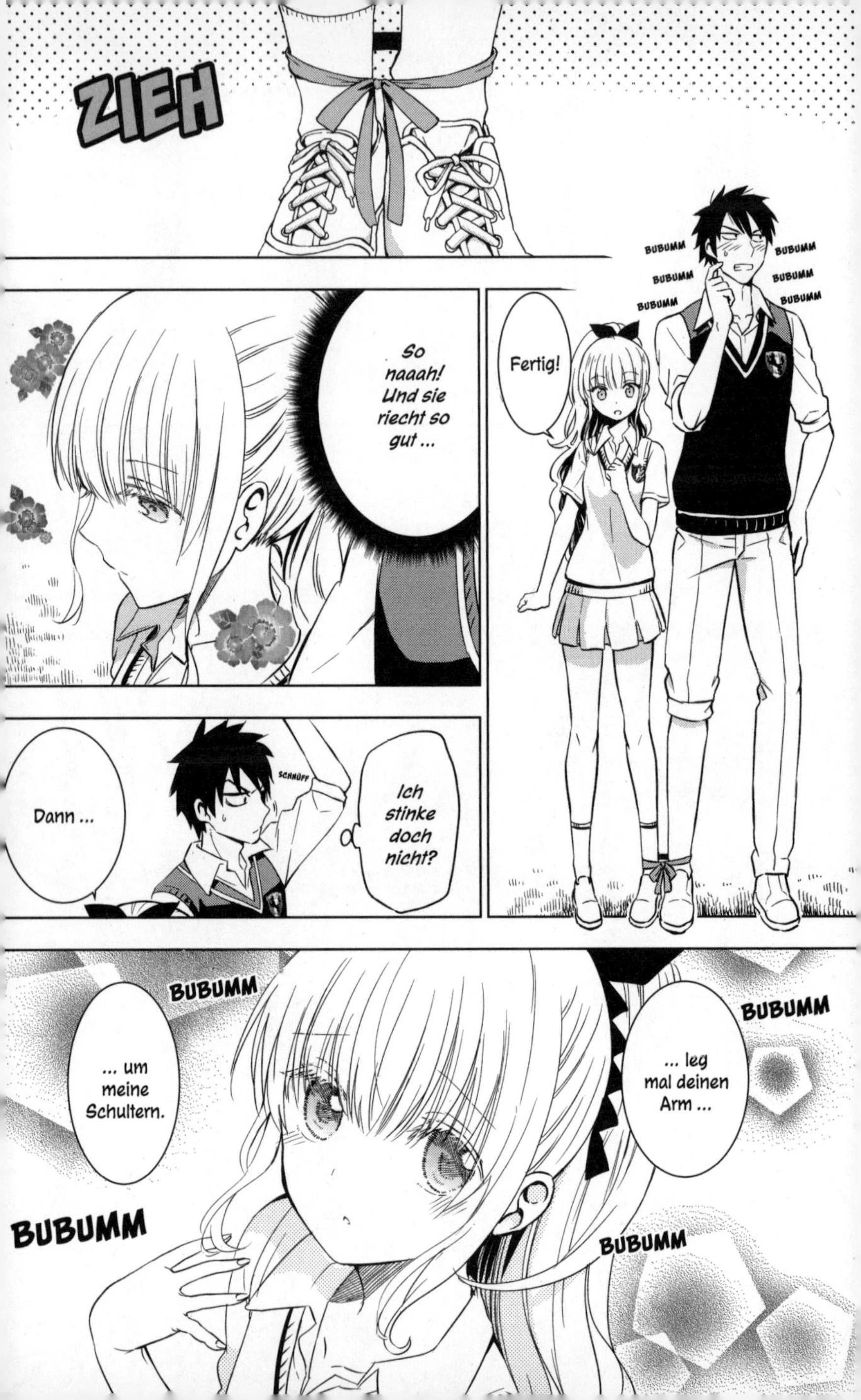
ZIEH
BUBUMM BUBUMM BUBUMM
BUBUMM BUBUMM BUBUMM
Fertig!
So naaah! Und sie riecht so gut ...
Ich stinke doch nicht?
SCHNÜFF
Dann ...
... leg mal deinen Arm ...
... um meine Schultern.
BUBUMM
BUBUMM
BUBUMM
BUBUMM

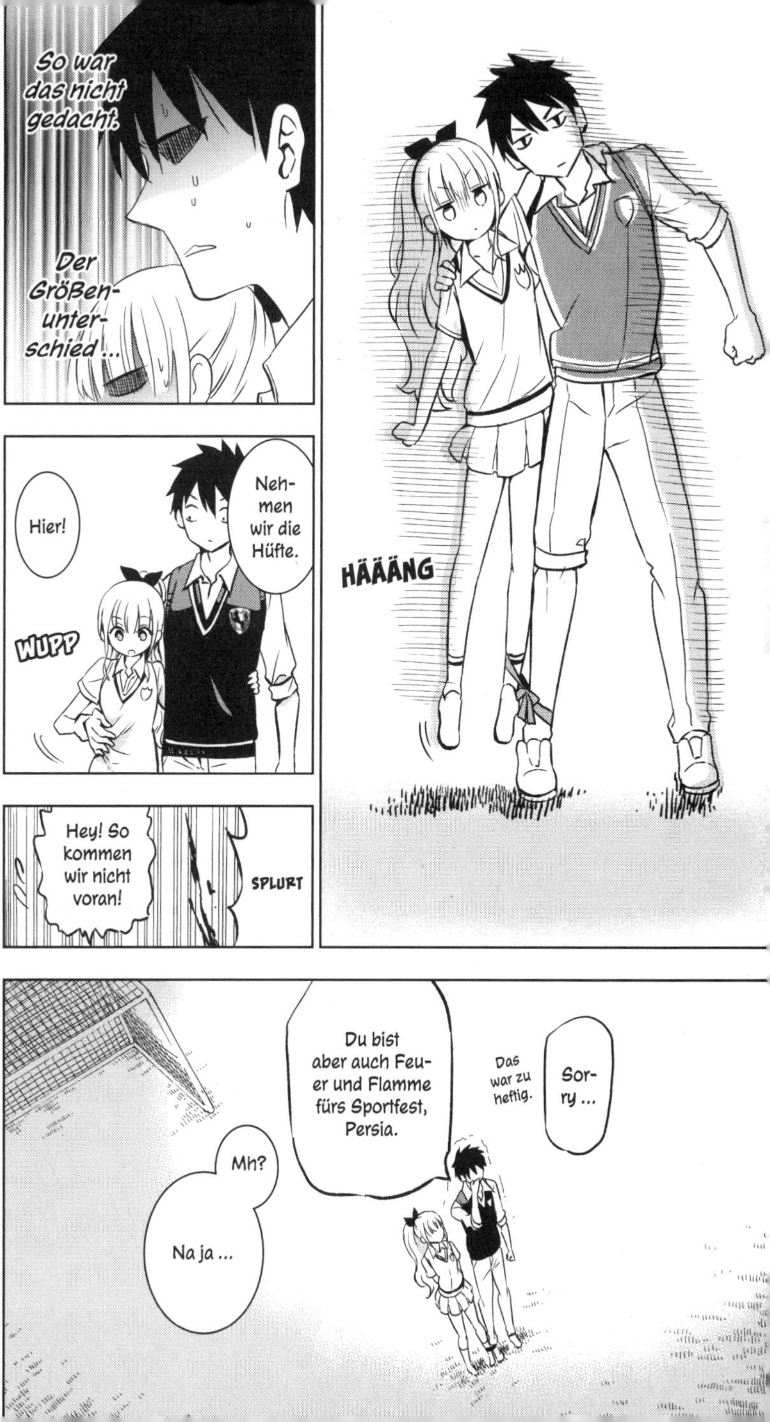
HÄÄÄNG
So war das nicht gedacht.
Der Größen-unter-schied ...
Neh-men wir die Hüfte.
Hier!
WUPP
SPLURT
Hey! So kommen wir nicht voran!
Sor-ry ...
Das war zu heftig.
Du bist aber auch Feu-er und Flamme fürs Sportfest, Persia.
Mh?
Na ja ...

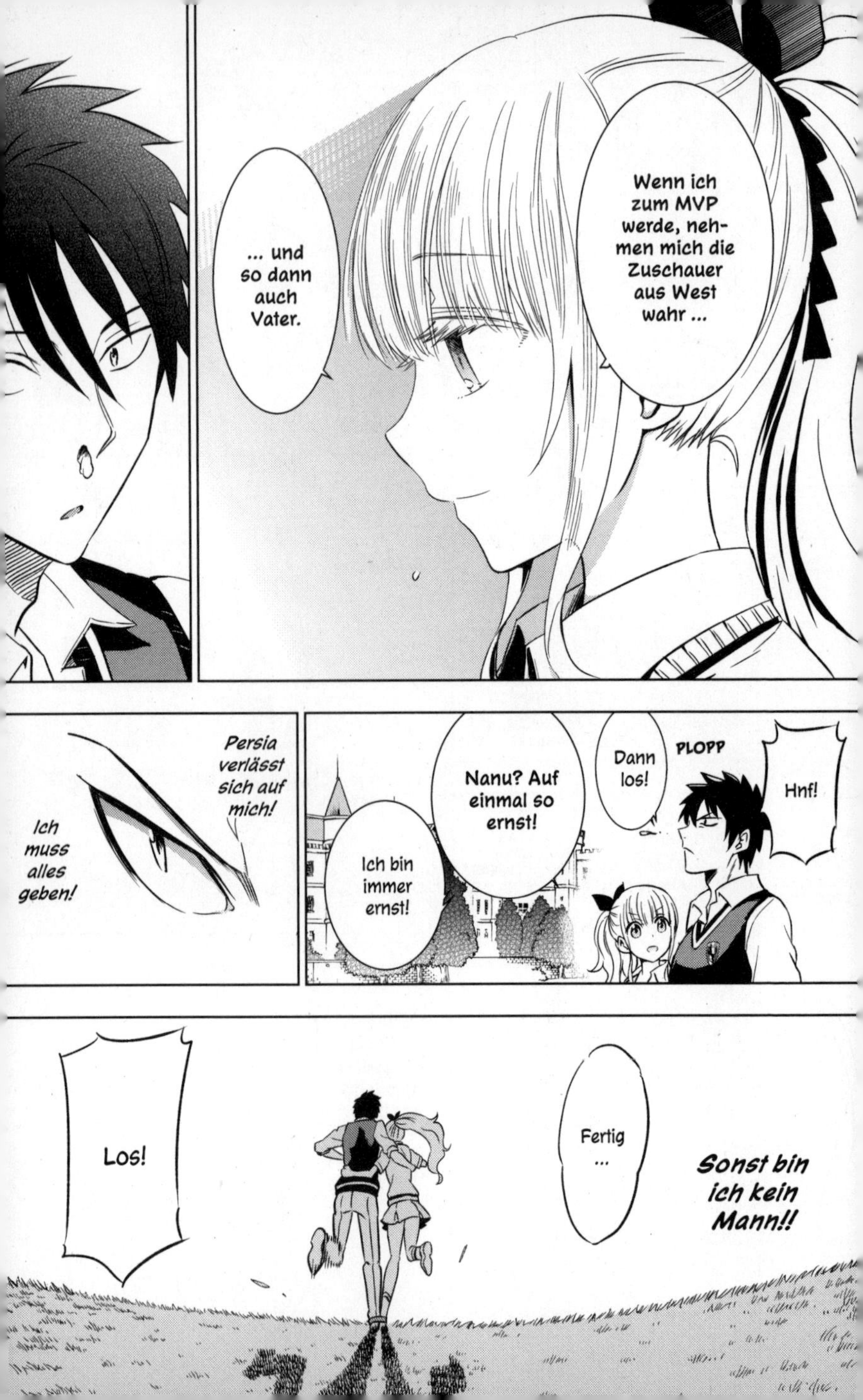
Wenn ich zum MVP werde, nehmen mich die Zuschauer aus West wahr ...
... und so dann auch Vater.
Hnf!
PLOPP
Dann los!
Nanu? Auf einmal so ernst!
Ich bin immer ernst!
Persia verlässt sich auf mich!
Ich muss alles geben!
Sonst bin ich kein Mann!!
Fertig ...
Los!

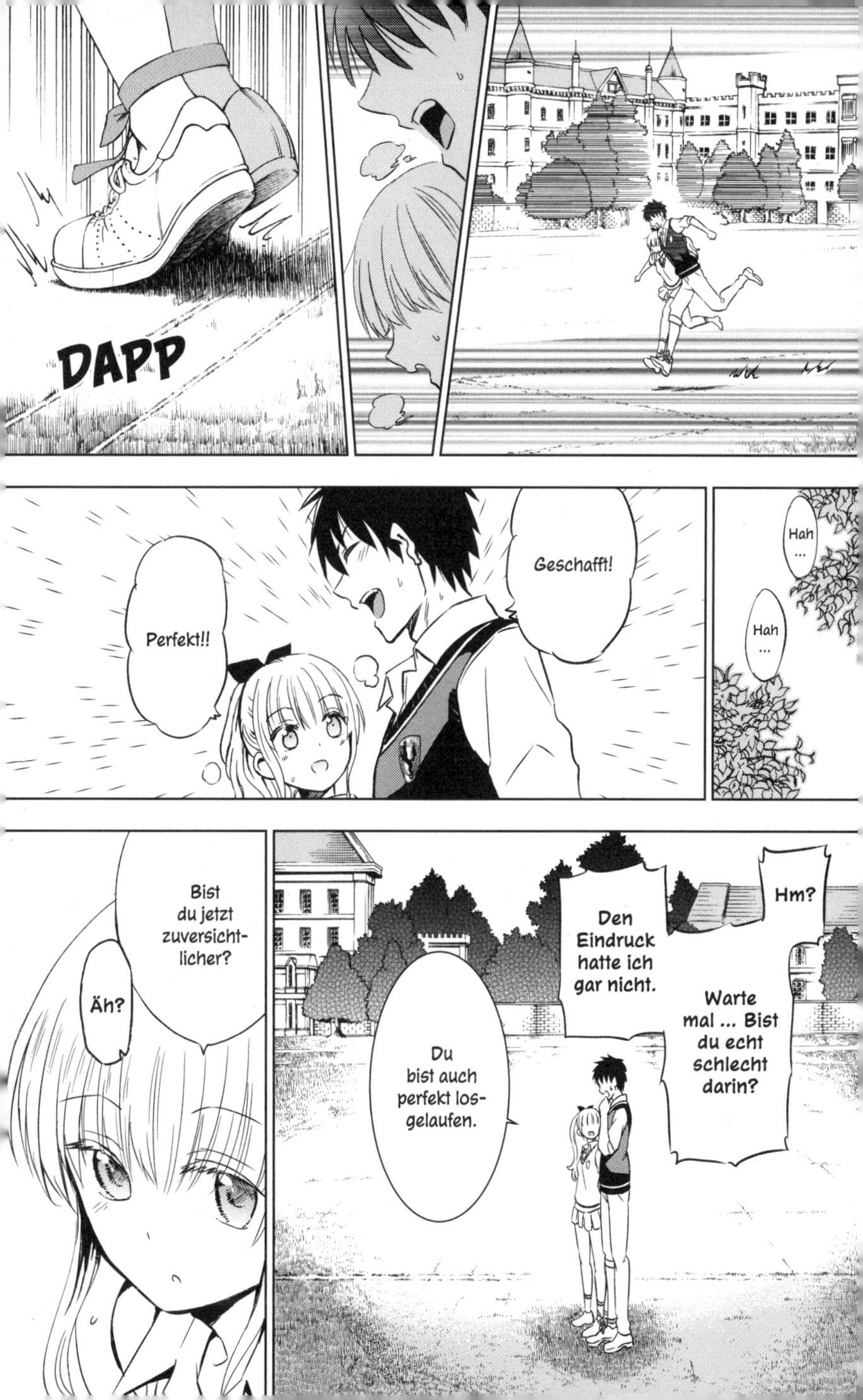
DAPP
Geschafft!
Perfekt!!
Hah ...
Hah ...
Hm?
Den Eindruck hatte ich gar nicht.
Warte mal ... Bist du echt schlecht darin?
Du bist auch perfekt losgelaufen.
Bist du jetzt zuversichtlicher?
Äh?

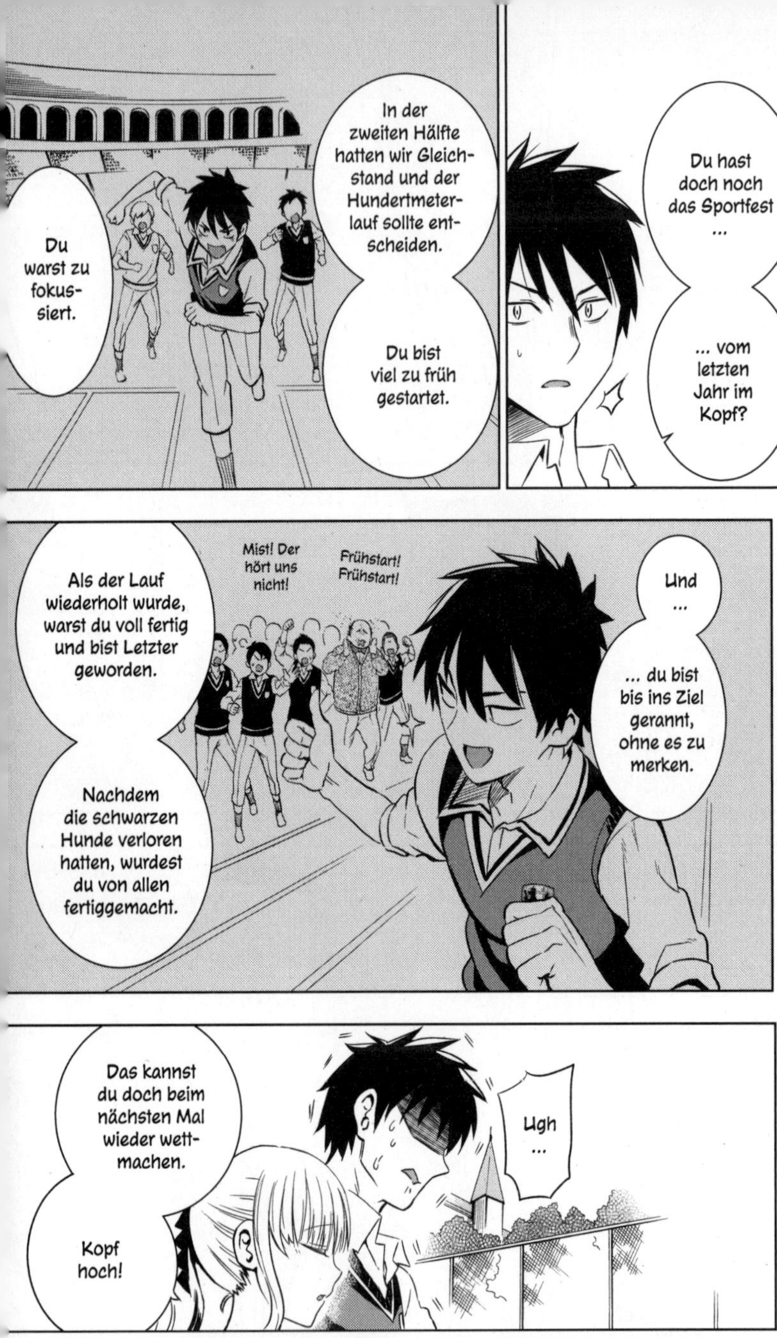
Du hast doch noch das Sportfest ...
... vom letzten Jahr im Kopf?
In der zweiten Hälfte hatten wir Gleichstand und der Hundertmeterlauf sollte entscheiden.
Du bist viel zu früh gestartet.
Du warst zu fokussiert.
Und ...
... du bist bis ins Ziel gerannt, ohne es zu merken.
Frühstart! Frühstart!
Mist! Der hört uns nicht!
Als der Lauf wiederholt wurde, warst du voll fertig und bist Letzter geworden.
Nachdem die schwarzen Hunde verloren hatten, wurdest du von allen fertiggemacht.
Ugh ...
Das kannst du doch beim nächsten Mal wieder wettmachen.
Kopf hoch!

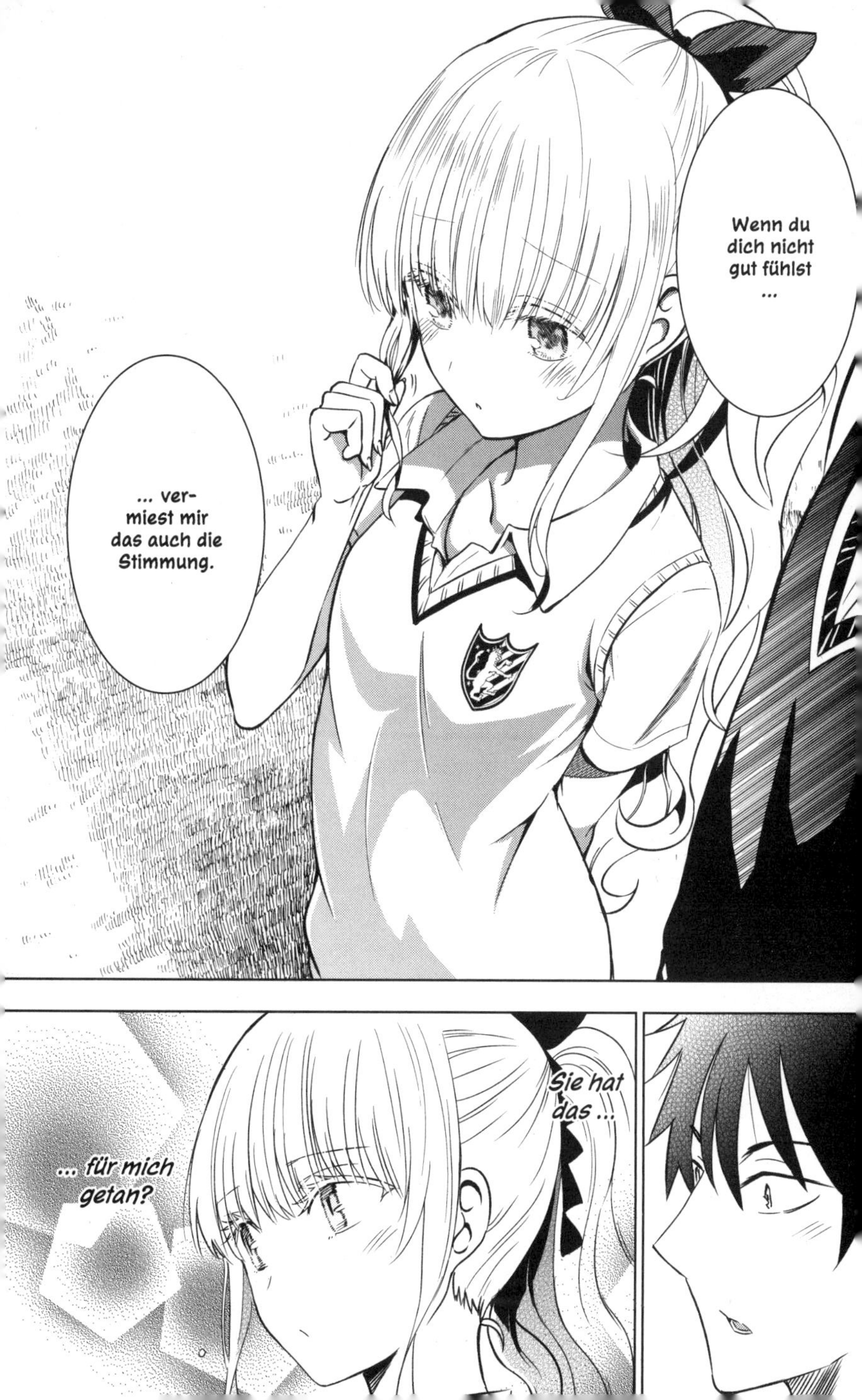
Wenn du dich nicht gut fühlst ...
... ver-miest mir das auch die Stimmung.
Sie hat das ...
... für mich getan?

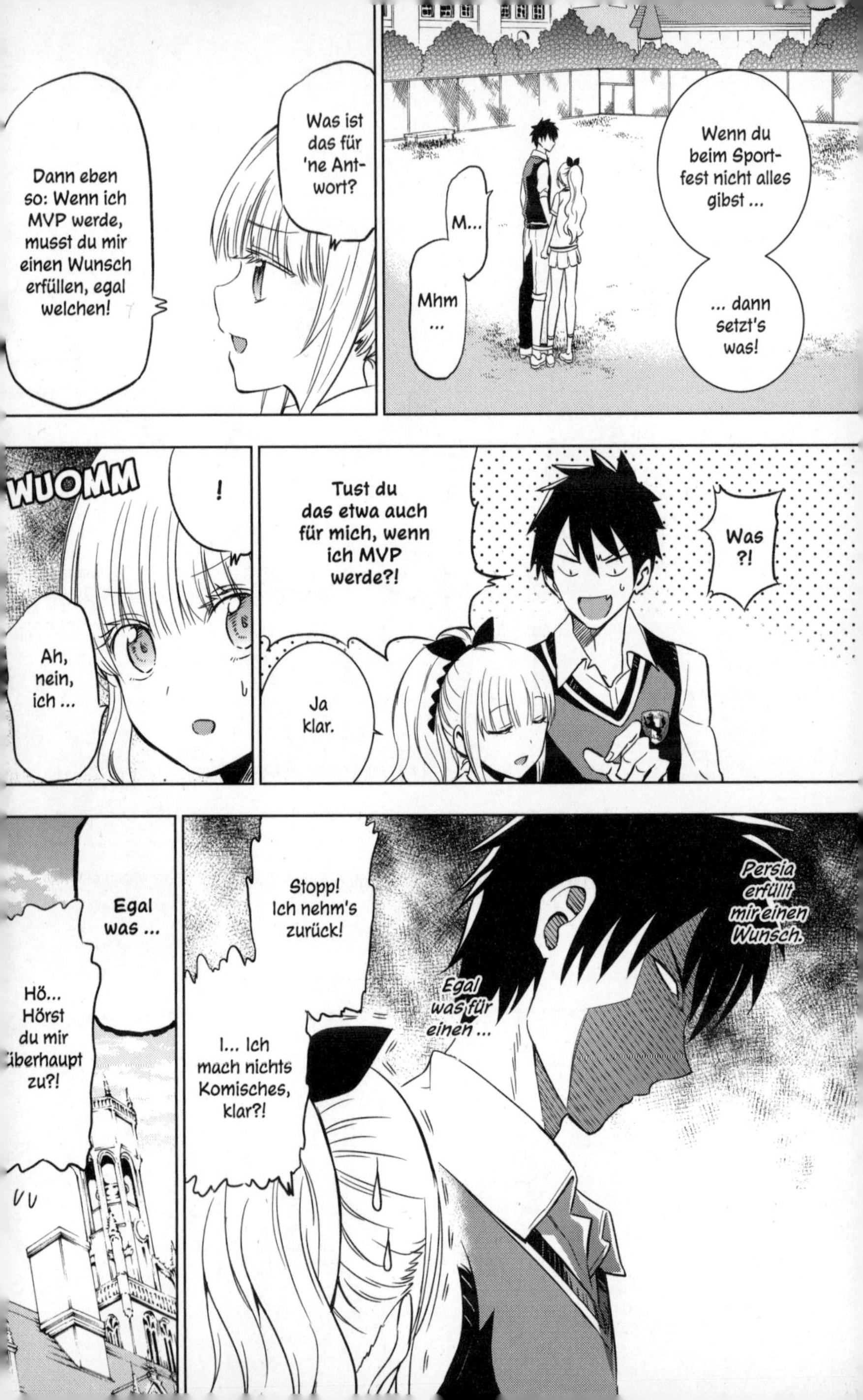
Wenn du beim Sportfest nicht alles gibst ...
... dann setzt's was!
M...
Mhm ...
Was ist das für 'ne Antwort?
Dann eben so: Wenn ich MVP werde, musst du mir einen Wunsch erfüllen, egal welchen!
Was ?!
Tust du das etwa auch für mich, wenn ich MVP werde?!
Ja klar.
WUOMM
!
Ah, nein, ich ...
Persia erfüllt mir einen Wunsch.
Egal was für einen ...
Stopp! Ich nehm's zurück!
I... Ich mach nichts Komisches, klar?!
Egal was ...
Hö... Hörst du mir überhaupt zu?!

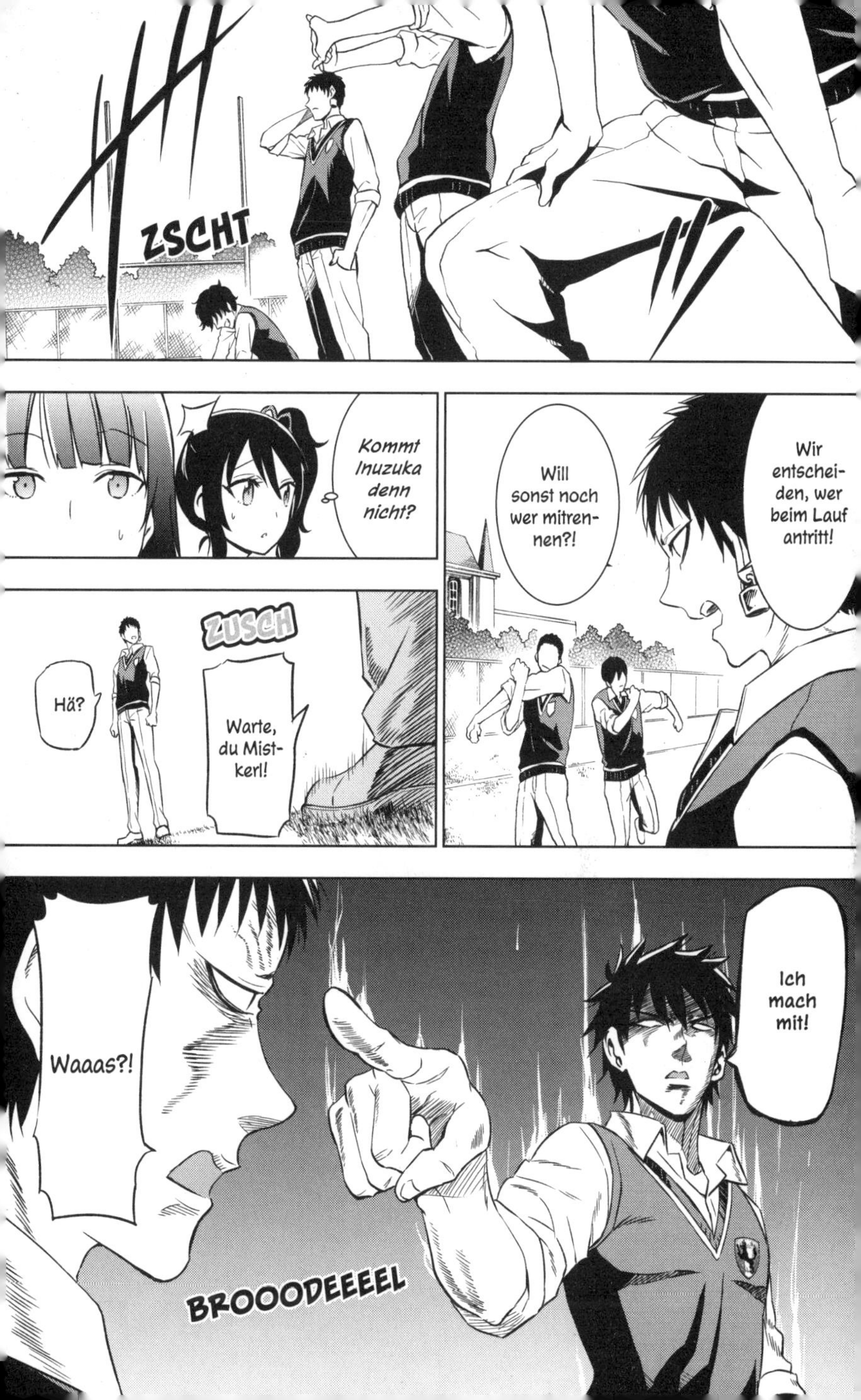
ZSCHT
Wir entscheiden, wer beim Lauf antritt!
Will sonst noch wer mitrennen?!
Kommt Inuzuka denn nicht?
ZUSCH
Warte, du Mistkerl!
Hä?
Ich mach mit!
Waaas?!
BROOODEEEEL

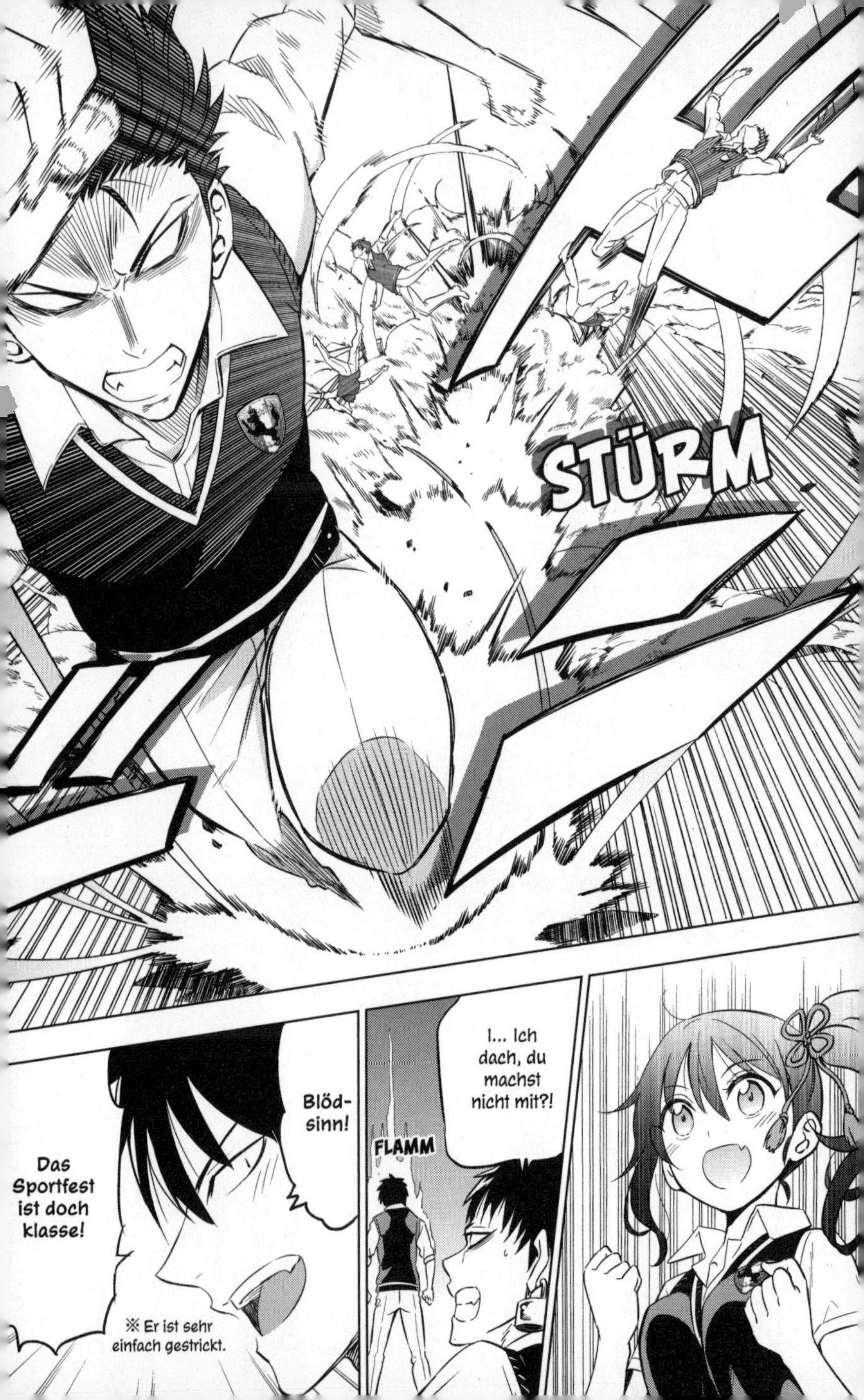
STÜRM
I... Ich dach, du machst nicht mit?!
FLAMM
Blöd-sinn!
Das Sportfest ist doch klasse!
※ Er ist sehr einfach gestrickt.

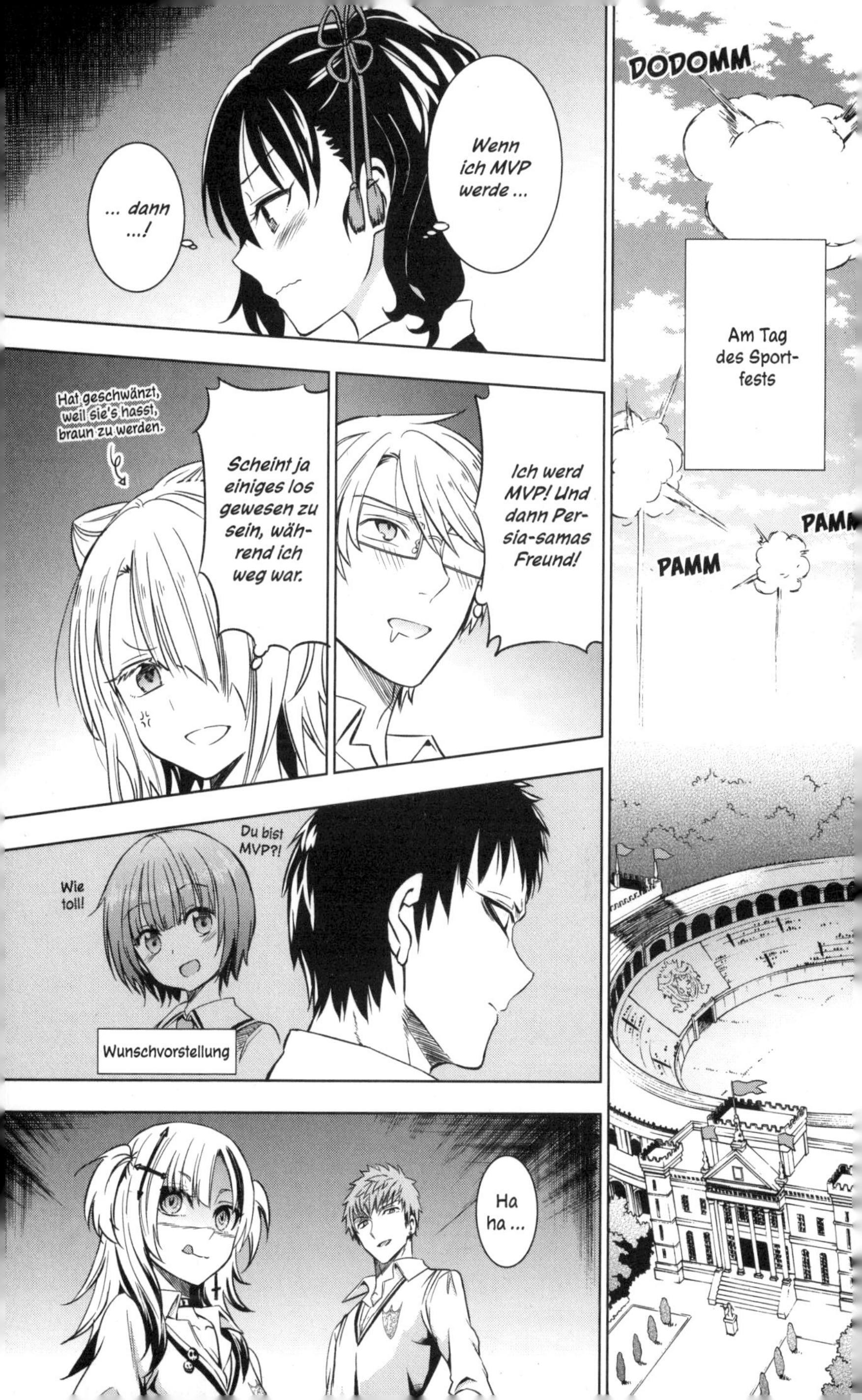
DODOMM
Am Tag des Sportfests
PAMM
PAMM
Wenn ich MVP werde ...
... dann ...!
Ich werd MVP! Und dann Persia-samas Freund!
Scheint ja einiges los gewesen zu sein, während ich weg war.
Hat geschwänzt, weil sie's hasst, braun zu werden.
Du bist MVP?!
Wie toll!
Wunschvorstellung
Ha ha ...

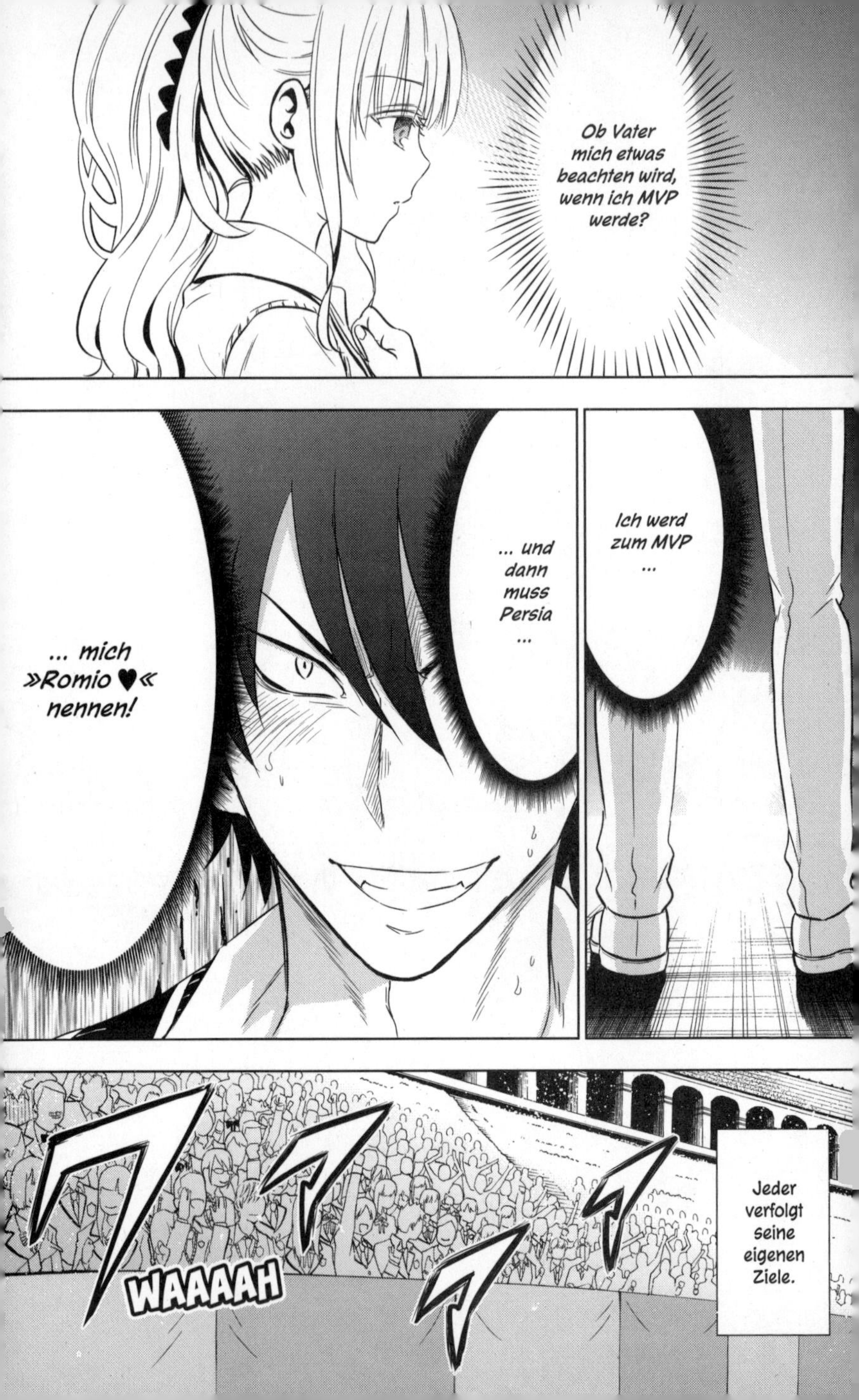
Ob Vater mich etwas beachten wird, wenn ich MVP werde?
Ich werd zum MVP ...
... und dann muss Persia ...
... mich »Romio ♥« nennen!
Jeder verfolgt seine eigenen Ziele.
WAAAAH

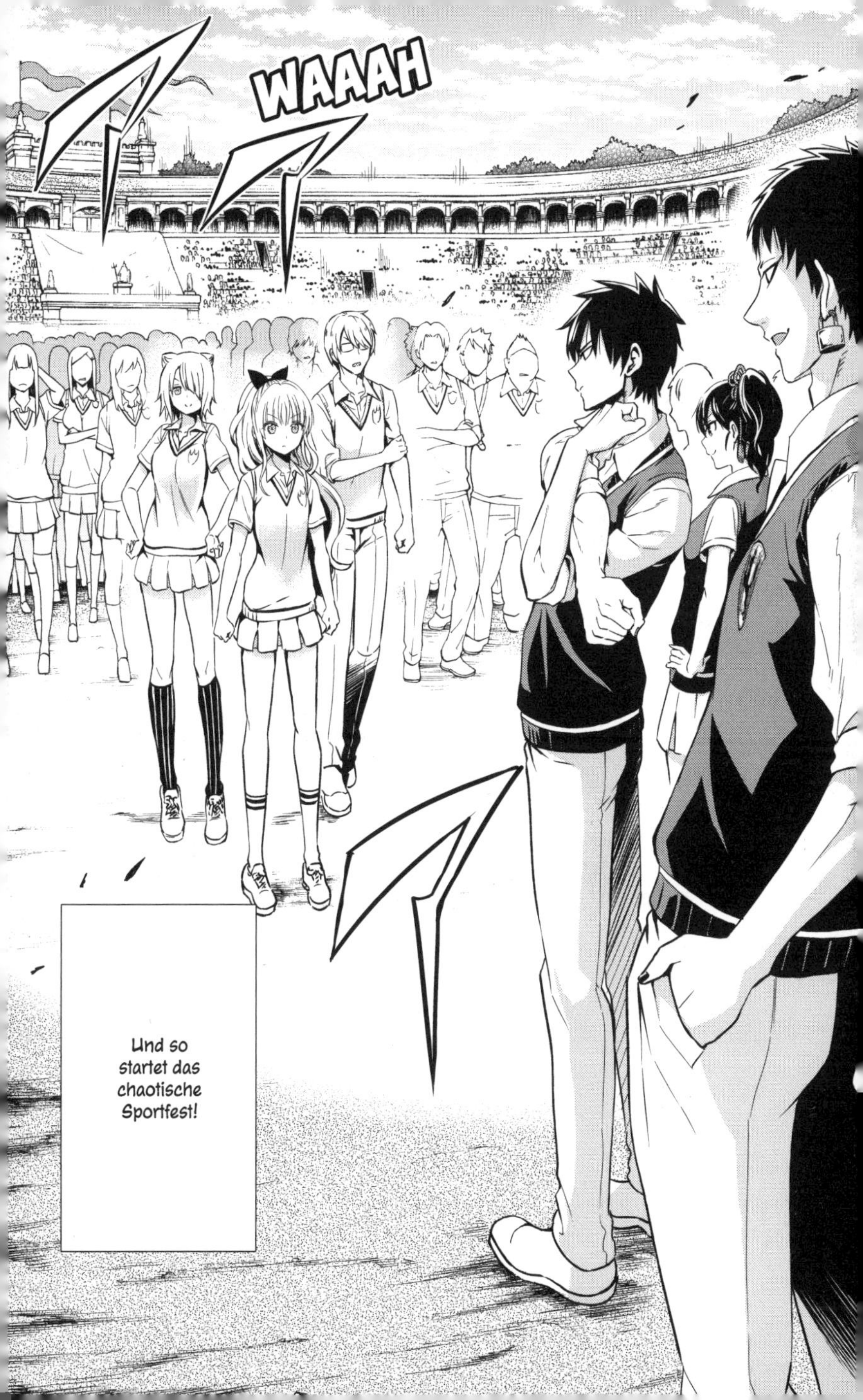
WAAAH
Und so startet das chaotische Sportfest!

10. Szene
Das Sportfest und Juliet

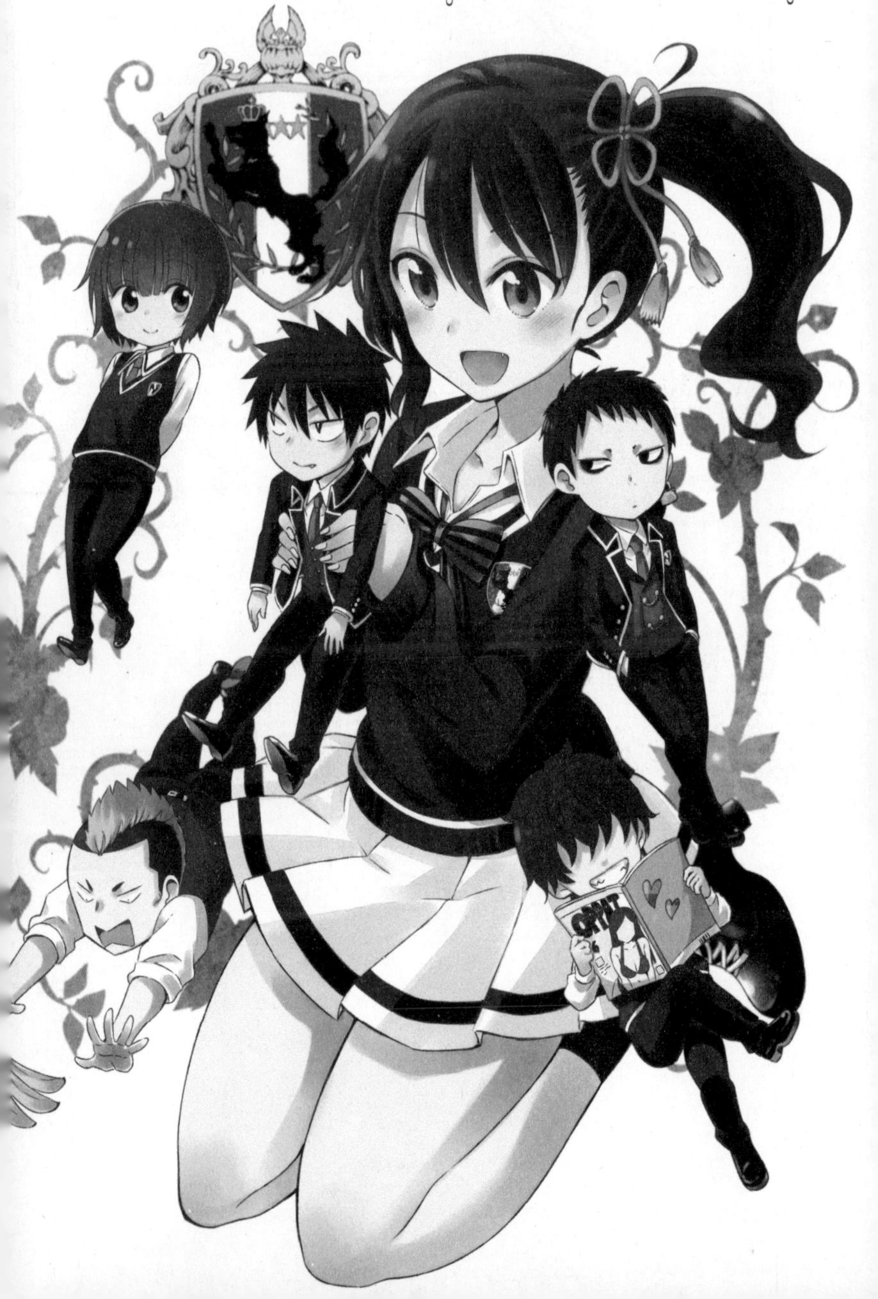

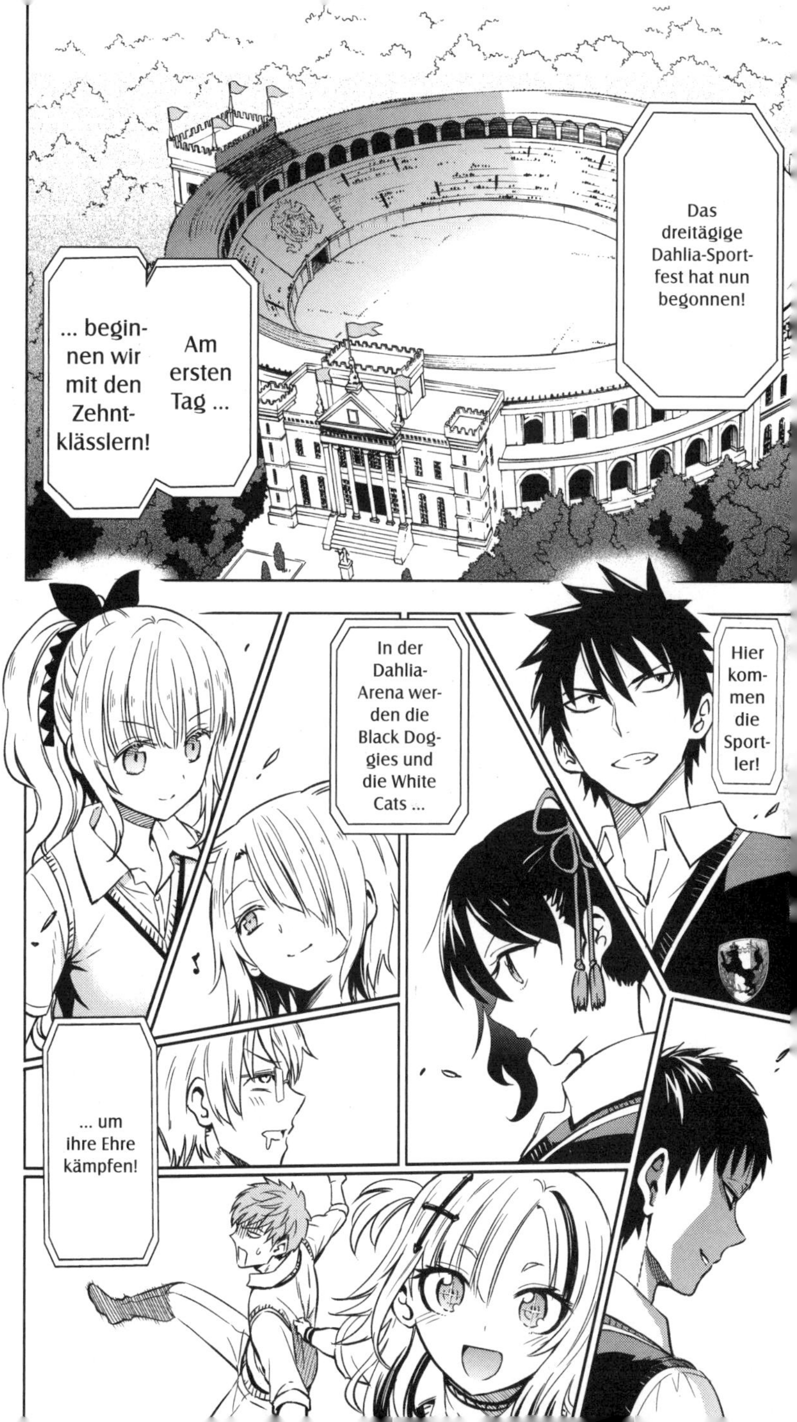
Das dreitägige Dahlia-Sportfest hat nun begonnen!
Am ersten Tag ...
... beginnen wir mit den Zehntklässlern!
Hier kommen die Sportler!
In der Dahlia-Arena werden die Black Doggies und die White Cats ...
... um ihre Ehre kämpfen!

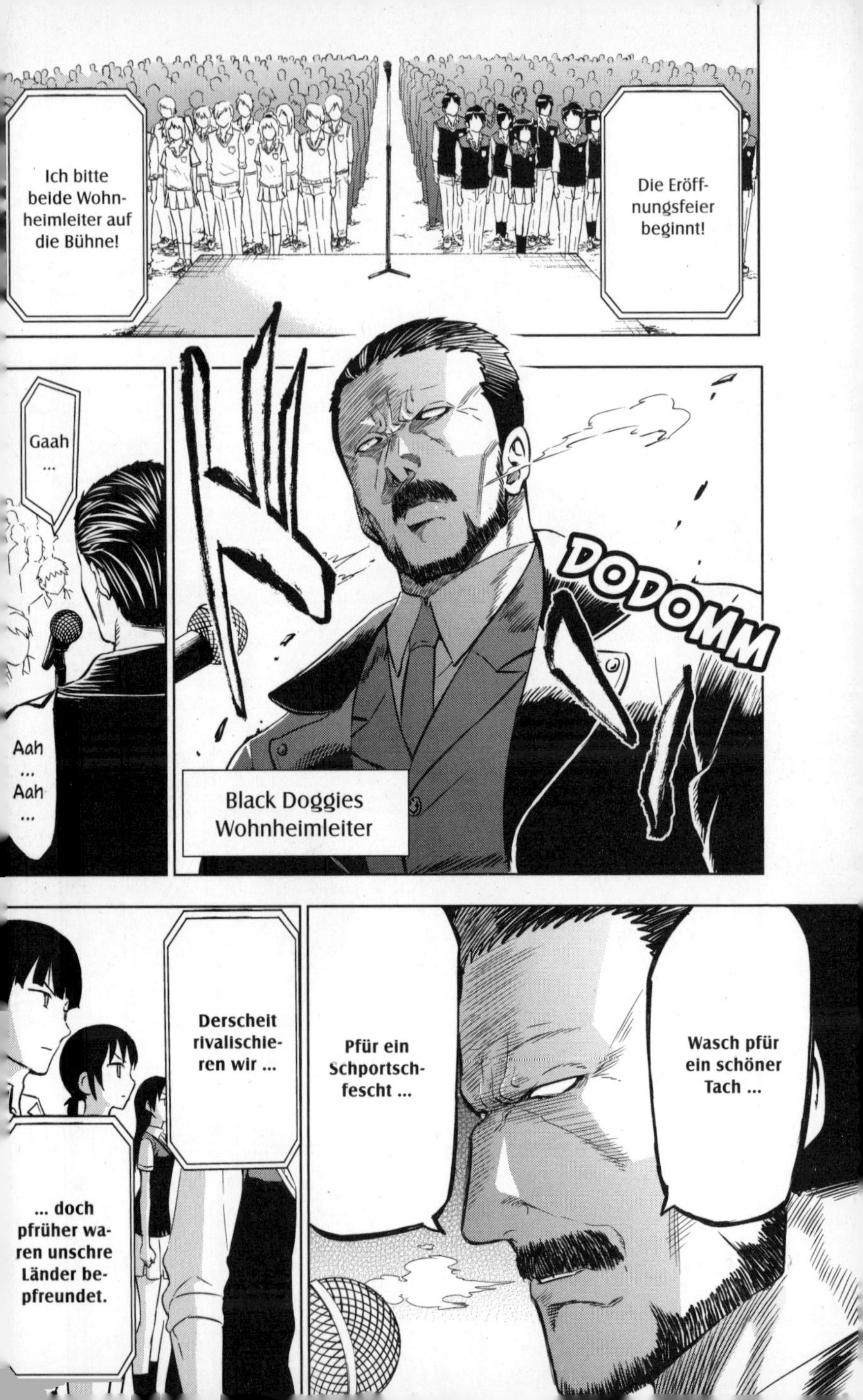
Die Eröffnungsfeier beginnt!
Ich bitte beide Wohnheimleiter auf die Bühne!
DODOMM
Black Doggies Wohnheimleiter
Gaah ...
Aah ... Aah ...
Wasch pfür ein schöner Tach ...
Pfür ein Schportschfescht ...
Derscheit rivalischieren wir ...
... doch pfrüher waren unschre Länder bepfreundet.

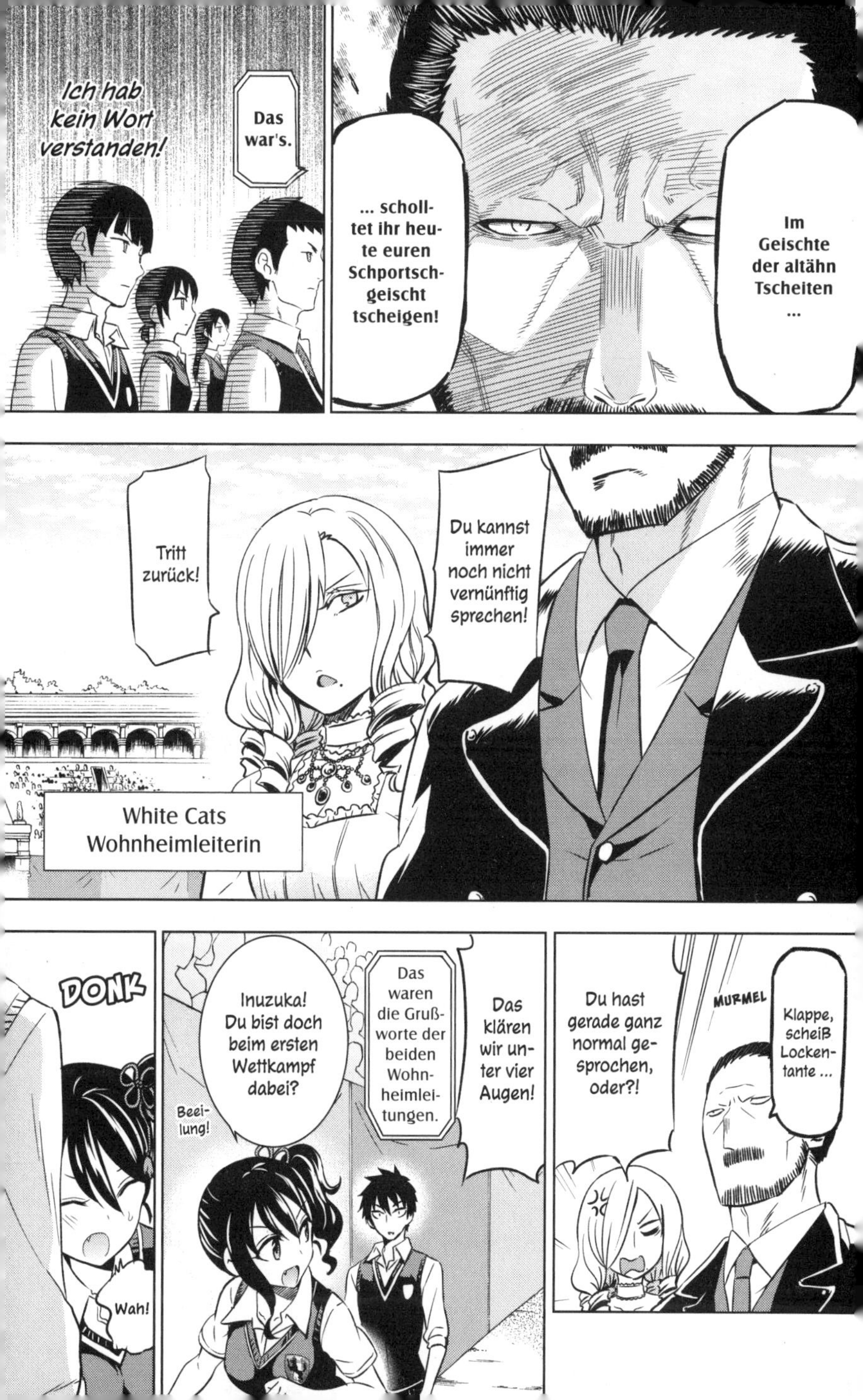

Im Geischte der altähn Tscheiten ...
... schollte ihr heute euren Schportschgeischt tscheigen!
Das war's.
Ich hab kein Wort verstanden!
Du kannst immer noch nicht vernünftig sprechen!
Tritt zurück!
White Cats Wohnheimleiterin
Klappe, scheiß Lockentante ...
MURMEL
Du hast gerade ganz normal gesprochen, oder?!
Das klären wir unter vier Augen!
Das waren die Grußworte der beiden Wohnheimleitungen.
Inuzuka! Du bist doch beim ersten Wettkampf dabei?
Beeilung!
DONK
Wah!

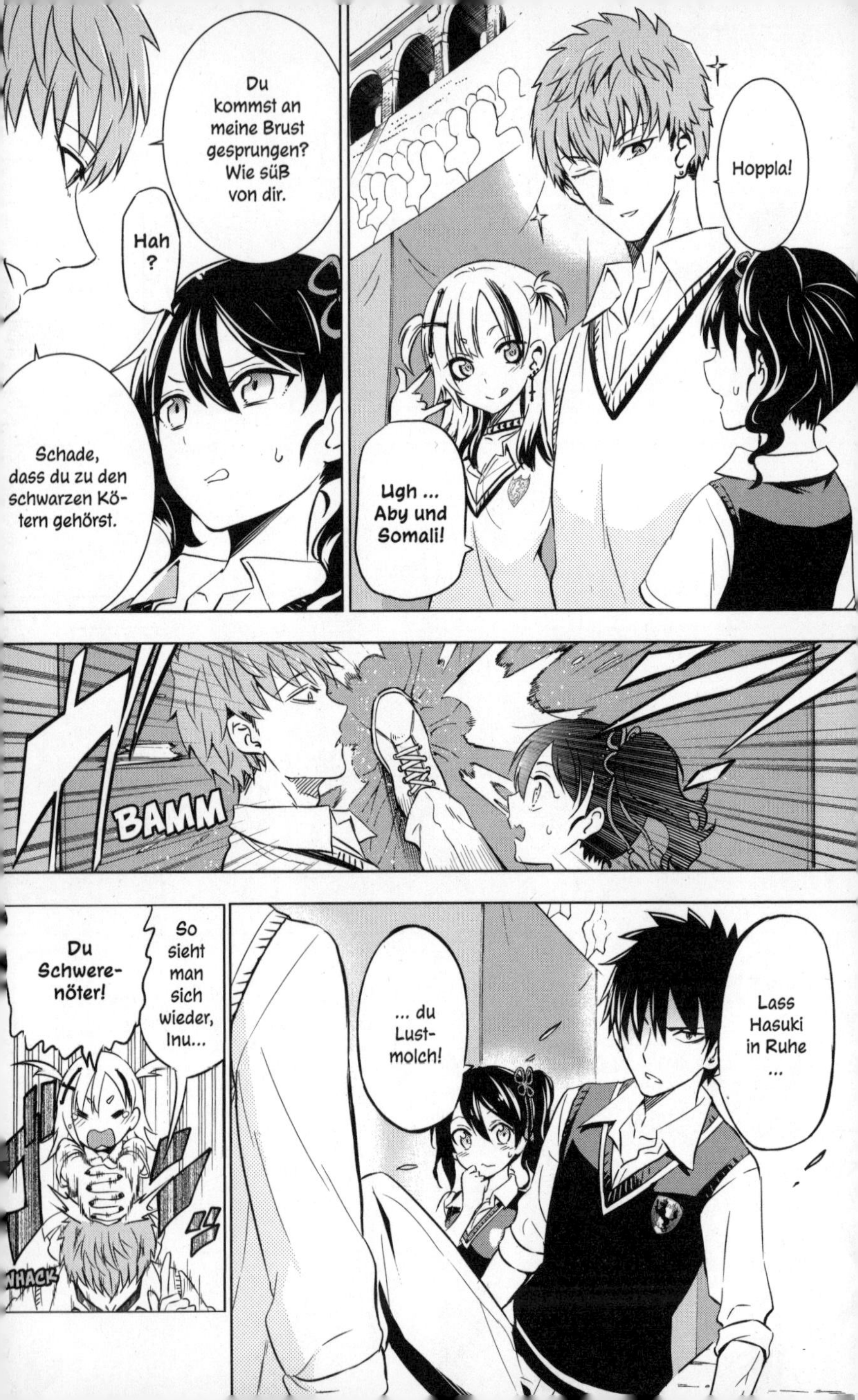

Hoppla!
Ugh ... Aby und Somali!
Du kommst an meine Brust gesprungen? Wie süß von dir.
Hah?
Schade, dass du zu den schwarzen Kötern gehörst.
BAMM
Lass Hasuki in Ruhe ...
... du Lustmolch!
So sieht man sich wieder, Inu...
Du Schwerenöter!
WHACK

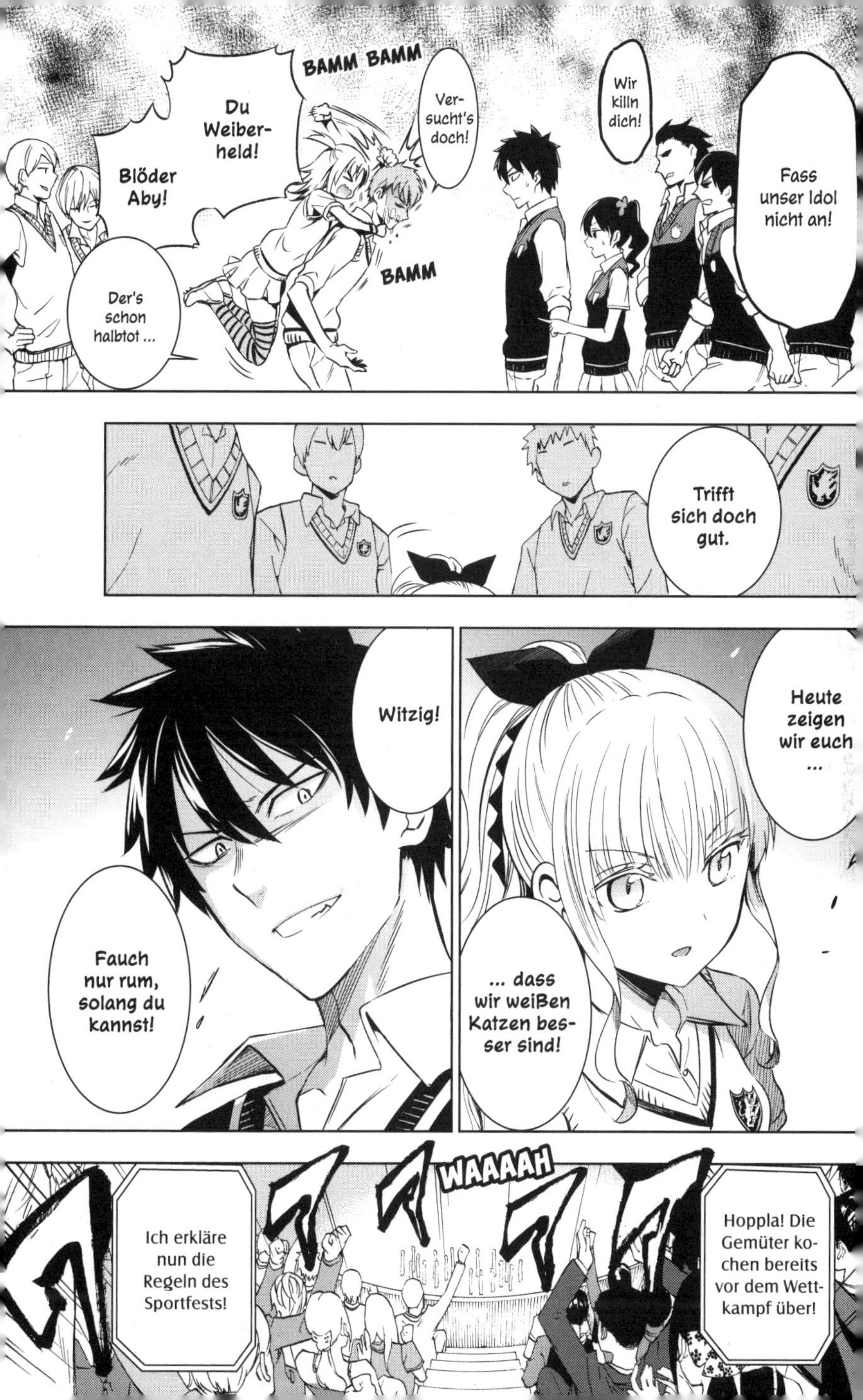

Fass unser Idol nicht an!
Wir killn dich!
Versucht's doch!
BAMM BAMM
Du Weiberheld!
Blöder Aby!
BAMM
Der's schon halbtot ...
Trifft sich doch gut.
Heute zeigen wir euch ...
... dass wir weißen Katzen besser sind!
Witzig!
Fauch nur rum, solang du kannst!
Hoppla! Die Gemüter kochen bereits vor dem Wettkampf über!
WAAAAH
Ich erkläre nun die Regeln des Sportfests!

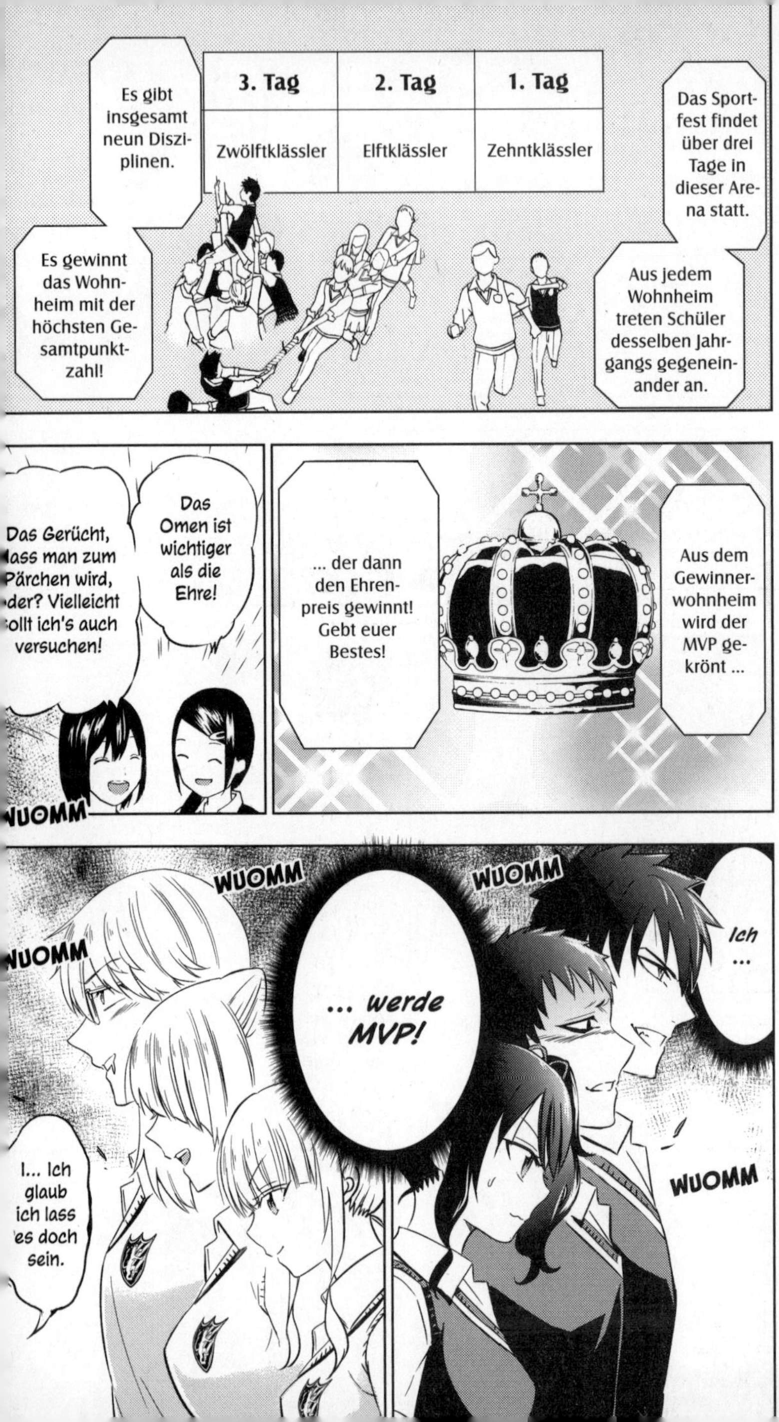
Das Sportfest findet über drei Tage in dieser Arena statt.
1. Tag Zehntklässler
2. Tag Elftklässler
3. Tag Zwölftklässler
Aus jedem Wohnheim treten Schüler desselben Jahrgangs gegeneinander an.
Es gibt insgesamt neun Disziplinen.
Es gewinnt das Wohnheim mit der höchsten Gesamtpunktzahl!
Aus dem Gewinnerwohnheim wird der MVP gekrönt ...
... der dann den Ehrenpreis gewinnt! Gebt euer Bestes!
Das Omen ist wichtiger als die Ehre!
Das Gerücht, lass man zum Pärchen wird, der? Vielleicht ollt ich's auch versuchen!
WUOMM
Ich ...
WUOMM
... werde MVP!
WUOMM
WUOMM
WUOMM
I... Ich glaub ich lass es doch sein.

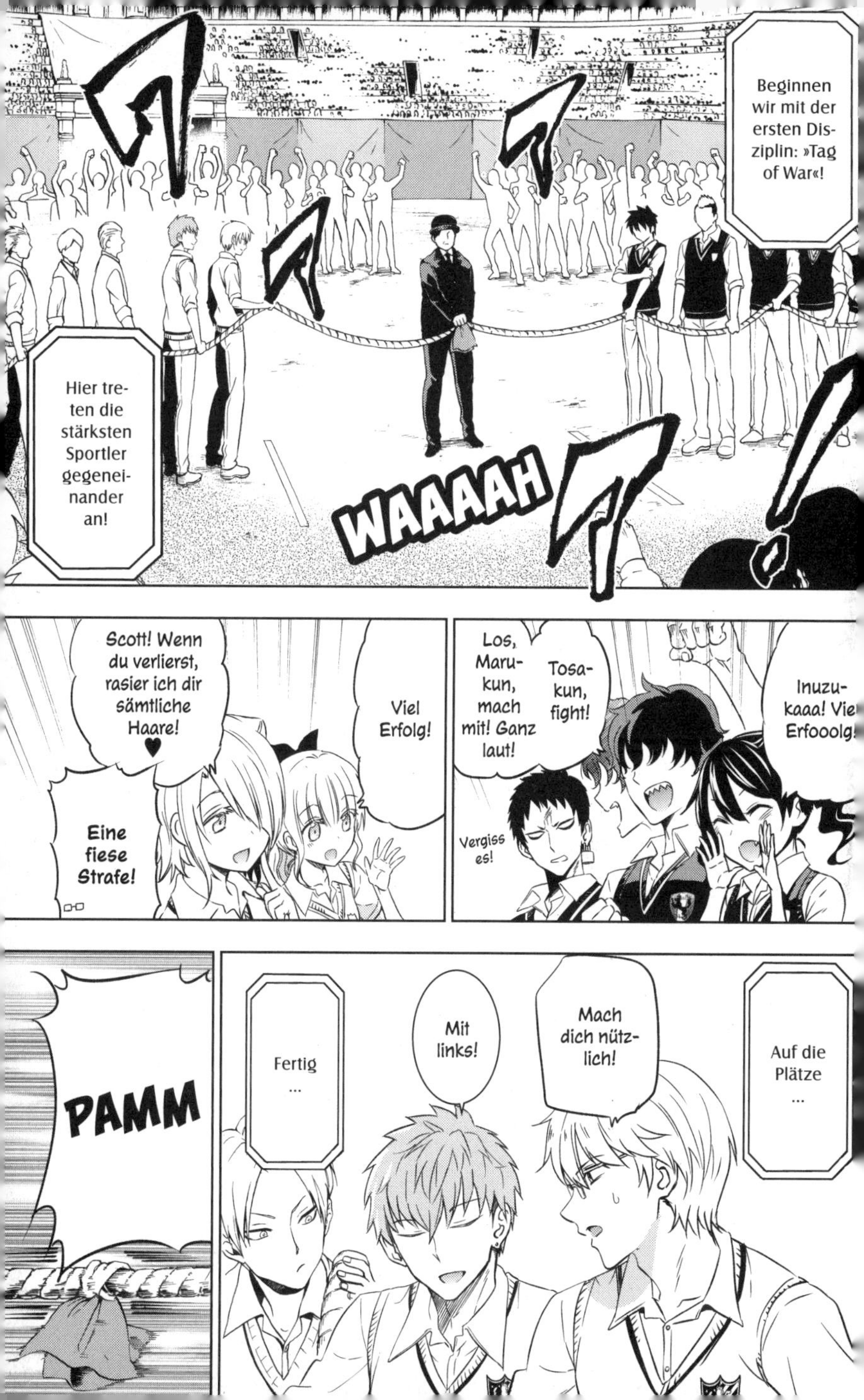

Beginnen wir mit der ersten Dis-ziplin: »Tag of War«!
Hier tre-ten die stärksten Sportler gegenei-nander an!
WAAAAH
Inuzu-kaaa! Vie Erfooolg
Tosa-kun, fight!
Los, Maru-kun, mach mit! Ganz laut!
Vergiss es!
Viel Erfolg!
Scott! Wenn du verlierst, rasier ich dir sämtliche Haare! ♥
Eine fiese Strafe!
Auf die Plätze ...
Mach dich nütz-lich!
Mit links!
Fertig ...
PAMM

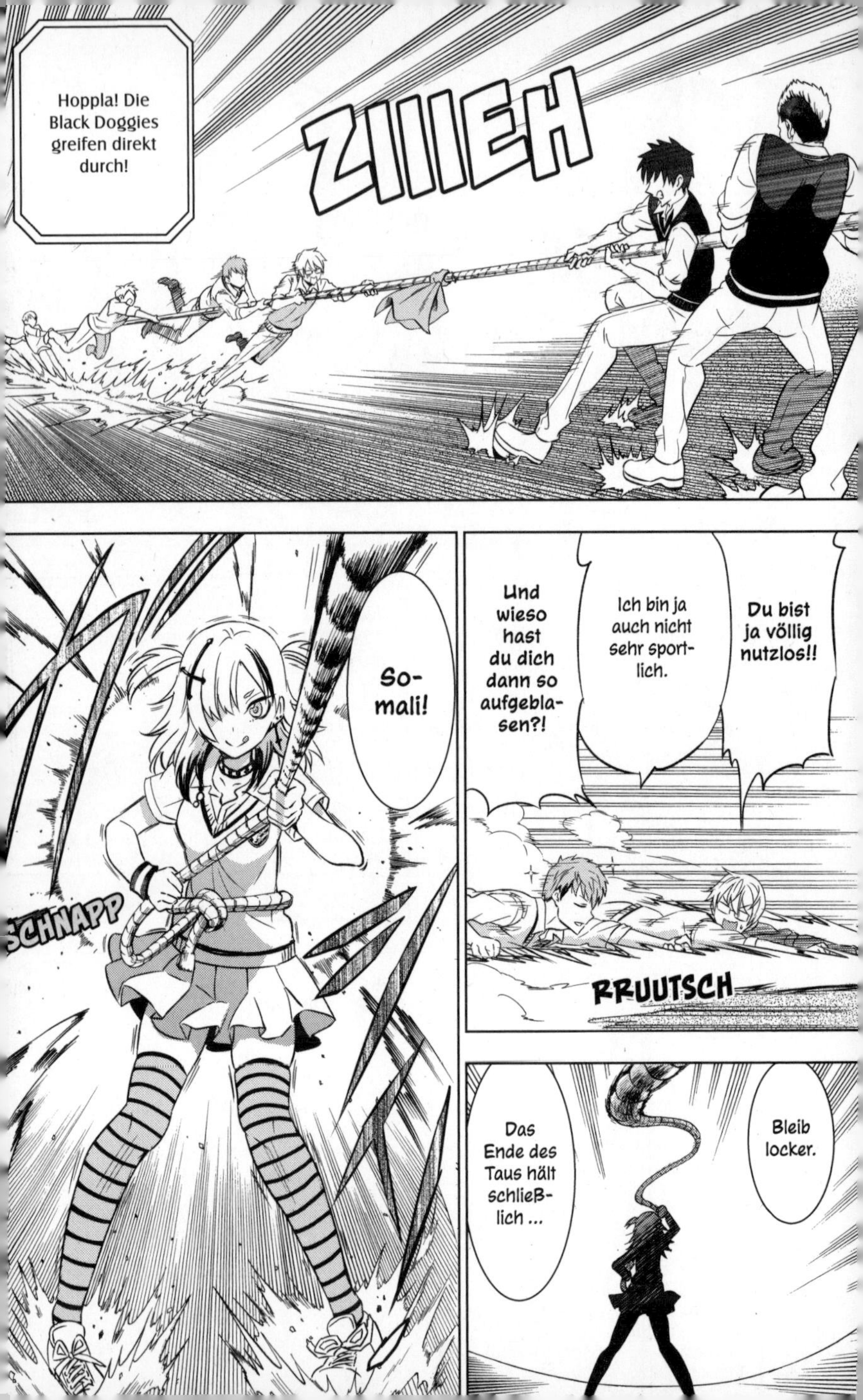
Hoppla! Die Black Doggies greifen direkt durch!
ZIIIEH
Du bist ja völlig nutzlos!!
Ich bin ja auch nicht sehr sportlich.
Und wieso hast du dich dann so aufgeblasen?!
RRUUTSCH
Bleib locker.
Das Ende des Taus hält schließlich ...
So-mali!
SCHNAPP

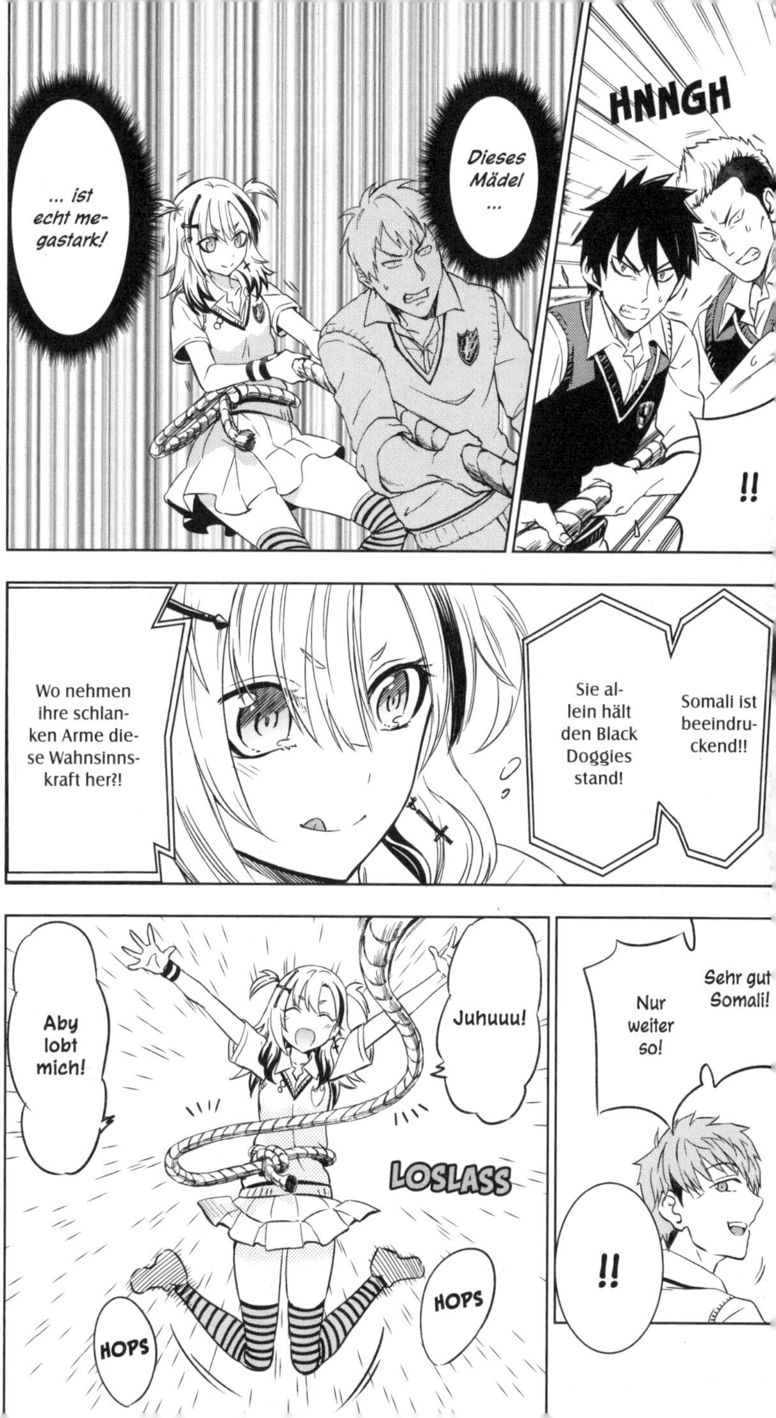
HNNGH
!!
Dieses Mädel ...
... ist echt me-gastark!
Somali ist beeindru-ckend!!
Sie al-lein hält den Black Doggies stand!
Wo nehmen ihre schlan-ken Arme die-se Wahnsinns-kraft her?!
Sehr gut Somali!
Nur weiter so!
!!
Juhuuu!
Aby lobt mich!
LOSLASS
HOPS
HOPS

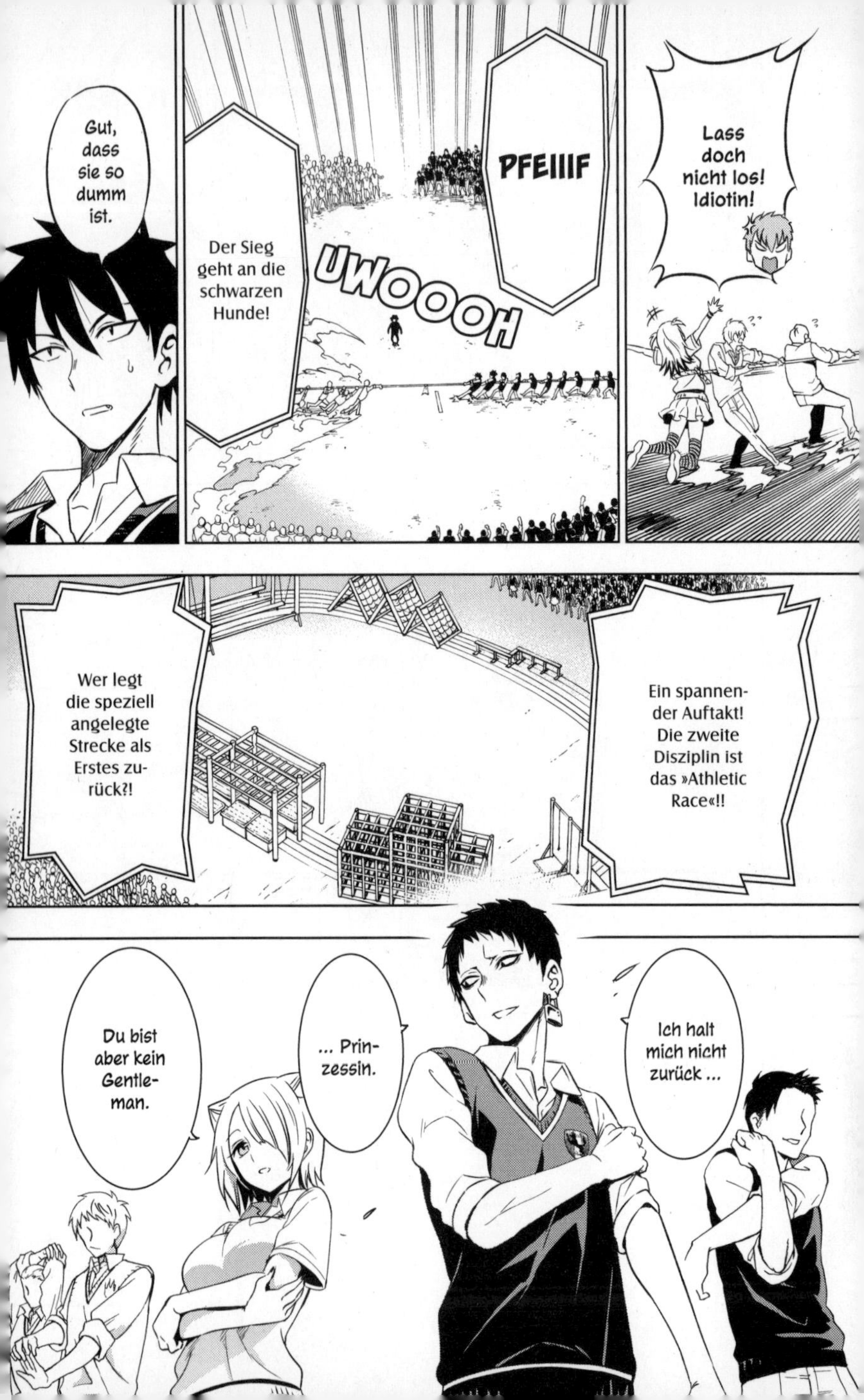
Lass doch nicht los! Idiotin!
PFEIIIF
UWOOOH
Der Sieg geht an die schwarzen Hunde!
Gut, dass sie so dumm ist.
Ein spannender Auftakt! Die zweite Disziplin ist das »Athletic Race«!!
Wer legt die speziell angelegte Strecke als Erstes zurück?!
Ich halt mich nicht zurück ...
... Prinzessin.
Du bist aber kein Gentleman.

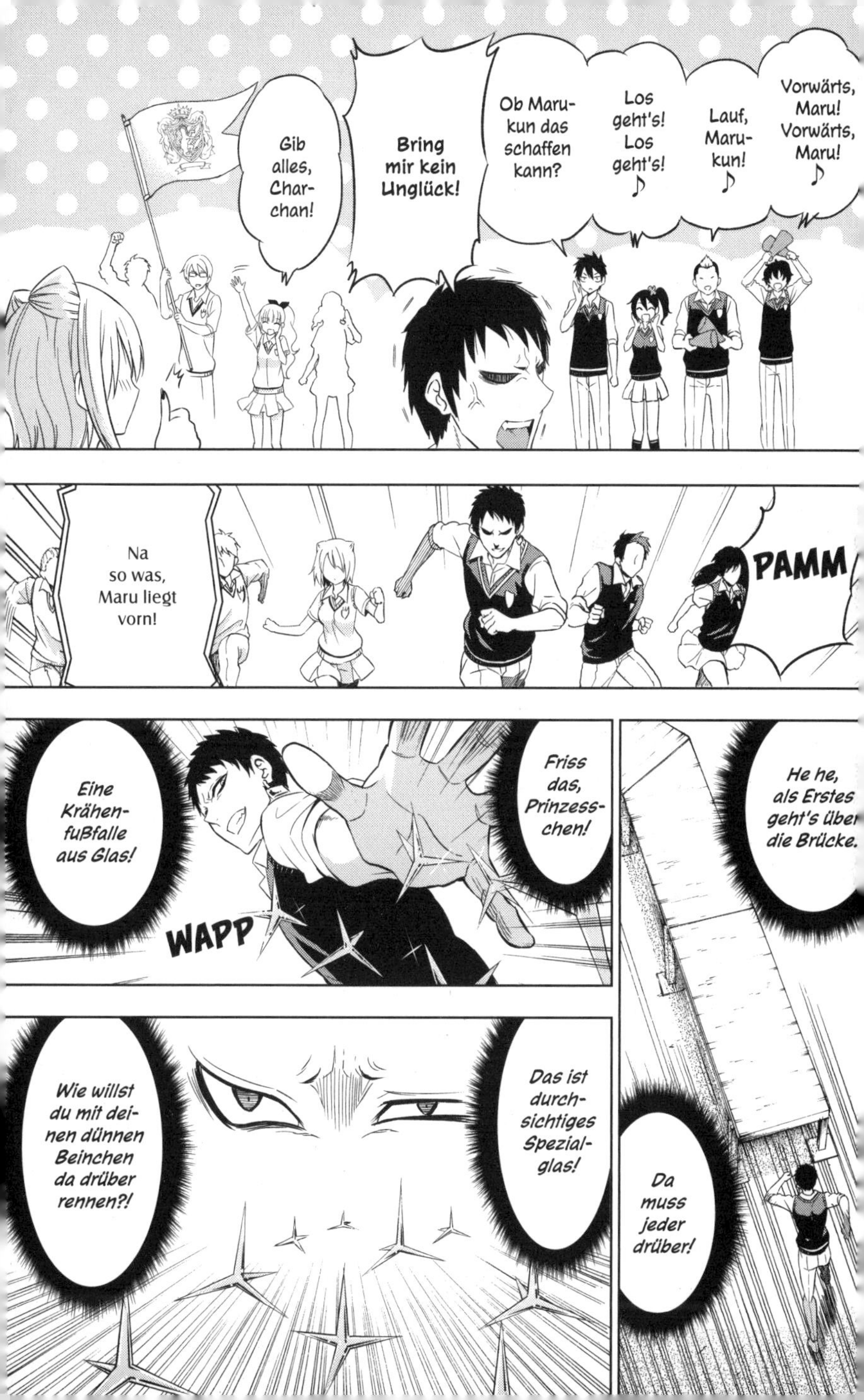
Vorwärts, Maru! Vorwärts, Maru! ♪
Lauf, Maru-kun! ♪
Los geht's! Los geht's! ♪
Ob Maru-kun das schaffen kann?
Bring mir kein Unglück!
Gib alles, Char-chan!
PAMM
Na so was, Maru liegt vorn!
He he, als Erstes geht's übe[r] die Brücke.
Friss das, Prinzess-chen!
Eine Krähen-fußfalle aus Glas!
WAPP
Da muss jeder drüber!
Das ist durch-sichtiges Spezial-glas!
Wie willst du mit dei-nen dünnen Beinchen da drüber rennen?!

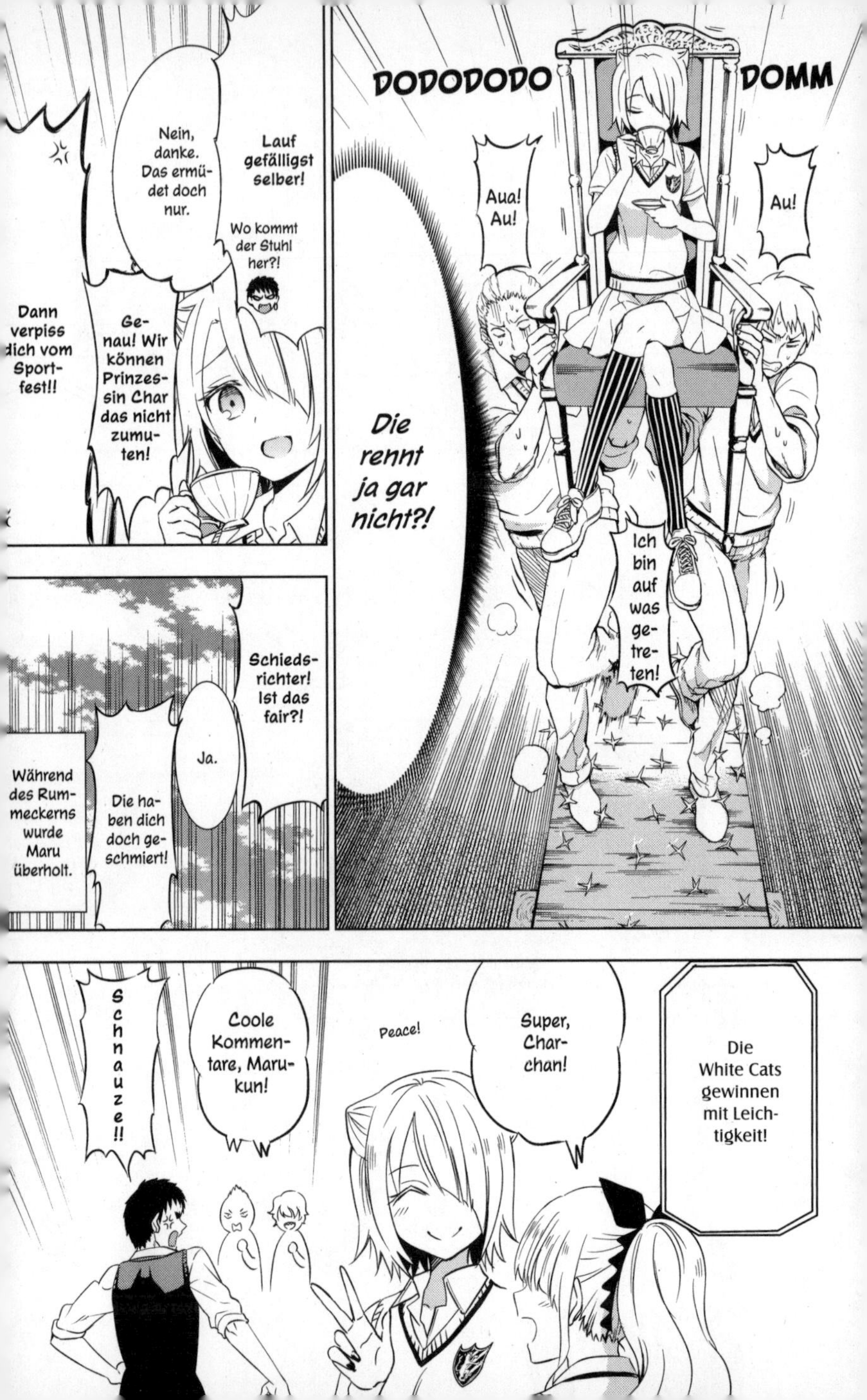
DODODODO DOMM
Aua! Au!
Au!
Die rennt ja gar nicht?!
Ich bin auf was getreten!
Lauf gefälligst selber!
Nein, danke. Das ermüdet doch nur.
Wo kommt der Stuhl her?!
Genau! Wir können Prinzessin Char das nicht zumuten!
Dann verpiss dich vom Sportfest!!
Schiedsrichter! Ist das fair?!
Ja.
Die haben dich doch geschmiert!
Während des Rummeckerns wurde Maru überholt.
Die White Cats gewinnen mit Leichtigkeit!
Super, Char-chan!
Peace!
Coole Kommentare, Maru-kun!
Schnauze!!

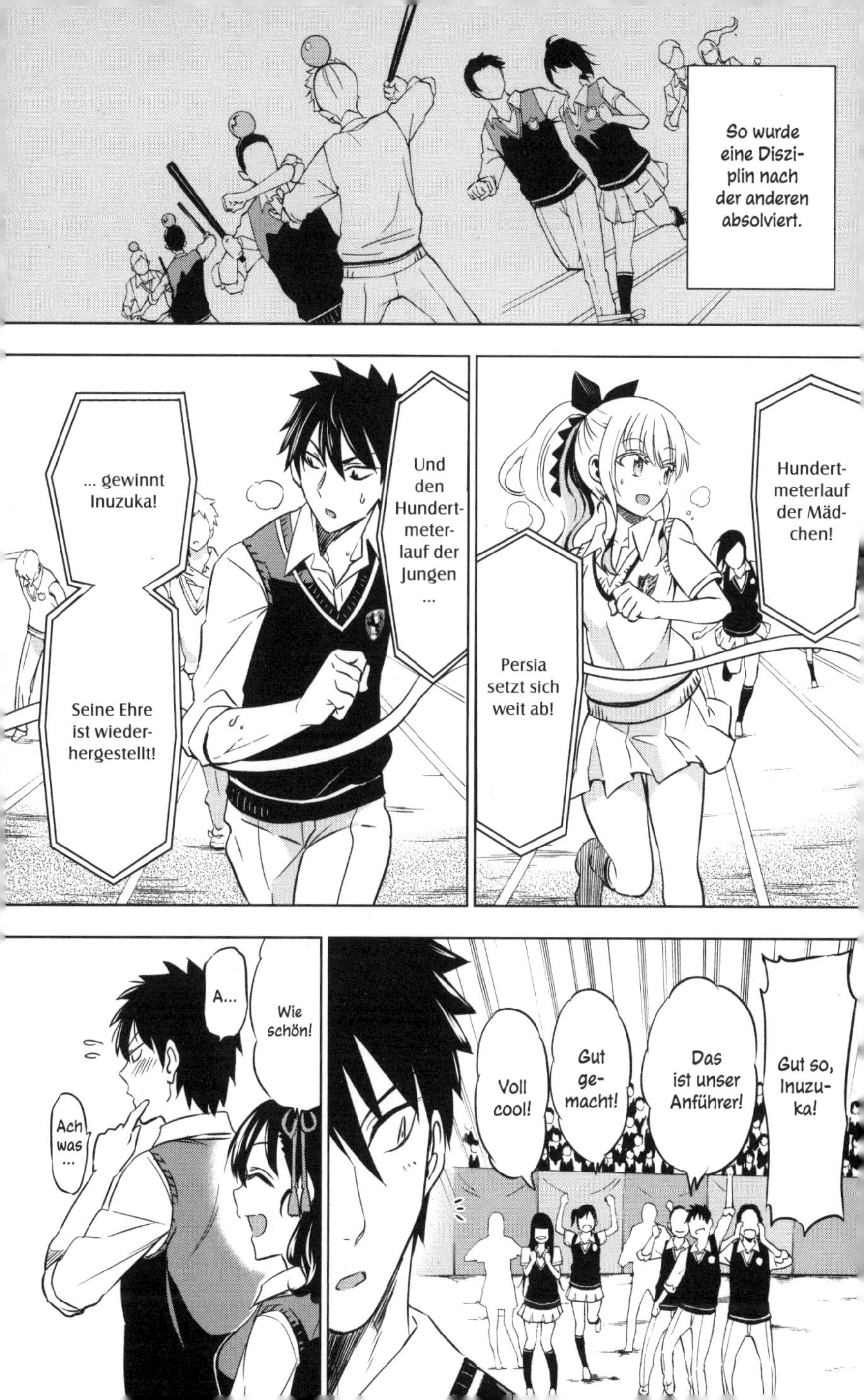

So wurde eine Disziplin nach der anderen absolviert.
Hundertmeterlauf der Mädchen!
Persia setzt sich weit ab!
Und den Hundertmeterlauf der Jungen …
… gewinnt Inuzuka!
Seine Ehre ist wiederhergestellt!
Gut so, Inuzuka!
Das ist unser Anführer!
Gut gemacht!
Voll cool!
Wie schön!
A…
Ach was …

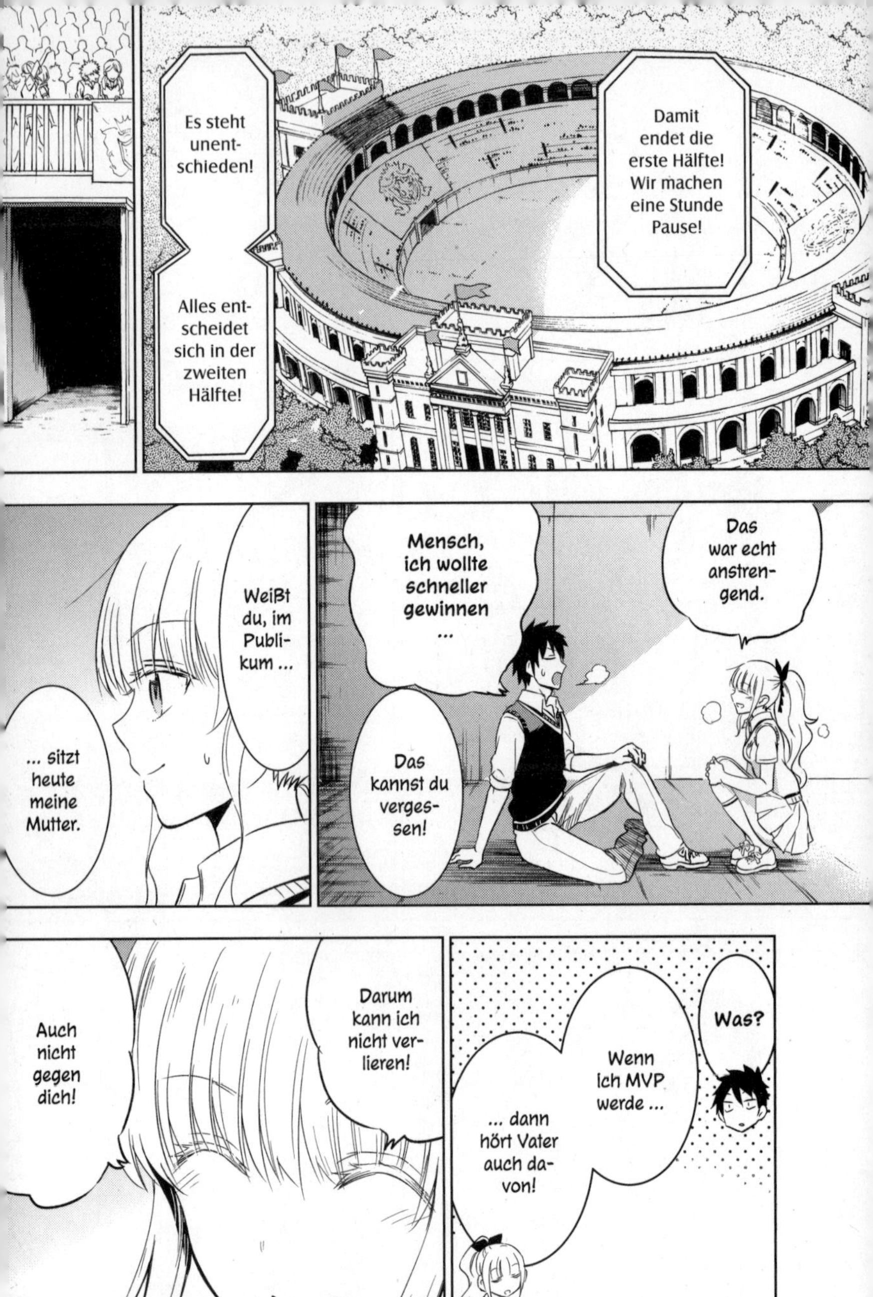

Damit endet die erste Hälfte! Wir machen eine Stunde Pause!
Es steht unentschieden!
Alles entscheidet sich in der zweiten Hälfte!
Das war echt anstrengend.
Mensch, ich wollte schneller gewinnen ...
Das kannst du vergessen!
Weißt du, im Publikum ...
... sitzt heute meine Mutter.
Was?
Wenn ich MVP werde ...
... dann hört Vater auch davon!
Darum kann ich nicht verlieren!
Auch nicht gegen dich!

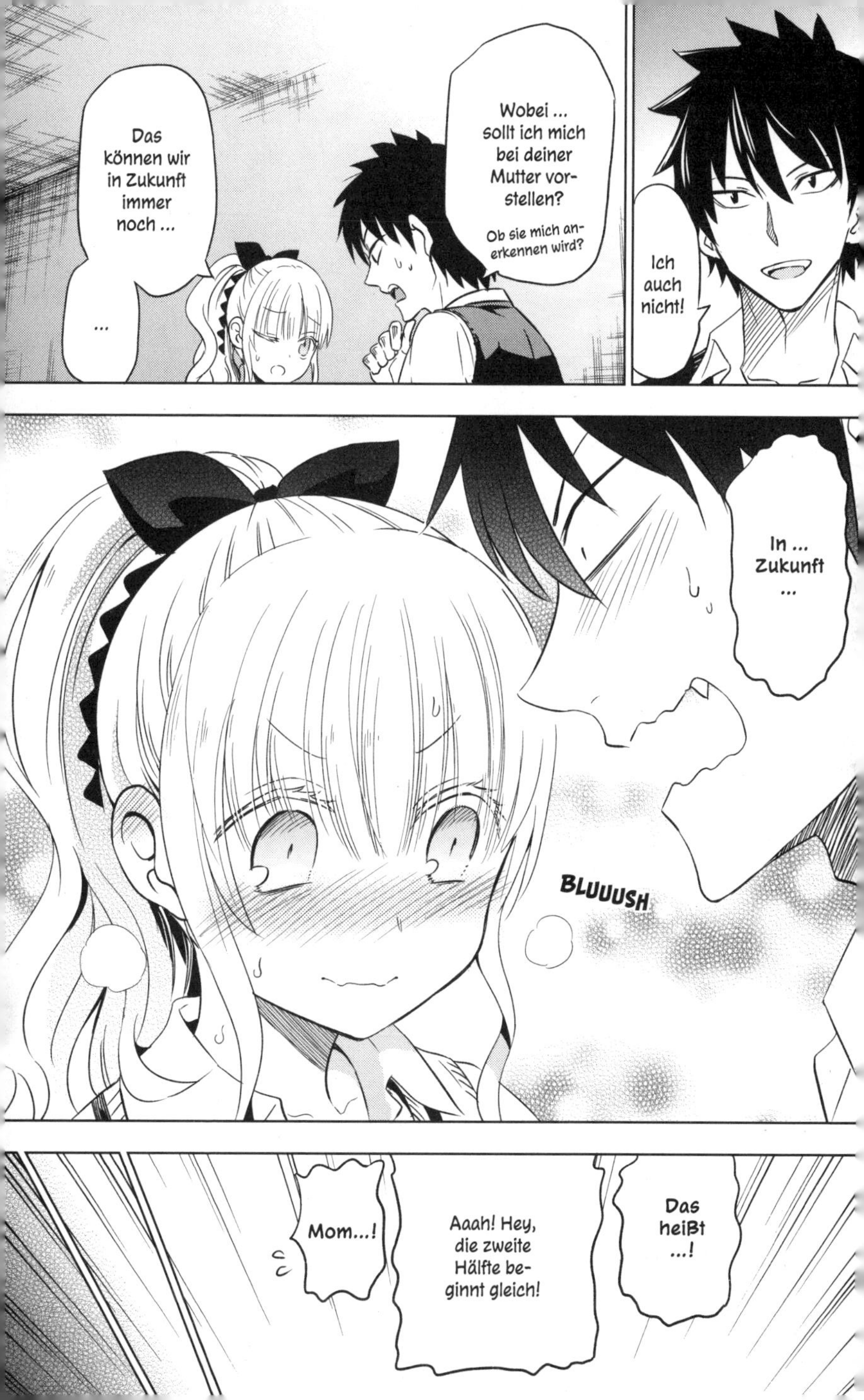

Ich auch nicht!
Wobei ... sollt ich mich bei deiner Mutter vorstellen?
Ob sie mich anerkennen wird?
Das können wir in Zukunft immer noch ...
...
In ... Zukunft ...
BLUUUSH
Das heißt ...!
Aaah! Hey, die zweite Hälfte beginnt gleich!
Mom...!

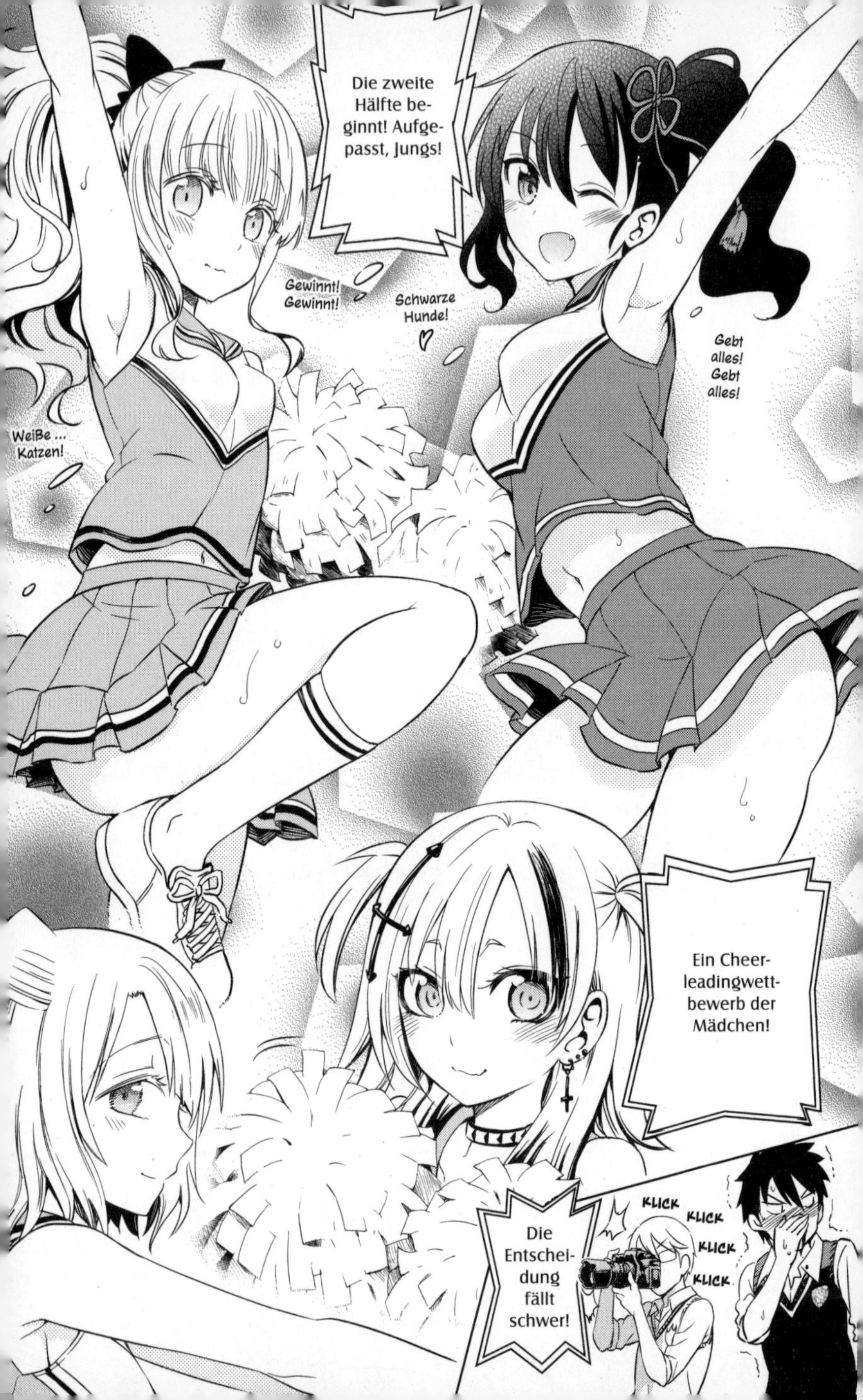
Die zweite Hälfte beginnt! Aufgepasst, Jungs!
Gebt alles! Gebt alles!
Schwarze Hunde!
Gewinnt! Gewinnt!
Weiße ... Katzen!
Ein Cheerleadingwettbewerb der Mädchen!
KLICK KLICK KLICK KLICK
Die Entscheidung fällt schwer!

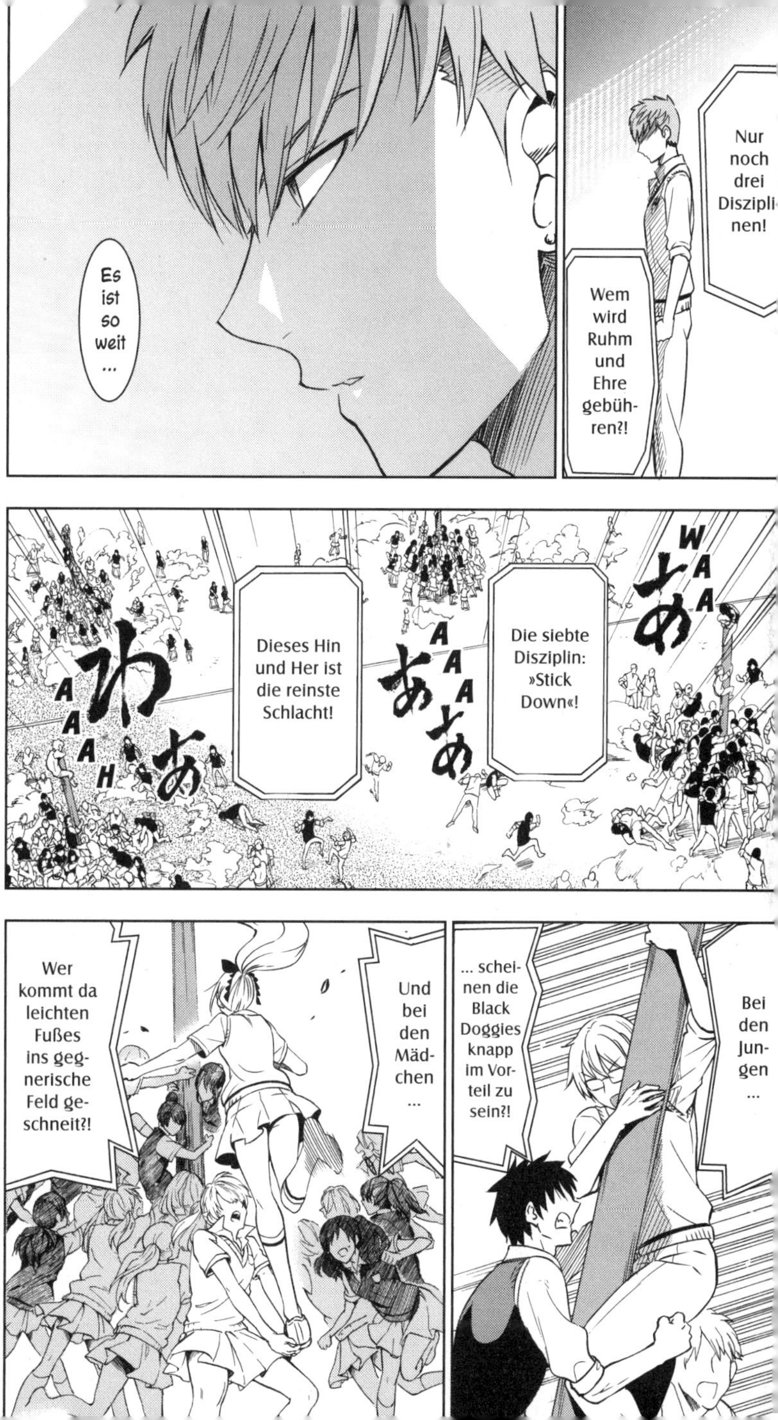
Nur noch drei Disziplinen!
Wem wird Ruhm und Ehre gebühren?!
Es ist so weit ...
WAAA
Die siebte Disziplin: »Stick Down«!
AAAA
Dieses Hin und Her ist die reinste Schlacht!
AAAAH
Bei den Jungen ...
... scheinen die Black Doggies knapp im Vorteil zu sein?!
Und bei den Mädchen ...
Wer kommt da leichten Fußes ins gegnerische Feld geschneit?!

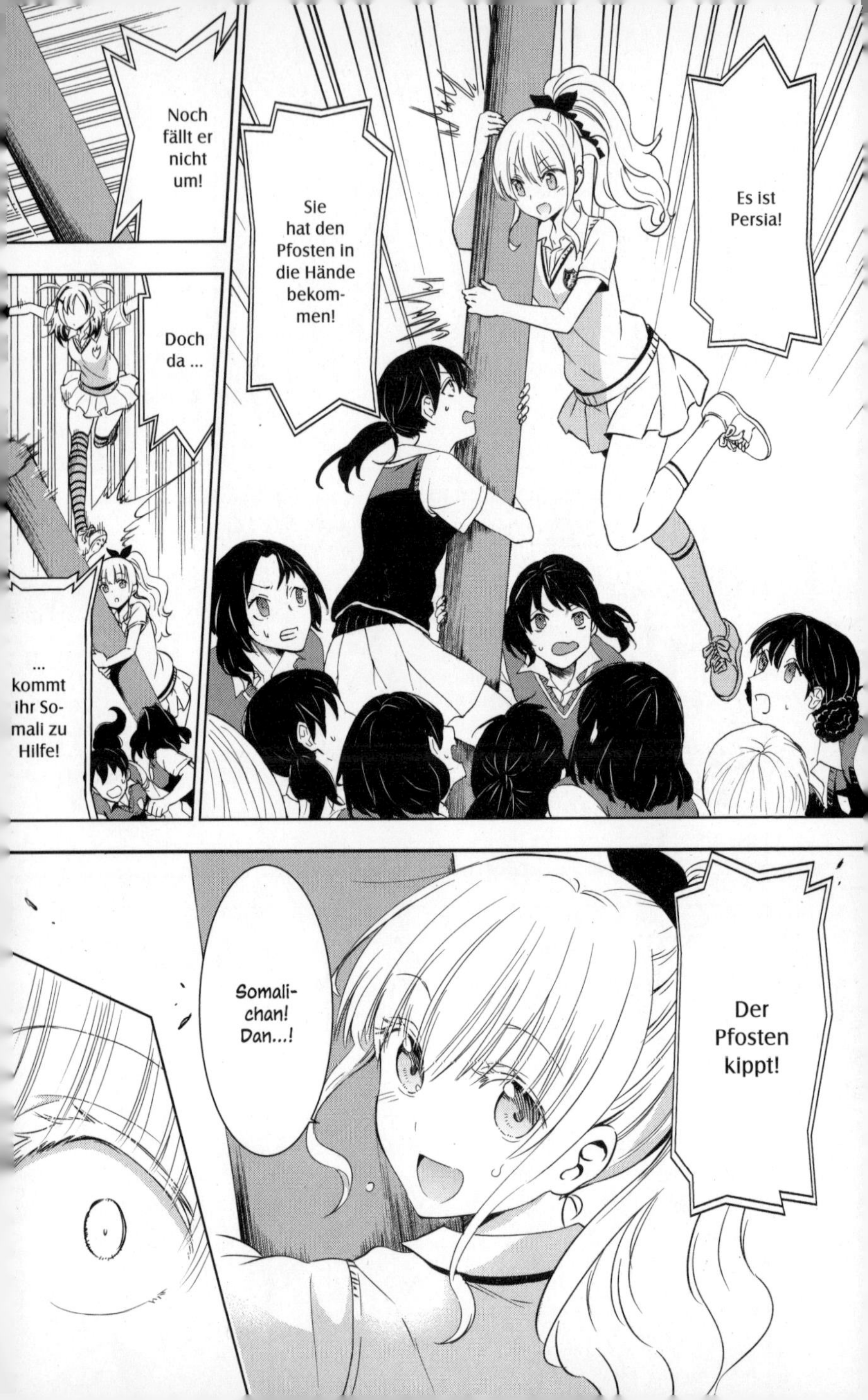

Es ist Persia!
Sie hat den Pfosten in die Hände bekommen!
Noch fällt er nicht um!
Doch da ...
... kommt ihr Somali zu Hilfe!
Der Pfosten kippt!
Somali-chan! Dan...!

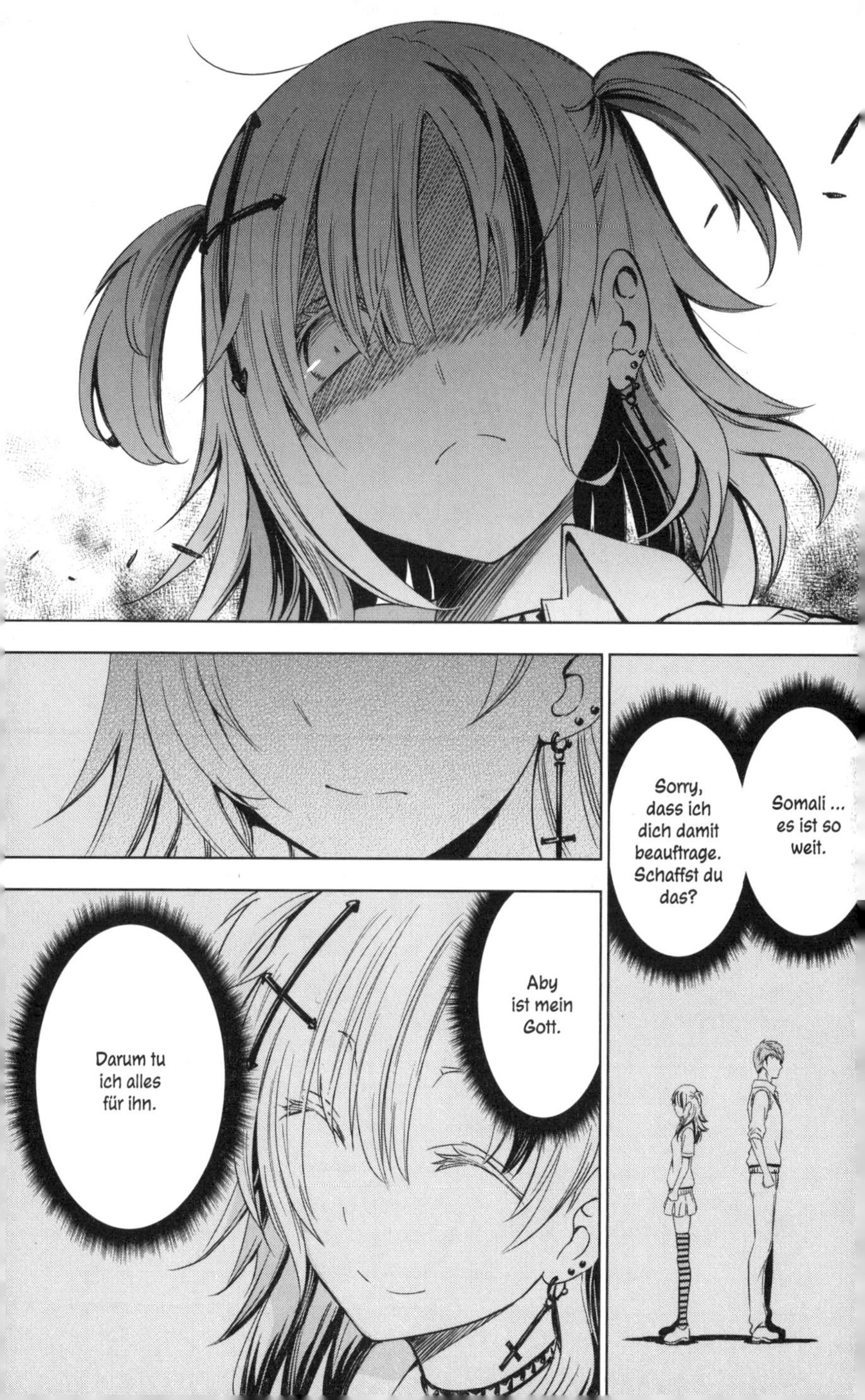

Somali ... es ist so weit.
Sorry, dass ich dich damit beauftrage. Schaffst du das?
Aby ist mein Gott.
Darum tu ich alles für ihn.

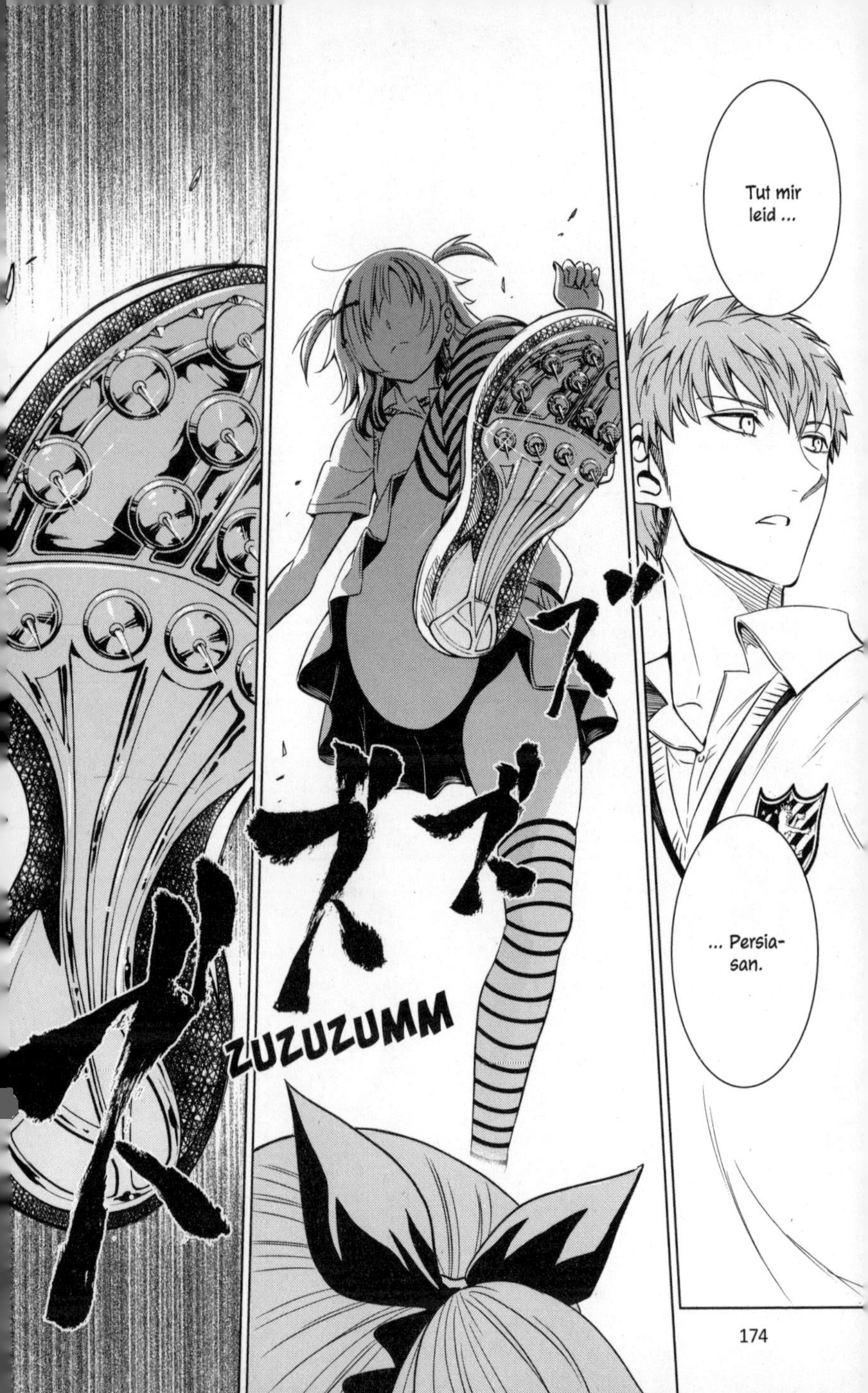
Tut mir leid ...
... Persia-san.
ZUZUZUMM

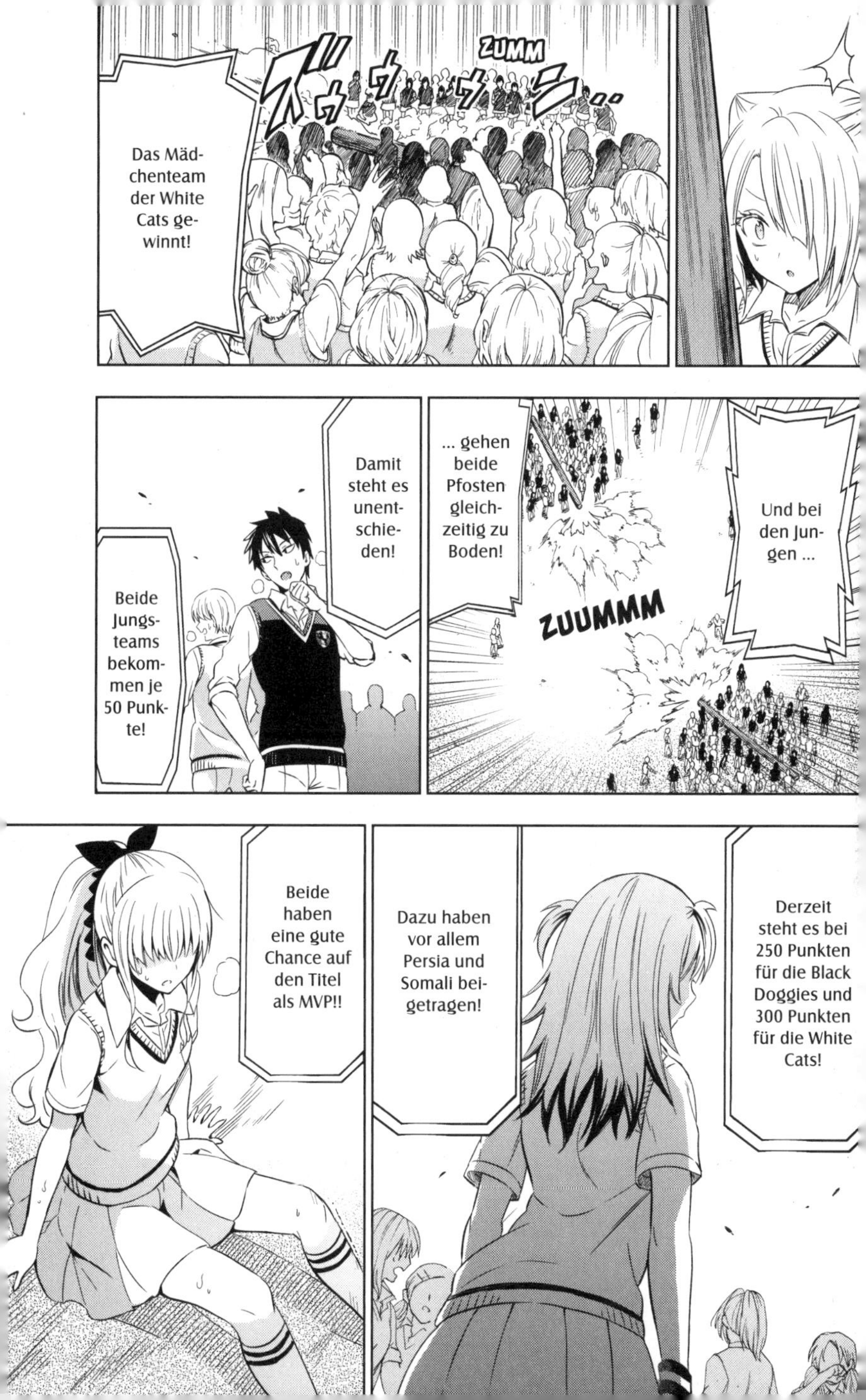
ZUMM
Das Mädchenteam der White Cats gewinnt!
Und bei den Jungen ...
ZUUMMM
... gehen beide Pfosten gleichzeitig zu Boden!
Damit steht es unentschieden!
Beide Jungsteams bekommen je 50 Punkte!
Derzeit steht es bei 250 Punkten für die Black Doggies und 300 Punkten für die White Cats!
Dazu haben vor allem Persia und Somali beigetragen!
Beide haben eine gute Chance auf den Titel als MVP!!

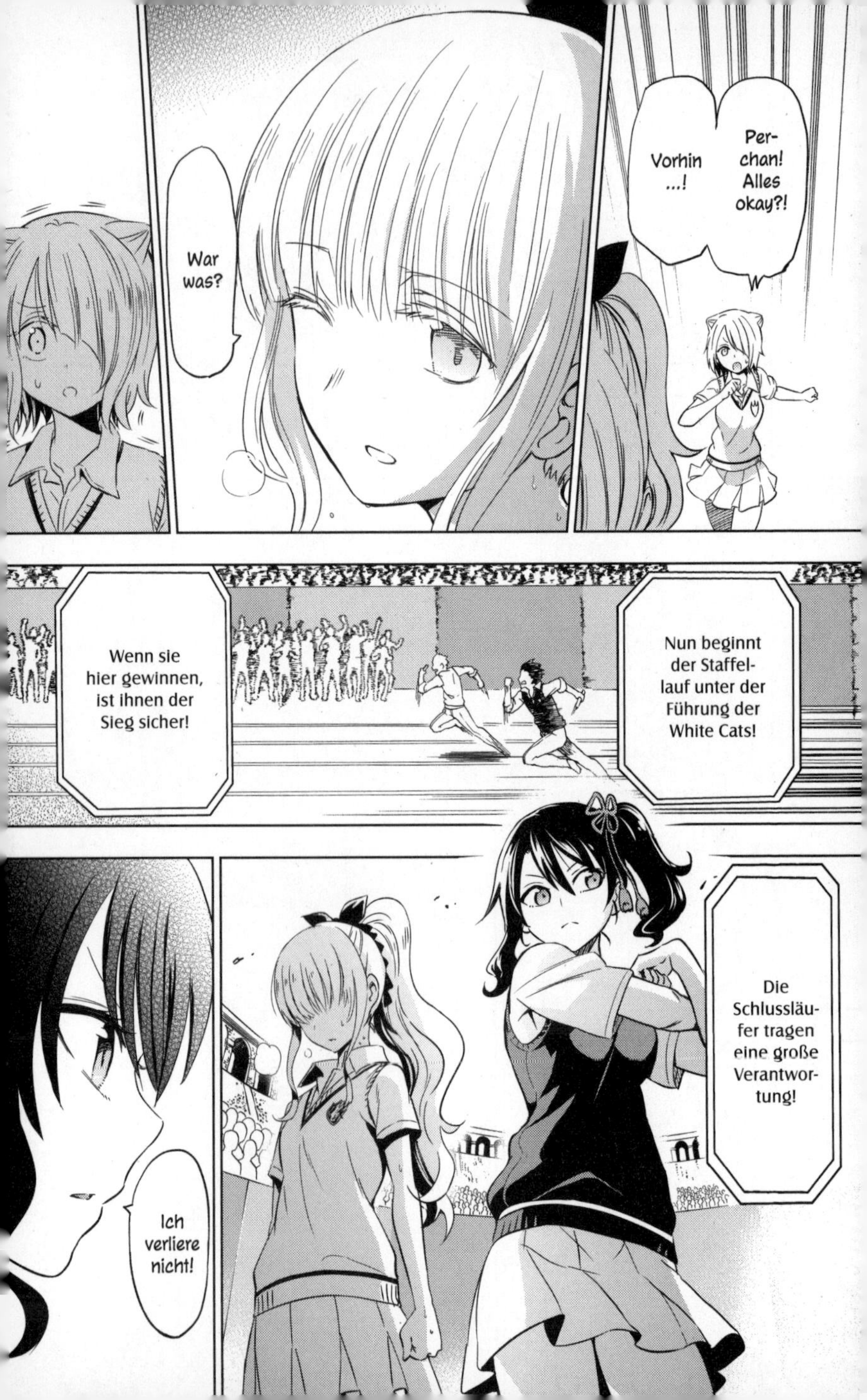
Per-chan! Alles okay?!
Vorhin ...!
War was?
Nun beginnt der Staffellauf unter der Führung der White Cats!
Wenn sie hier gewinnen, ist ihnen der Sieg sicher!
Die Schlussläufer tragen eine große Verantwortung!
Ich verliere nicht!

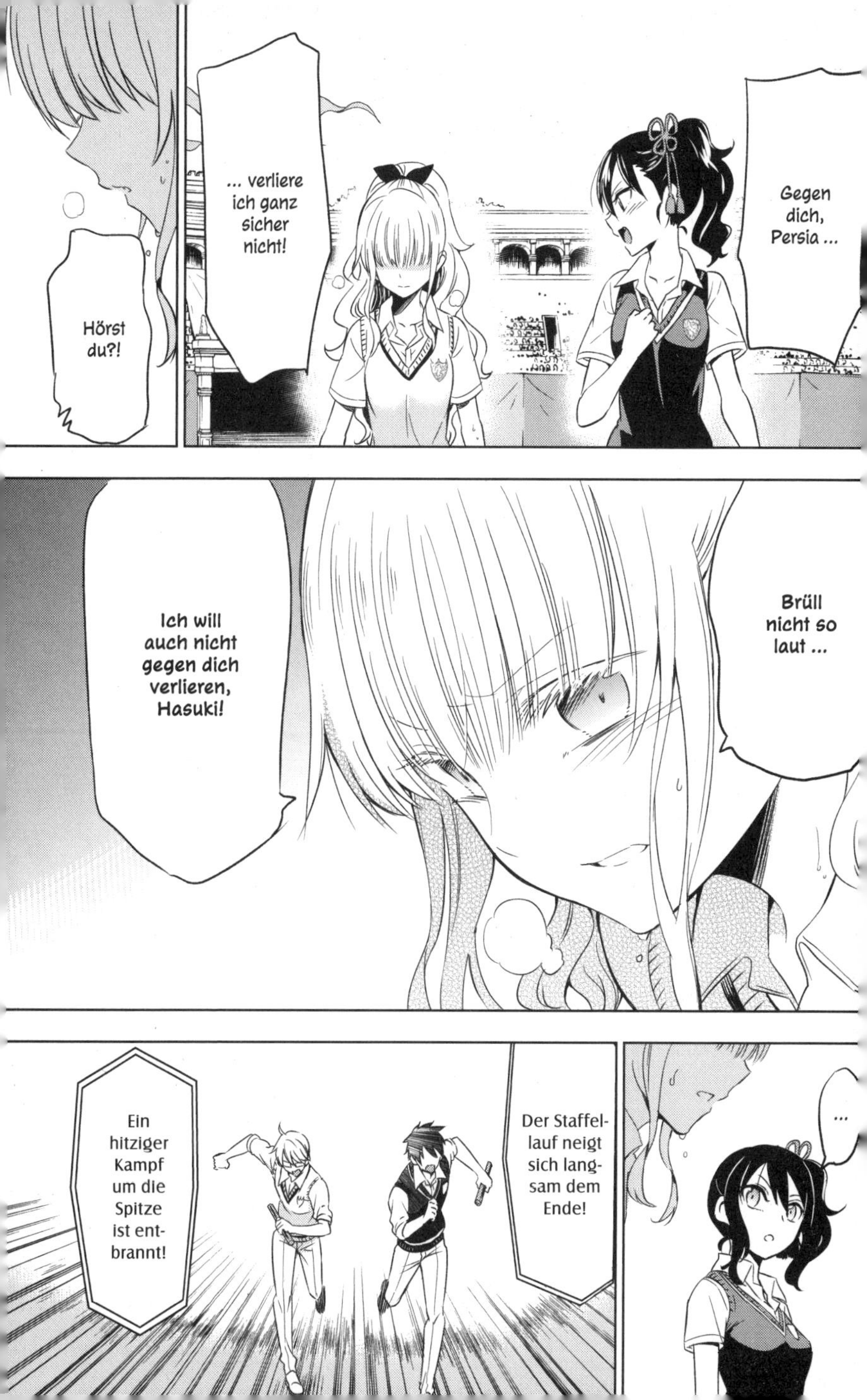

Gegen dich, Persia ...
... verliere ich ganz sicher nicht!
Hörst du?!
Brüll nicht so laut ...
Ich will auch nicht gegen dich verlieren, Hasuki!
...
Der Staffellauf neigt sich langsam dem Ende!
Ein hitziger Kampf um die Spitze ist entbrannt!

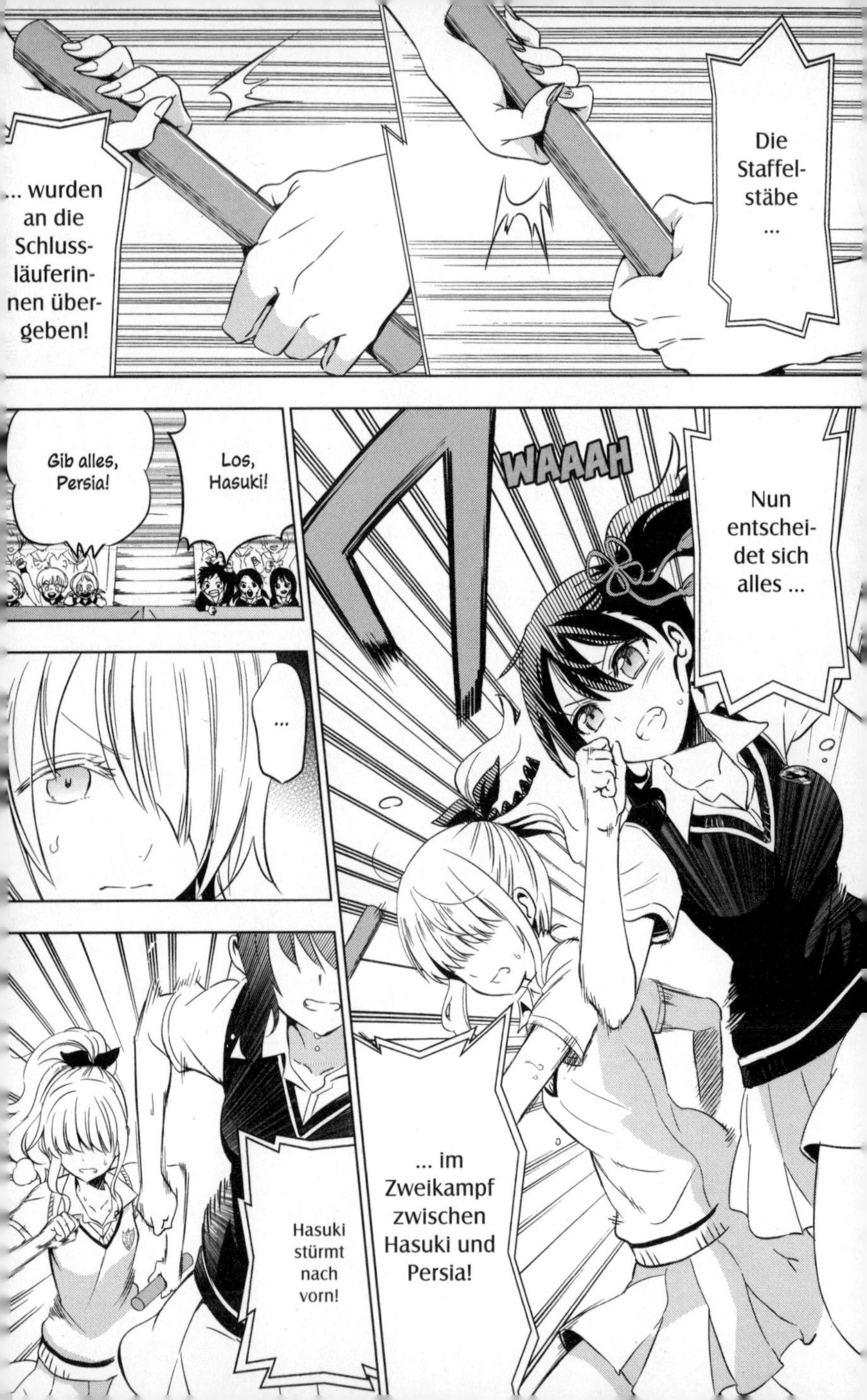

Die Staffelstäbe ...
... wurden an die Schlussläuferinnen übergeben!
Nun entscheidet sich alles ...
WAAAH
Los, Hasuki!
Gib alles, Persia!
...
... im Zweikampf zwischen Hasuki und Persia!
Hasuki stürmt nach vorn!

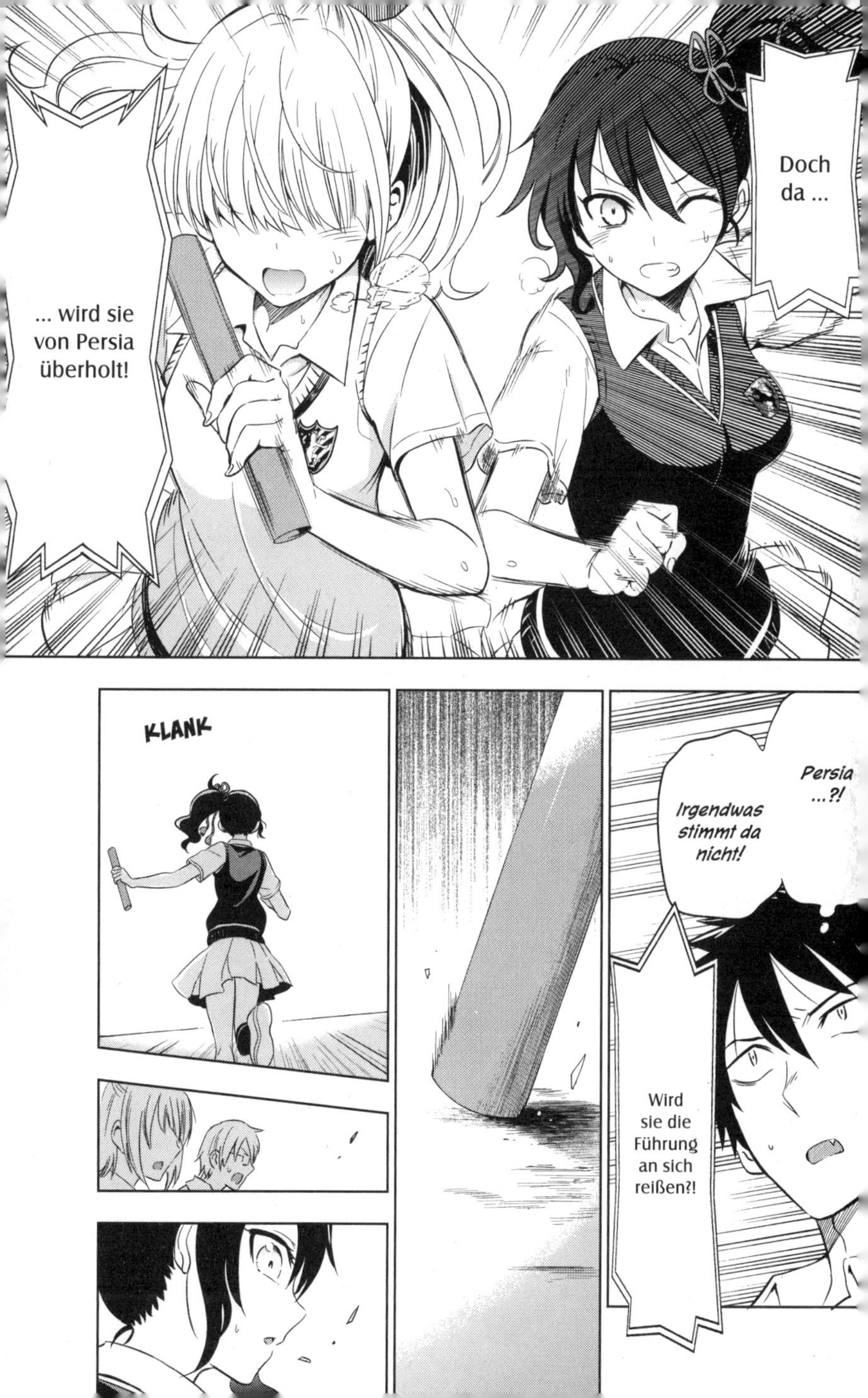
Doch da ...
... wird sie von Persia überholt!
Persia ...?!
Irgendwas stimmt da nicht!
Wird sie die Führung an sich reißen?!
KLANK

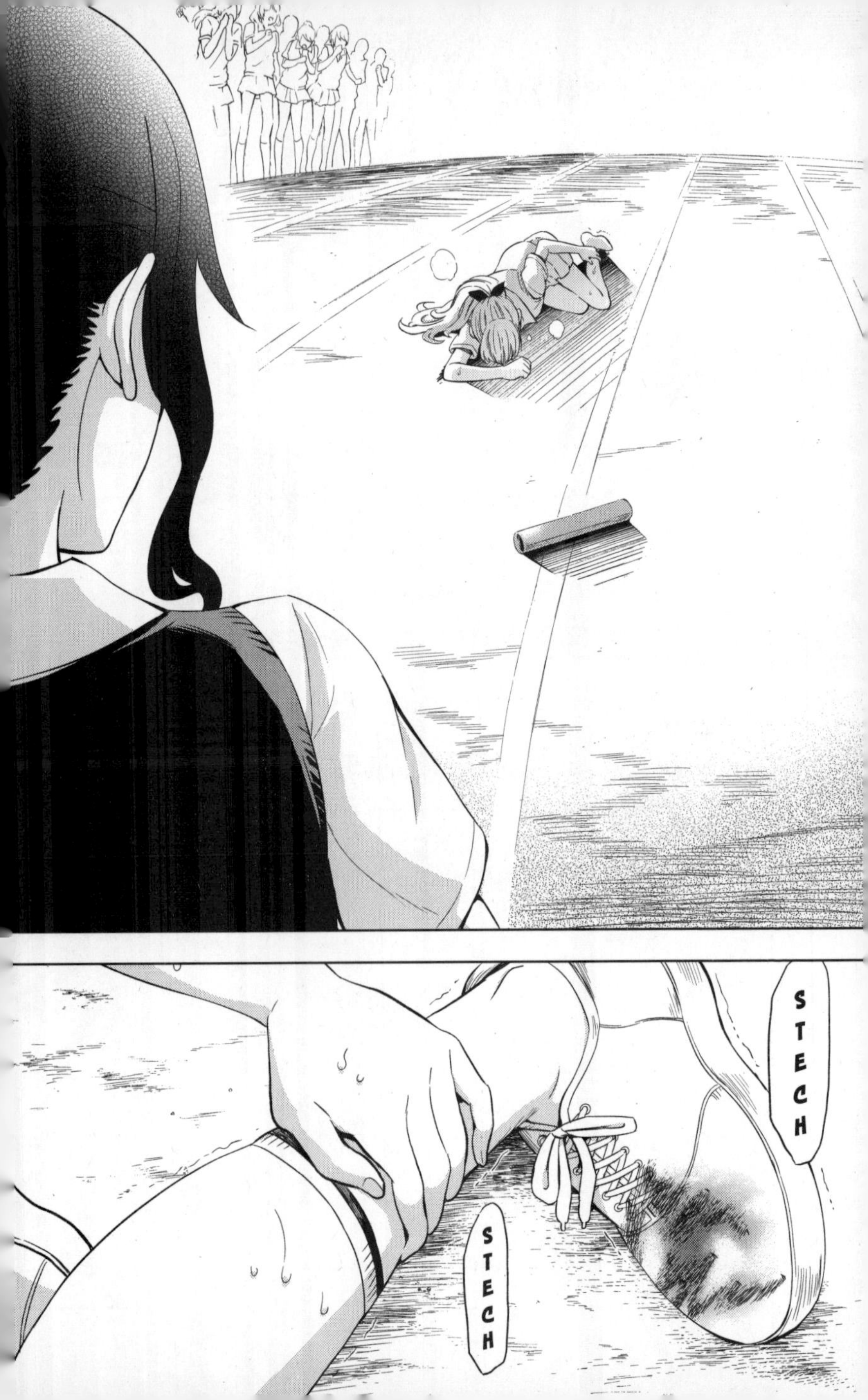
STECH
STECH

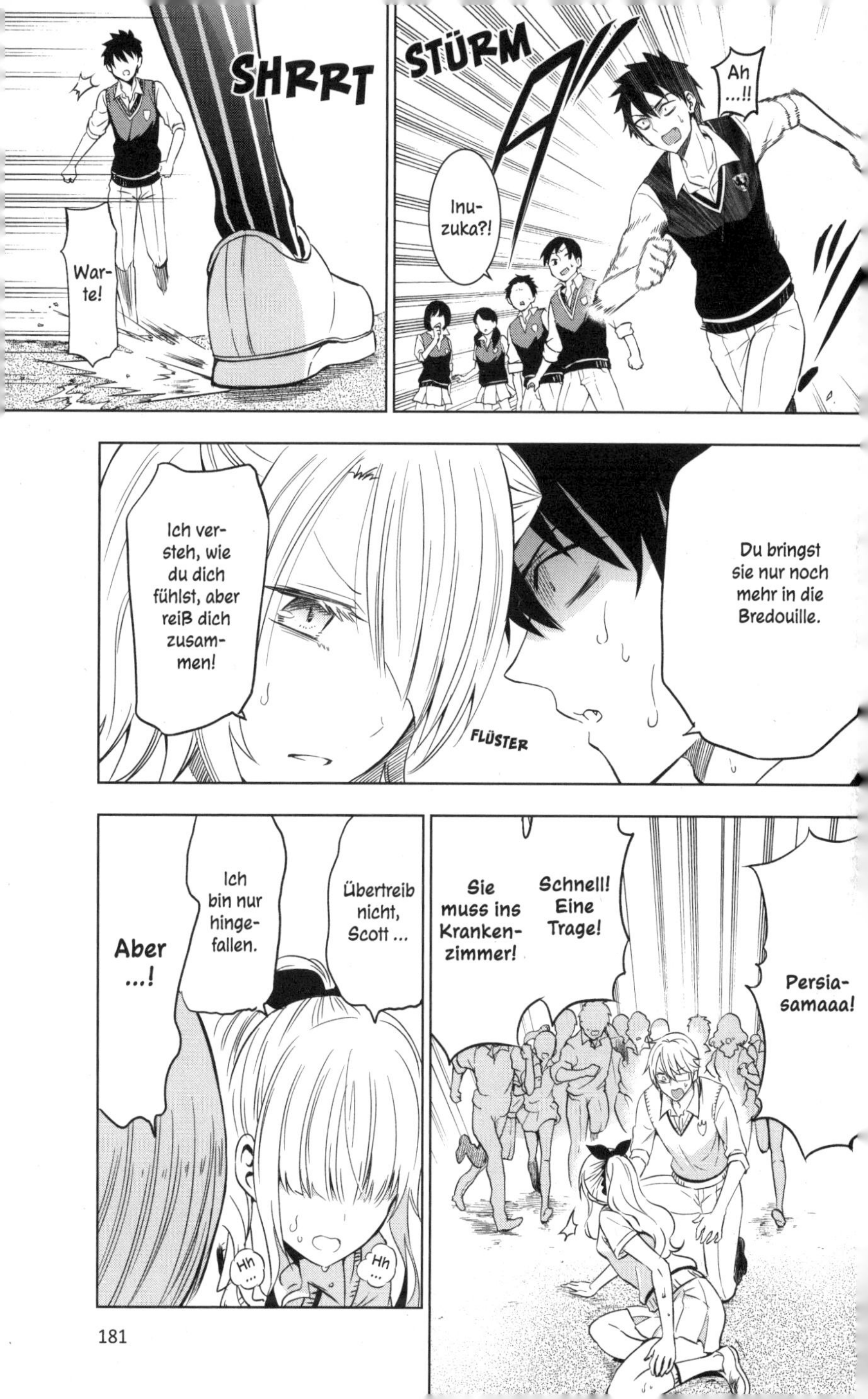
STÜRM
Ah ...!!
Inu-zuka?!
SHRRT
War-te!
Du bringst sie nur noch mehr in die Bredouille.
FLÜSTER
Ich ver-steh, wie du dich fühlst, aber reiß dich zusam-men!
Persia-samaaa!
Schnell! Eine Trage!
Sie muss ins Kranken-zimmer!
Übertreib nicht, Scott ...
Ich bin nur hinge-fallen.
Aber ...!
Hh ...
Hh ...

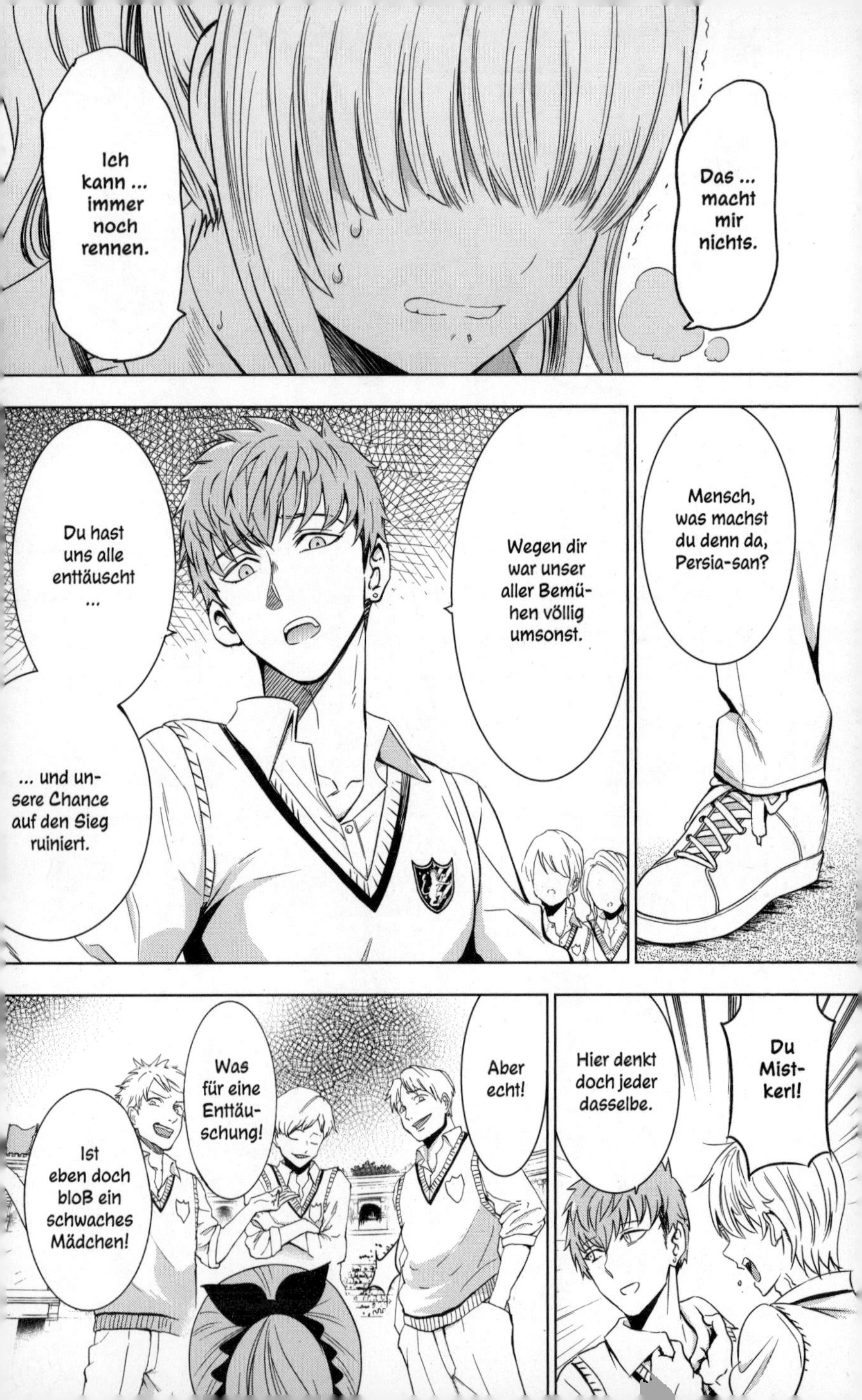
Das ... macht mir nichts.
Ich kann ... immer noch rennen.
Mensch, was machst du denn da, Persia-san?
Wegen dir war unser aller Bemühen völlig umsonst.
Du hast uns alle enttäuscht ...
... und unsere Chance auf den Sieg ruiniert.
Du Mistkerl!
Hier denkt doch jeder dasselbe.
Aber echt!
Was für eine Enttäuschung!
Ist eben doch bloß ein schwaches Mädchen!

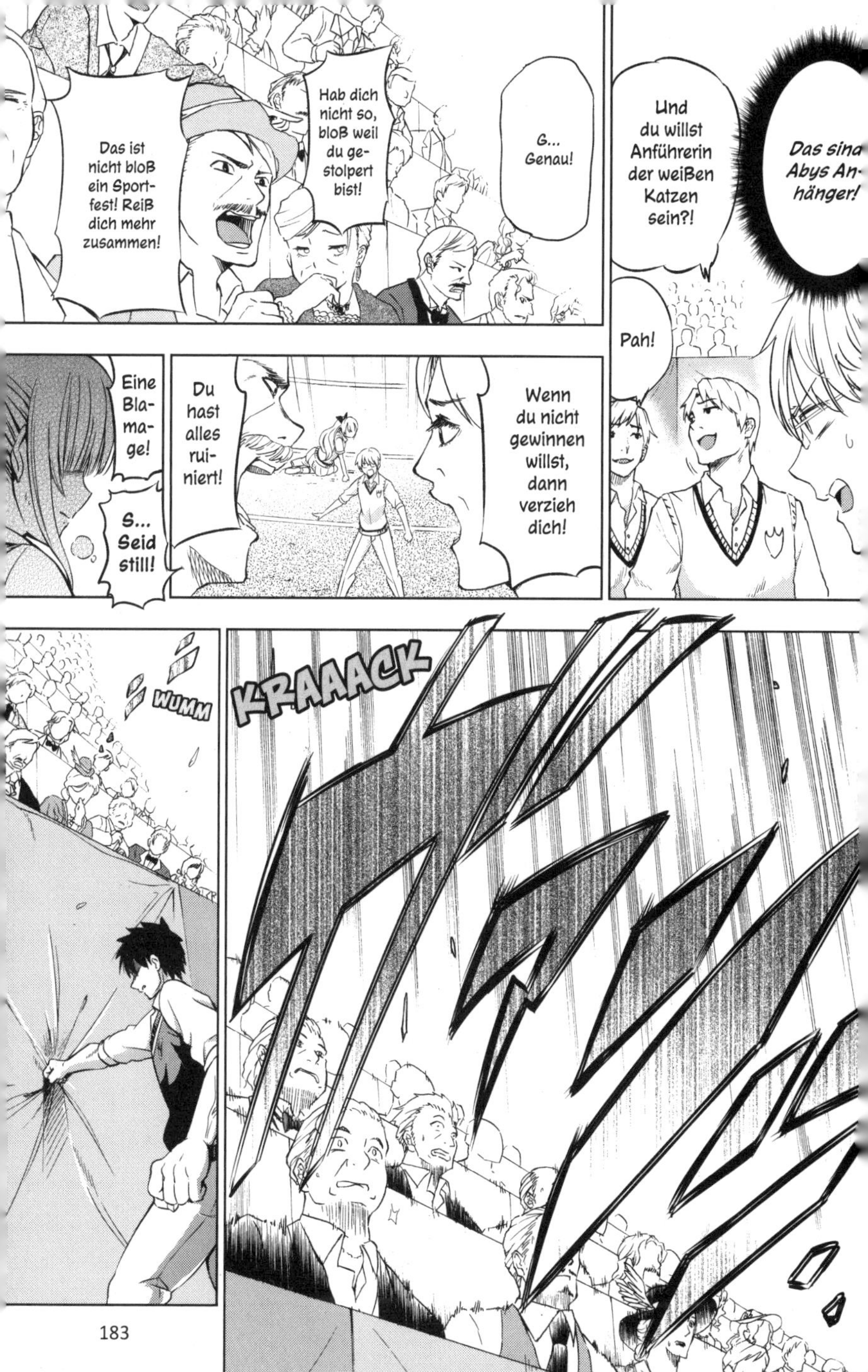

Das sind Abys Anhänger!
Und du willst Anführerin der weißen Katzen sein?!
Pah!
G... Genau!
Hab dich nicht so, bloß weil du gestolpert bist!
Das ist nicht bloß ein Sportfest! Reiß dich mehr zusammen!
Wenn du nicht gewinnen willst, dann verzieh dich!
Du hast alles ruiniert!
Eine Blamage!
S... Seid still!
KRAAACK
WUMM

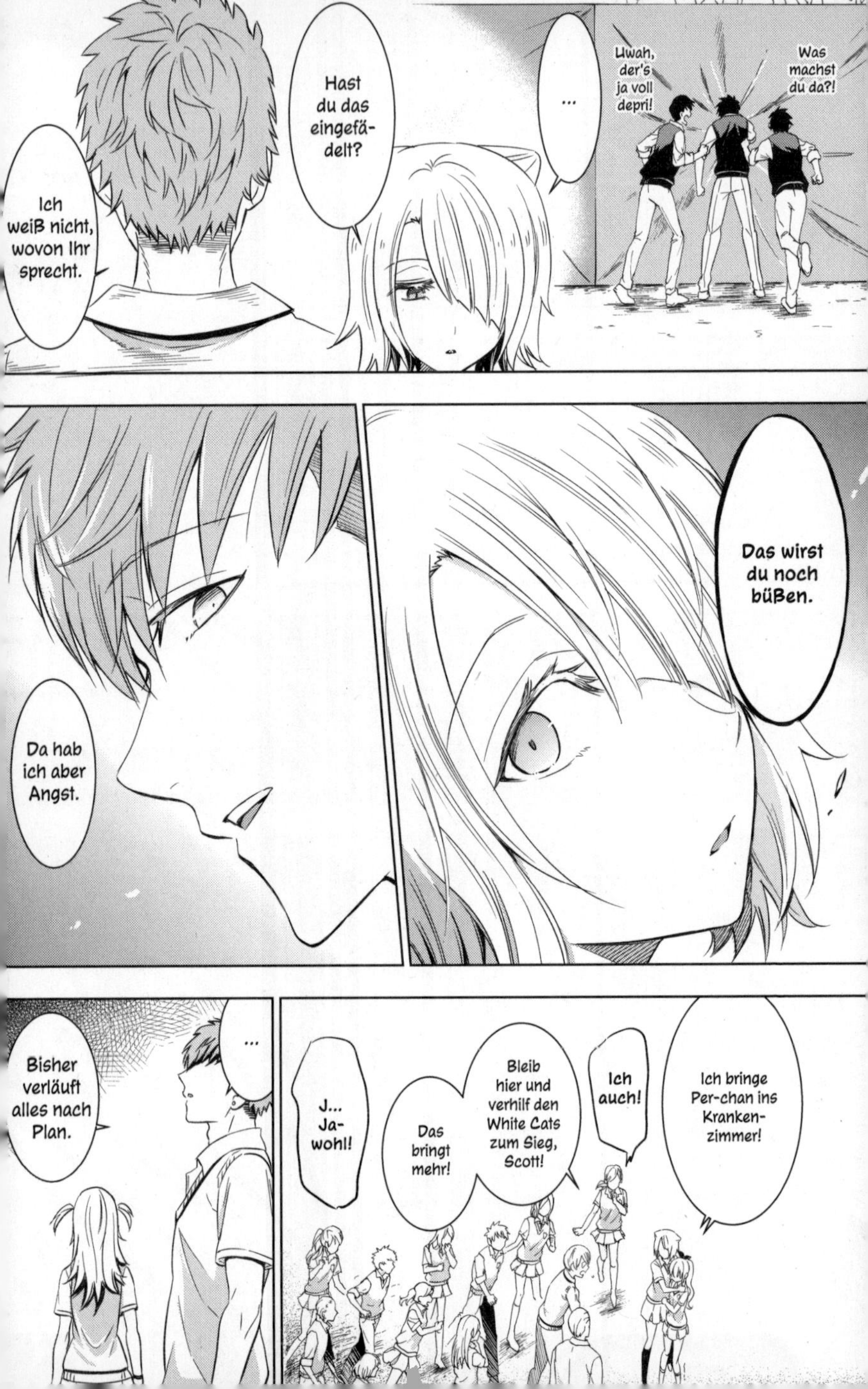
Was machst du da?!
Uwah, der's ja voll depri!
...
Hast du das eingefädelt?
Ich weiß nicht, wovon Ihr sprecht.
Das wirst du noch büßen.
Da hab ich aber Angst.
Ich bringe Per-chan ins Kranken-zimmer!
Ich auch!
Bleib hier und verhilf den White Cats zum Sieg, Scott!
Das bringt mehr!
J... Ja-wohl!
...
Bisher verläuft alles nach Plan.

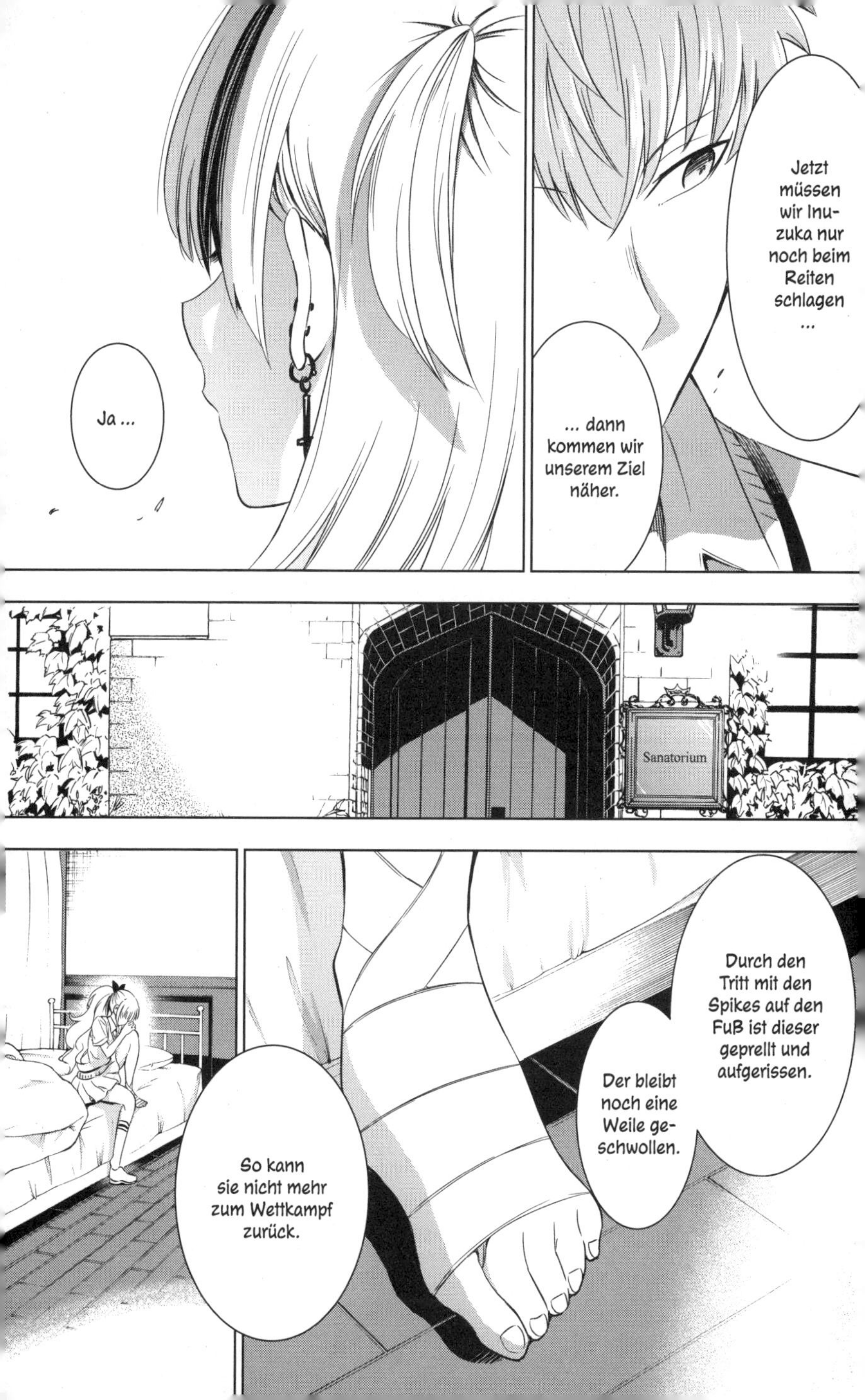
Jetzt müssen wir Inu-zuka nur noch beim Reiten schlagen ...
... dann kommen wir unserem Ziel näher.
Ja ...
Sanatorium
Durch den Tritt mit den Spikes auf den Fuß ist dieser geprellt und aufgerissen.
Der bleibt noch eine Weile ge-schwollen.
So kann sie nicht mehr zum Wettkampf zurück.

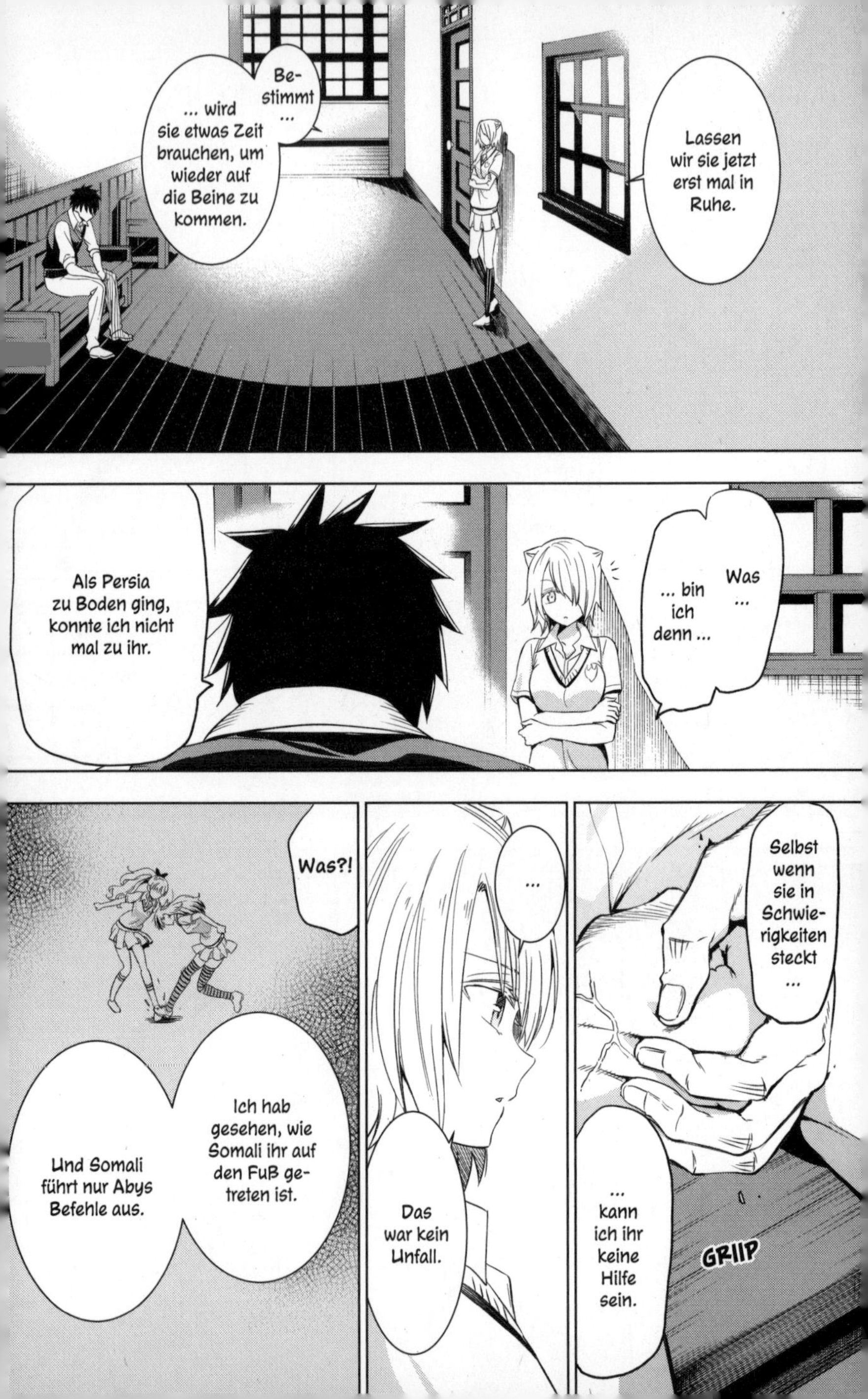
Lassen wir sie jetzt erst mal in Ruhe.
Be-stimmt ...
... wird sie etwas Zeit brauchen, um wieder auf die Beine zu kommen.
Was ...
... bin ich denn ...
Als Persia zu Boden ging, konnte ich nicht mal zu ihr.
Selbst wenn sie in Schwierigkeiten steckt ...
GRIIP
... kann ich ihr keine Hilfe sein.
...
Das war kein Unfall.
Was?!
Ich hab gesehen, wie Somali ihr auf den Fuß getreten ist.
Und Somali führt nur Abys Befehle aus.

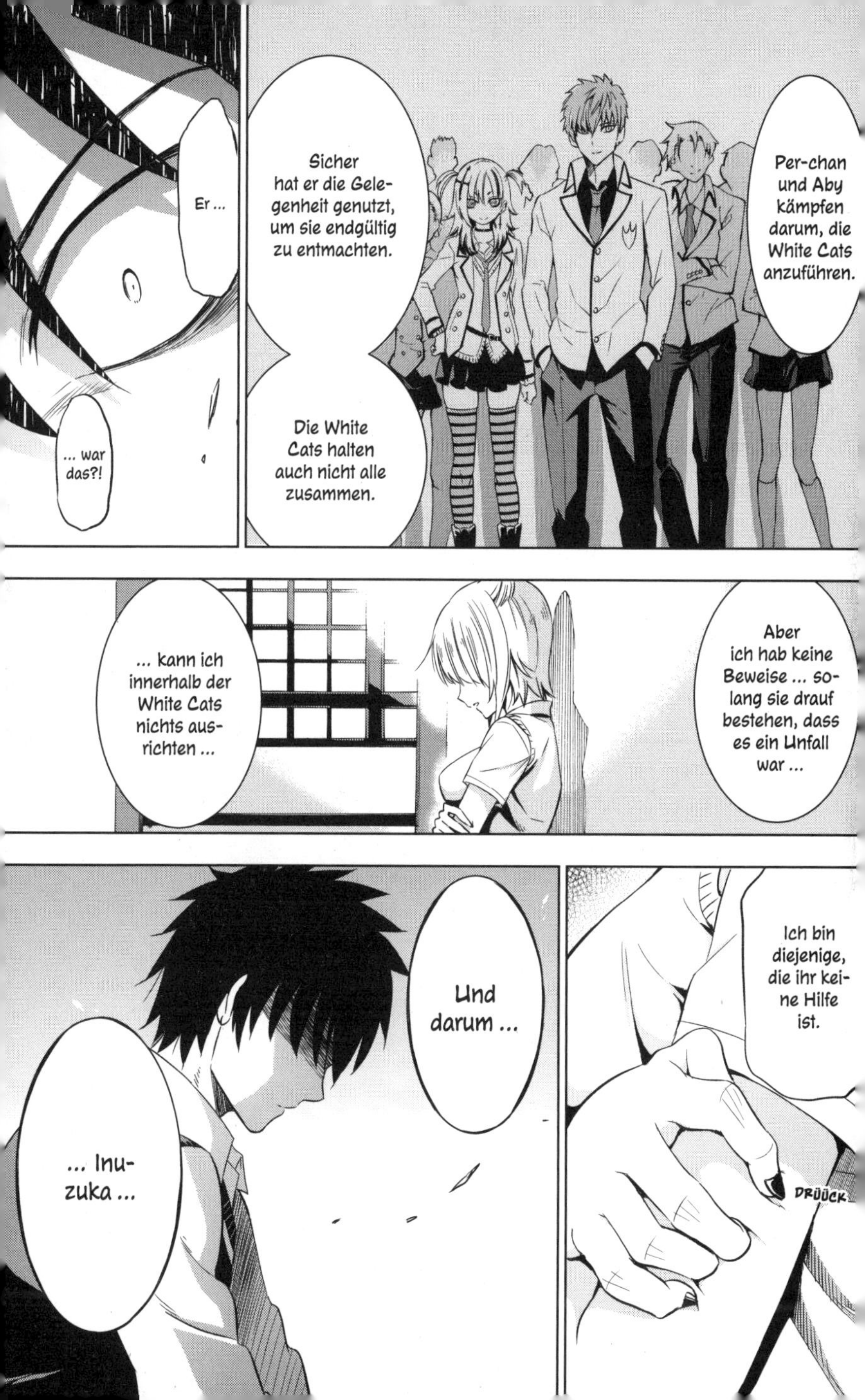
Per-chan und Aby kämpfen darum, die White Cats anzuführen.
Sicher hat er die Gelegenheit genutzt, um sie endgültig zu entmachten.
Die White Cats halten auch nicht alle zusammen.
Er ...
... war das?!
Aber ich hab keine Beweise ... solang sie drauf bestehen, dass es ein Unfall war ...
... kann ich innerhalb der White Cats nichts ausrichten ...
Ich bin diejenige, die ihr keine Hilfe ist.
DRÜÜCK
Und darum ...
... Inuzuka ...

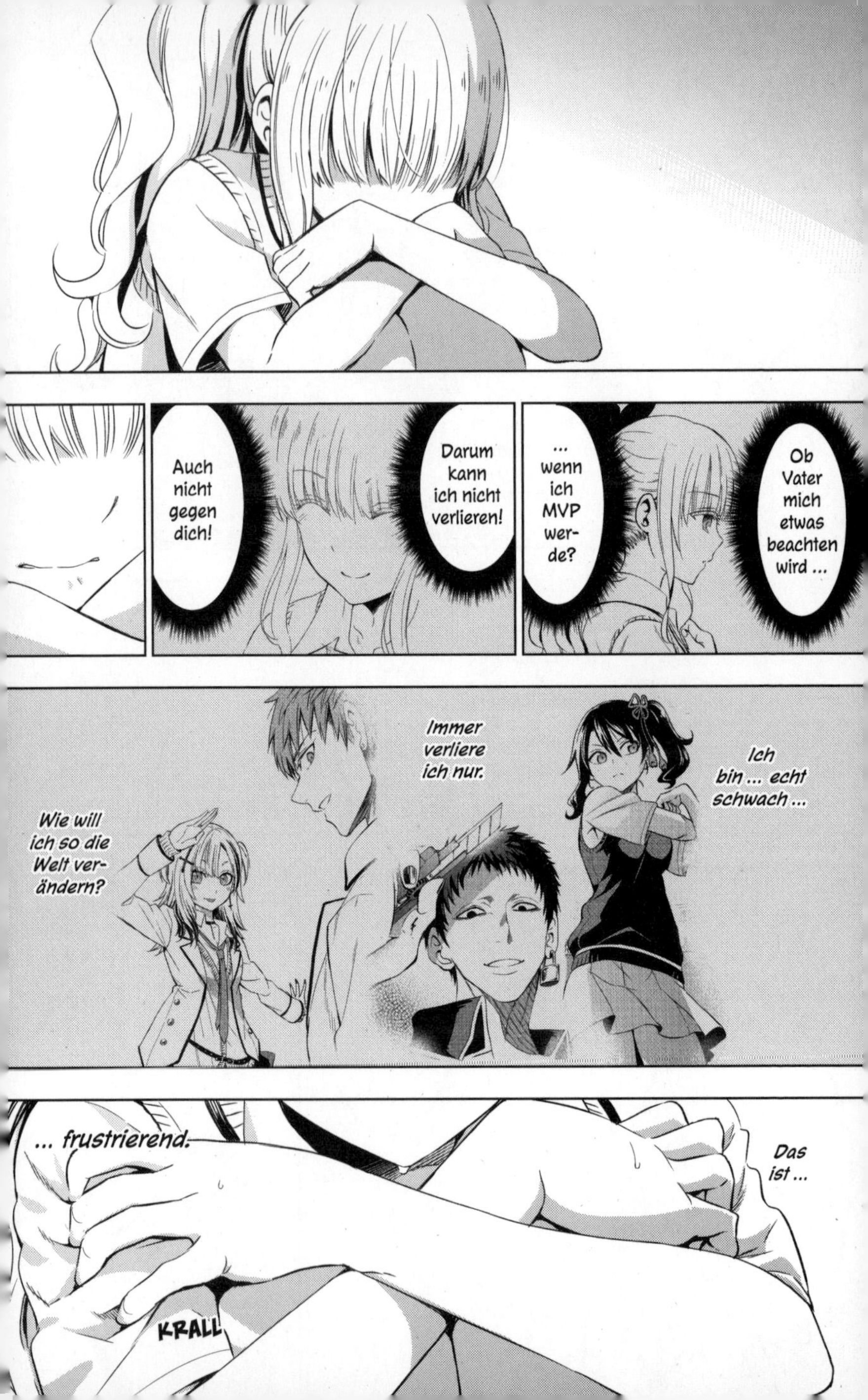
Ob Vater mich etwas beachten wird ...
... wenn ich MVP werde?
Darum kann ich nicht verlieren!
Auch nicht gegen dich!
Ich bin ... echt schwach ...
Immer verliere ich nur.
Wie will ich so die Welt verändern?
Das ist ...
... frustrierend.
KRALL

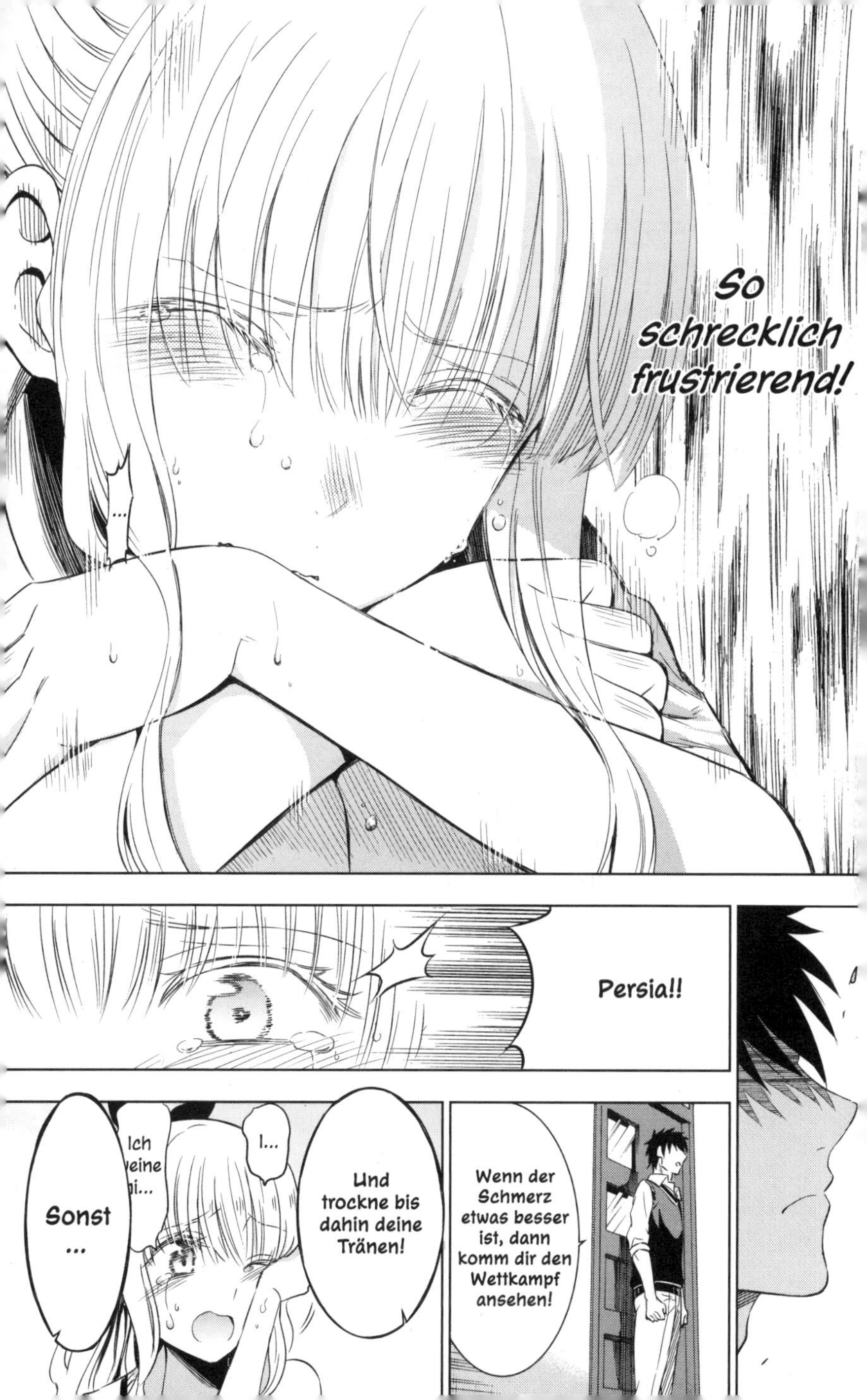
So schrecklich frustrierend!
...
Persia!!
Wenn der Schmerz etwas besser ist, dann komm dir den Wettkampf ansehen!
Und trockne bis dahin deine Tränen!
I...
Sonst ...
Ich

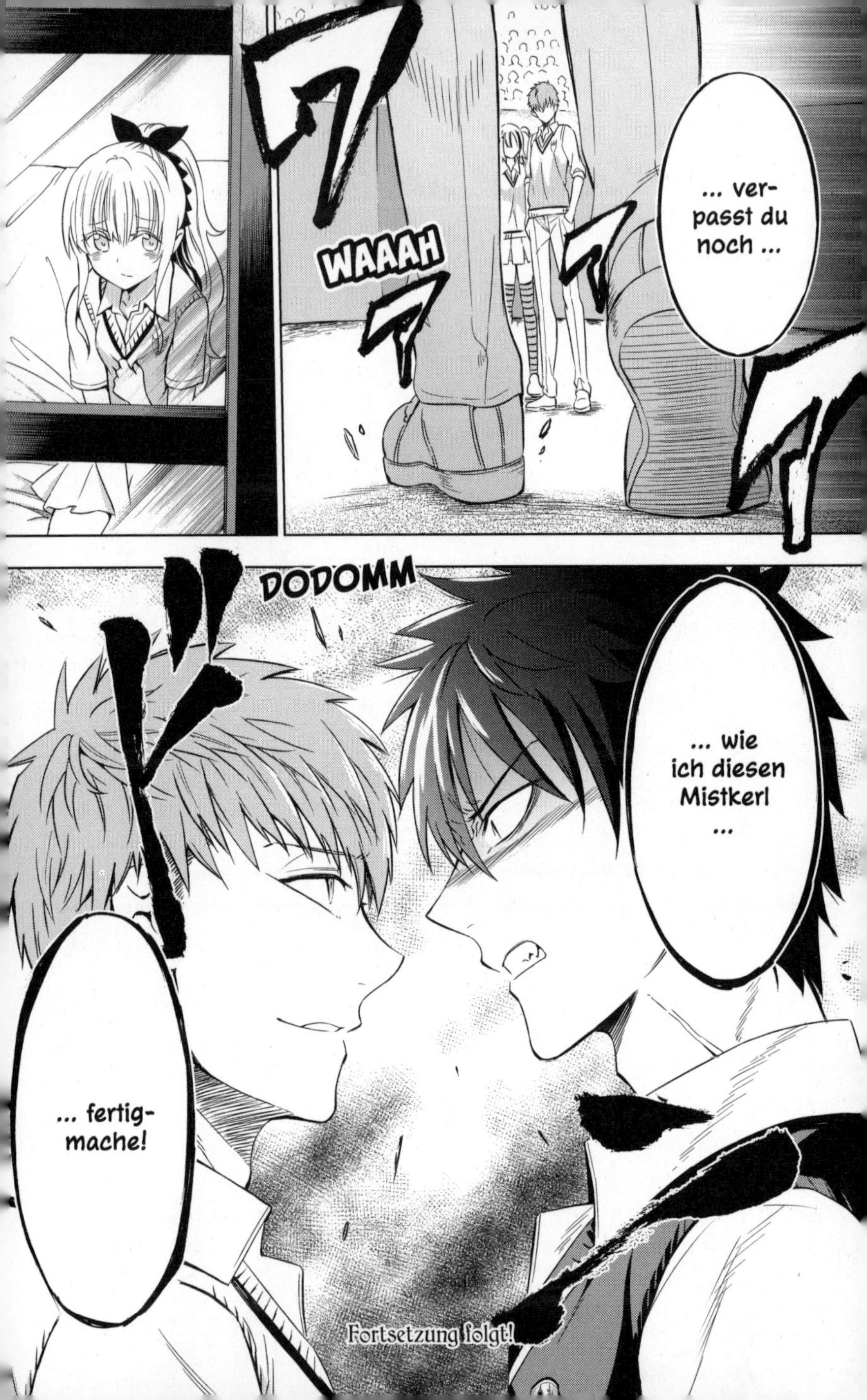
... ver-
passt du
noch ...
WAAAH
DODOMM
... wie
ich diesen
Mistkerl
...
... fertig-
mache!
Fortsetzung folgt!

Nachwort

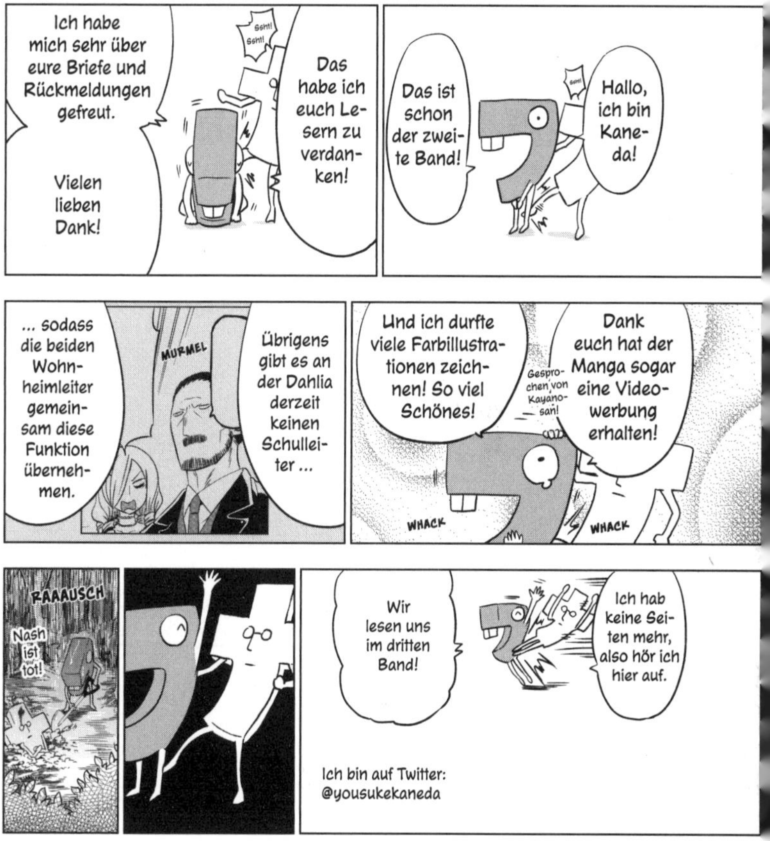

Boarding School Juliet

To LOVE, or not to LOVE

Weiter geht's in Band 3!

TOKYOPOP GmbH
Hamburg

TOKYOPOP
1. Auflage, 2024
Deutsche Ausgabe/German Edition

Aus dem Japanischen von Kaito Kaiba

Redaktion: Sabine Scholz
Lettering: Vibrant Publishing Studio
Herstellung: Mathias Neumeyer
Druck und buchbinderische Verarbeitung:
CPI – Clausen & Bosse GmbH, Leck
Printed in Germany

MIX Papier FSC® C083411

Wir achten auf die Umwelt.
Dieses Produkt besteht aus FSC®-zertifizierten
und anderen kontrollierten Materialien.

ISBN 978-3-8420-9675-2

www.tokyopop.de